中华人民共和国海船船员培训合格证考试培训教材

船舶高级消防

中国海事服务中心组织编写
中华人民共和国海事局审定

大连海事大学出版社
人民交通出版社

图书在版编目(CIP)数据

船舶高级消防 / 刘书平主编. — 大连：大连海事大学出版社；北京：人民交通出版社，2012.8(2022.7 重印)
中华人民共和国海船船员培训合格证考试培训教材
ISBN 978-7-5632-2746-4

Ⅰ. ①船… Ⅱ. ①刘… Ⅲ. ①船舶-消防-技术培训-教材 Ⅳ. ①U698.4

中国版本图书馆 CIP 数据核字(2012)第 194609 号

责任编辑： 杨子江
封面设计： 王　艳
版式设计： 王　艳　莹　莹
责任校对： 华云鹏　阮琳涵

出 版 者： 大连海事大学出版社
地址： 大连市黄浦路 523 号
邮编： 116026
电话： 0411-84729665(营销部)　84729480(总编室)
网址： http://press.dlmu.edu.cn
邮箱： dmupress@dlmu.edu.cn
印 刷 者： 大连金华光彩色印刷有限公司
发 行 者： 大连海事大学出版社

幅面尺寸： 184mm×260mm
印　　张： 14.25
字　　数： 350 千

出版时间： 2012 年 8 月第 1 版
印刷时间： 2022 年 7 月第 19 次印刷
书　　号： ISBN 978-7-5632-2746-4
定　　价： 77.00 元(含光盘)

编委会成员

前言

《中华人民共和国海船船员培训合格证书签发管理办法》已于2012年3月1日起生效，新的《中华人民共和国海船船员培训合格证考试大纲》也将于2012年7月1日开始实施。为了更好地指导帮助船员进行适任考试前的培训，进一步提高船员适任水平，在交通运输部海事局领导下，中国海事服务中心组织全国有丰富教学、培训经验和航海实际经验的专家共同编写了与《中华人民共和国海船船员培训合格证考试大纲》相适应的培训教材。本教材编写依据STCW公约马尼拉修正案，采用图文并茂的形式，改变了长期以来以文字为主的教材编写方式。本套教材的创新模式对今后的船员专业和特殊培训具有重要的指导意义。

本套教材知识点紧扣考试大纲，具有权威、准确、系统、实用的特点，重点突出船员在专业和特殊培训并结合航海实践中需掌握的知识，旨在培养船员具备在实践中应用知识的能力，并可作为工具书帮助船员上船工作使用。

本套教材由基本安全、救生艇筏和救助艇操作与管理、快速救助艇操作与管理、船舶高级消防、船舶精通急救、船上医护、船舶保安意识与职责、船舶保安员、油船和化学品船货物操作(基本培训适用)、油船货物操作(高级培训适用)、化学品船货物操作(高级培训适用)、液化气船货物操作(基本培训适用)、液化气船货物操作(高级培训适用)、客船操作与管理、大型船舶操纵、高速船操作与管理、船舶装载包装及散装固体危险和有害物质操作与管理组成。

本套教材在编写、出版工作中，得到了各直属海事局、航海院校、海员培训机构、航运企业以及人民交通出版社、大连海事大学出版社等单位的关心和大力支持，特致谢意。

中国海事服务中心

2012年5月

编者的话

本教材是根据中华人民共和国海事局制定的《中华人民共和国海船船员培训合格证考试大纲》编写的，适用于各类型船舶上操作级和管理级人员的培训和参考使用；同时也可供"海洋钻井平台"等海洋工程管理人员参考使用。

本教材在内容上力图覆盖《1978年海员培训、发证和值班标准国际公约》马尼拉修正案要求的全部理论和实操内容；力图反映现代营运船舶的消防设备、消防管理等实际情况。

本教材分为理论和实操两个部分。

第一部分的理论知识包括九章：第一章介绍了船舶高级消防的重要性和内涵；第二章介绍了船舶重点防火区域、船舶防火结构、通风、燃油、电气、明火等方面的管理知识；第三章介绍了船舶配备的各种消防设备；第四章介绍了船舶应急预案、应急组织、消防技战术训练等应急知识；第五章介绍了船舶消防指挥中的战略和战术应用知识；第六章介绍了船舶海上和港口的消防程序；第七章介绍了船舶灭火中的危险与应对措施；第八章介绍了各种船舶火灾的扑救知识；第九章介绍了船舶火灾调查与编写火灾事故报告的知识。第二部分实操中介绍了空气呼吸器、防火控制图与应变部署表、测爆仪、测氧仪的使用、火场探火和救助、船舶火灾综合演练等实操项目。

本教材主编由大连海事大学刘书平担任，副主编由上海海事职业技术学院孙琦担任，集美大学刘一凡主审。教材由理论和实操训练两部分组成。理论部分第一章由上海海事职业技术学院陈建华编写；第二章由大连海事大学宫玉广编写；第三、四、五章由大连海事大学刘书平编写；第六章由营口海事局陈建军编写；第七章由上海海事职业技术学院过志国编写；第八、九章由大连海事大学单浩明编写；实操部分由上海海事职业技术学院的包立编写。

为了便于读者的学习，在本书的编写过程中力求概念清楚、理论正确、重点突出、条理清晰、文字通顺、理论结合实际，并运用了相关的实例。但由于编者水平有限，时间仓促，不足之处和差错在所难免，竭诚希望前辈、同行和读者批评指正。

编　者

2012年5月

目录

第一篇　理论部分

第二篇 实操训练部分

第一篇

理论部分

Diyipian Lilun Bufen

第一章 概述

要点

船舶火灾事故是威胁船舶安全最重要的因素之一。船舶一旦发生火灾，如果采取的措施不当，或扑救不及时，造成火灾蔓延至其他区域，不仅危及人员和船舶的安全，甚至能够造成船毁人亡的严重事故。所以，国际海事组织提出要全面重视船员消防知识的掌握和消防技能的提高。

必备知识

一 船舶消防安全工作的重要性

当今世界，随着全球经济一体化进程加快，世界贸易量的增多，作为国际贸易运输的主力军，船舶运输的重要性日益凸显，其运量在国际货物运输总量中达到80%以上。随着世界航运业不断发展，船舶的数量和吨位不断增加。与此同时，船舶火灾事故与损失也呈逐年上升趋势，各种类型船舶火灾、爆炸事故频发，造成大量财产损失与人员伤亡。据不完全统计，船舶火灾占海难事故总数的11%，但所造成的损失排在所有海难事故之首。近年来，我国港航系统平均每年发生船舶火灾事故约30起，占船舶海难事故的3%，但火灾造成的经济损失却占10%，年均超1 000万元。

船舶是一个相对独立的流动场所，一旦发生火灾，单纯依靠外界救援难度非常大，而且船舶内部空间狭小，设备集中，环境复杂，起火源增多，火势蔓延速度快，人员疏散不便，使得火灾的扑救难度增大，实施逃生和消防救援更加困难。特别对于一些运载易燃易爆物品的船舶，不但在有限的空间内集中了人员和大量设备，而且在舱室内集中了大量易燃易爆品，使得发生火灾的危险性增大，火灾事故造成的损失与危害更加严重。

根据国际海事组织(IMO)的统计,船舶火灾事故中约有80%的事故是由人为因素所造成的。此外,由于对船上消防设施和灭火器具维护保养、试验、检查不当,甚至没有开展这方面工作,监督管理不力以及船员缺乏必要的消防培训和演习等人为因素的影响,船舶失火时,灭火设施失效,无法使用,船员惊慌失措,不会正确使用灭火设施等现象时有发生,往往贻误了初期扑灭和控制局部失火的时机,造成火灾蔓延至其他区域,不仅危及人员和船舶的安全,甚至能够造成船毁人亡和污染海洋环境的严重事故。因此,船舶消防的特殊性和重要性一直受到国际海事组织和各国的高度重视。

为了保证人员和船舶的安全,国际海事组织不断地对《国际海上人命安全公约》(简称"SOLAS公约")中有关防火的内容进行修正,对船舶结构、设施和配备消防设备的要求不断提高,如SOLAS公约修正案第Ⅱ-2章[构造(防火、探火和灭火)]已于2002年7月1日实施,以及《国际消防安全系统规则》(简称"FSS规则")和《耐火试验程序规则》有关内容的修改。近年来,针对客船火灾造成乘客伤亡的案例,为了在火灾中使人员快速撤离,减少对人员的伤害,国际海事组织海上安全委员会(MSC)消防分委会(FP)第51次会议于2007年2月5日至9日在伦敦举行。制定了"新建客船和现有客船撤离分析的建议"(议题5),对于机舱和液货泵舱火灾的高发生率,制定了"机舱和液货泵舱防火措施"(议题7)。2006年12月,IMO在MSC第82次会议上通过了针对客船阳台防火规则的SOLAS公约第II-2章和FSS规则的修正案。该修正案是IMO对Star Princess轮火灾事故采取的行动,目的是强化关于客船客舱阳台防火安排,修正案于2008年7月1日生效。

船舶发生火灾事故,多数是人为因素造成的,因此IMO提出,要全面重视船员消防知识的掌握和消防技能的提高。船员如果不能及时了解、熟悉新公约的内容,有关消防知识不精和消防技能差,就会在船舶工作中处在被动位置,不利于船舶安全营运。

2010年6月21日至25日在菲律宾马尼拉召开了《1978年海员培训、发证和值班标准国际公约》缔约国大会。《1978年海员培训、发证和值班标准国际公约》马尼拉修正案(简称"STCW公约马尼拉修正案")及其附则在菲律宾马尼拉峰会上获得了通过,从而确保全球化标准将被应用于海员培训和发证, 以期能在今后的一段时间里提升船舶管理水平。"STCW公约马尼拉修正案"于2012年1月1日随着默认的接受程序而生效,并旨在使得公约自1978年制定和1995年全面修订以来持续保持更新, 并且期待其能解决在不久的将来即将出现的问题。

二 船舶高级消防培训

"船舶高级消防" 适任岗位培训是中华人民共和国海事局为履行STCW公约而强制要求的,是针对上船任职的高级船员而开设的课程。培训侧重于船舶防火、消防设施检查和使用、船舶消防的组织与训练、控制和扑救船舶各部位火灾战术与指挥、船舶灭火程序与火灾扑救、船舶消防的应急预案等方面内容。通过系统理论学习和实际操作训练,广大的高级船员在接受培训后能够针对船舶发生的火灾突发事件采取迅速合理的应急应变措施,有效地组织、决策和指挥全体船员完成控制和消灭火灾的过程,并能从中取得经验和教训;同时做到平时在防火管理上下工夫,杜绝火灾事故的发生,保障船舶安全。

船舶火灾是可以预防的,关键在于全体船员都要对船舶消防工作高度重视,并将船舶防火工作加以落实。船舶一旦发生火灾,只要发现及时,措施有效,火灾是可以控制和扑灭的。有些船舶消防工作落实不到位,船员对平时消防演习不重视,走形式,这些都是非常危险的。船舶消防成败首先取决于船员的态度,其次才是船员的消防技术。只有清楚地认识到这一点,才能切实有效地搞好船舶消防工作,更好地保障船舶和人命安全,保护海洋环境。

第二章 船舶防火管理

第一节 船舶防火的重点区域及管理

要点

船舶火灾事故是威胁船舶安全最重要的因素之一。加强船舶的日常消防管理,消除火灾隐患是船舶安全管理的重点。

(1)介绍机舱、货舱、生活区、厨房及船舶物料间的火灾隐患。

(2)船舶日常消防管理措施。

必备知识

一 机舱

机舱内由于储存大量的可燃液体,设有众多输油管路,有主机、辅机、锅炉等热源设备,且修理时多需进行明火作业,同时通风强、空间大、内部没有有效的结构分割,因此发生火灾的可能性较大,发生火灾后容易蔓延。机舱是船舶动力的心脏,一旦失火,易导致主机停车和电力供应中断,甚至使机舱烧毁,动力尽失,在海上无法自主修复。

根据日本NK船级社的统计报告资料,在1980年至1992年的13年间,共有73艘船舶发生机舱火灾,每年大约6起,占近6 000艘的NK船级船舶的0.1%。机舱火灾通常发生在航行途中,占统计数字的75%,其中52%的火灾是无法控制的。火灾起因中的主要因素有油管路漏油和高压油路破损喷油,其中燃油占43%,润滑油占11%,污油占3%;另外,电气设备故障原因占26%,涡轮增压装置故障占7%,明火作业等修理工作占10%。

机舱失火的主要原因可归纳为如下几点:

(1)油料从设备和管系中的破损部位渗漏,积聚在机舱内而未及时清理,遇火源起火。

(2)高温热表面,隔热材料或防护套破损,燃油喷洒或滴到热表面引起受热自燃。

(3)在机舱内进行明火工作时,防护不当或违规操作,引起火灾或爆炸。

(4)电气设备过载、电缆绝缘老化引起火灾。

(5)机舱管理不善,如废弃棉纱头没有放在指定的有盖金属桶内,自燃起火。

(6)机舱内有人吸烟引起火灾。

二 货舱

现代海运的货物当中,包含大量的可燃易燃货物,这些货物在运输当中极易发生火灾;并且近年来,大型船舶不断投入运营,载货量大,一旦发生火灾,损失巨大。

造成货舱起火的主要原因可归为如下几点:

(1)装卸货时,工人在舱内吸烟。夜间,货舱照明灯放置位置不正确,被装卸货物碰坏,灼热的灯丝掉入舱内造成舱内可燃货物燃烧。

(2)因通风不良,易发热的货物本身自燃。

(3)在甲板上进行明火作业,导致舱内货物受热自燃。

(4)易产生可燃气体的散装货物,遇火或火星发生燃烧,如散装煤。

(5)运输危险品,在装卸和航行期间操作和管理不当。

三 生活处所

生活区人员日常活动频繁,火源点多且不易控制。船员房间内存有大量可燃物品(如衣物)。造成生活处所起火的主要原因可归为如下几点:

(1)吸烟者乱扔烟头,特别是在床上吸烟。

(2)电器短路或使用电气设备不当。

(3)冬季使用电炉取暖。

四 厨房

厨房是为船员和旅客供应食物的烹饪处所,是防火中的重点区域。

(一)厨房的炉灶种类

(1)燃油灶。使用船用煤油或柴油作为燃料,将燃料加压进入雾化炉灶燃烧。

(2)电灶。使用船电作为能源,电通过电加热管将灶体加热。

(3)液化气灶。使用罐装液化气作为燃料,液化气进入液化气灶燃烧。

(4)汽灶。使用船舶锅炉内的蒸汽作为能源,使蒸汽通过管系进入汽锅加热锅内的水。

(二)引起厨房火灾的原因

(1)加热食用油的温度太高,自燃或点燃起火。

(2)油锅内的油喷洒或洒落在炉灶上。

(3)燃油灶内的积油过多,且未及时清理,遇火发生火灾。

(4)电气设备和电路的故障。

(5)厨房排烟管路内积油太多。

(6)液化气灶管路破损或气灶阀门未关实,液化气在厨房内积聚,遇明火爆炸。

五 船舶的其他舱室

(一)油漆间

船舶油漆间存放大量油漆和稀释剂,属于易燃易爆品,吸烟或火花可造成燃烧和爆炸。

(二)氧气和乙炔气瓶储存间

氧气和乙炔气瓶属于危险品和高压容器,必须分开存放。

(三)蓄电池间

铅酸蓄电池在充电期间,由于正负极反应会产生氢气,遇火或火花发生爆炸燃烧。

六 船舶日常消防管理措施

加强船舶消防管理是避免船舶发生消防事故,保证船舶安全的较好办法。加强船舶消防管理根本上是加强船舶可燃物、火源和船员操作行为的管理。

七 船舶可燃物管理

船舶可燃物管理, 就是要求船舶能够对可燃物进行良好的保管。从消防管理的角度看,就是保持“整洁”、消除火灾的“隐患”。

(1)无论何时,船舶应避免出现溢油;若船上出现溢油(燃油、润滑油、液压油等),应立即用棉纱、木屑等清除。

(2)沾过油的棉纱、破布、木屑等应存放在有盖的金属容器内,并尽快处理。

(3)对于船舶运营中产生的可燃包装材料,应立即处理。

(4)对于船舶需要使用的垫舱物料(可燃性的),应该存放在船舶指定的安全地方。

(5)对于船舶当天作业未用完的油漆、清漆等易燃物,必须送返油漆间;不能在油漆间以外的其他地方存放。

(6)对于汽油、化学溶剂、喷油嘴清洗剂等在船上存储时,应注意置于合适的容器内,并放置在规定的地点。

(7)对于船舶上的易燃物,存放时应远离蒸汽管路、排烟管路及其他的高温物体。

(8)对于厨房炉灶上方的油脂过滤器和集气罩应该定期清洗。

(9)船员不应穿有油渍的衣服。

八 消除和控制火源

船舶上消除和控制火源的方法包括:

(1)禁止在禁烟区以外的区域吸烟。

(2)如果在船员住舱内吸烟,禁止躺在床上吸烟,并处理好烟灰。

(3)船舶进行热工作业时,应遵守公司的规定,采取安全措施。

(4)禁止在船上私拉电线;不使用禁止使用的用电设备;不超负荷用电。

(5)防止和及时消除船舶及其设备上的静电。

(6)大型油船泵输货油时,应不间断地观察油泵,避免出现油泵空转的现象。

九 货物管理

船员应适当了解某些常见货物的性质,特别是某些常见危险货物的性质。对这些危险货物，船舶应严格执行国际危规中关于“货物包装及标示、隔离、管理”等的规定；除此之外，船舶还应注意：

(1)加强装卸货时的管理，避免由于对外来人员的管理不严，带来火种的危险。

(2)防止货物受热和蓄热自燃起火。

(3)防止某些危险品遇水反应起火。

(4)防止货物在装卸时，产生可燃粉尘，并引起爆炸等。

另外，船舶值班人员坚持每班巡回检查的制度也是预防火灾的一种好措施。

扩展知识

船舶重点防火的区域并不限于本节所述的几个场所。本节所述的几个场所之外，还有需要重点防护的区域，如电瓶间。希望通过本节的讲述，能够使船员从日常管理开始，提高主动防火的积极性，预防火灾发生。

船舶电瓶间发生火灾的原因大致有以下几种：

(1)短路或电路的过载。

(2)电路绝缘不好。

(3)接头松动或破损。

(4)在蓄电池间，由于通风不好而使化学反应过程中产生的氢气积聚在房间内，并在遇明火后被点燃。

所以船舶电子电气员应做到：

(1)定期检查充放电设备，保证连接良好。

(2)保证通风设备正常运转。

第二节　结构防火

要点

国际海事组织《1974年国际海上人命安全公约》1991年修正案在船舶结构防火方面提出了完整的要求。

(1)用耐热与结构性限界面，将船舶分为若干主竖区。

(2)用耐热与结构性限界面，将起居处所与船舶其他处所隔开。

(3)限制使用可燃材料。

本节将介绍客船、货船、液货船在防火结构方面的具体要求。

必备知识

一 主要名词定义

(一)"A"级分隔

系指由符合下列要求的舱壁与甲板所组成的分隔:以钢或其他等效材料制造的;有适当的防挠加强的结构。它们的构造,经1 h的标准耐火试验至结束时,能防止烟及火焰的通过;它们用经认可的不燃材料隔热,使在下列时间内,其背火一面的平均温度较原始温度增高不超过140℃,且包括任何接头在内的任何一点的温度较原温度增高不超过180℃。

"A-60"级　　60 min

"A-30"级　　30 min

"A-15"级　　15 min

"A-0"级　　0 min

(二)"B"级分隔

系指由符合下列要求的舱壁、甲板、天花板或衬板所组成的分隔:以认可的不燃材料制成的分隔,其构造应在最初半小时的标准耐火试验结束时,能够防止火焰通过。它们具有这样的隔热值:使在下列时间内,其背火一面的平均温度较原始温度增高不超过140℃,且包括任何接头在内的任何一点的温度,较原始温度增高不超过225℃。

"B-15"级　　15 min

"B-0"级　　0 min

(三)"C"级分隔

系指以认可的不燃材料制成的分隔。所谓不燃材料系指某种材料加热至约750℃时,既不燃烧,也不产生足量的造成自燃的易燃蒸气。

(四)主竖区

系指由"A"竖级分隔分成的船体、上层建筑和甲板室区段,在任何一层甲板上的平均长度和宽度一般不超过40 m。

(五)机器处所

系指A类机器处所和其他装有推进机械、锅炉、燃油装置、蒸汽机和内燃机、发电机和主要电动机、冷藏机、防摇装置、通风机和空调机的处所等。

(六)A类机器处所

系指装有下列设备的处所和通往这些处所的围壁通道:

(1)用做主推进的内燃机。

(2)用做非主推进的合计总输出功率不小于375 kW的内燃机。

(3)任何燃油锅炉和燃油装置,或锅炉以外的任何燃油设备,如惰性气体发生器、焚烧炉等。

(七)中央控制站

系指具有下列集中控制和显示功能的控制站:

(1)固定式探火和失火报警系统。

(2)自动喷水器、探火和失火报警系统。

(3)防火门位置指示板。

(4)防火门锁闭。

(5)水密门位置指示板。

(6)水密门锁闭。

(7)通风机。

(8)通用/失火报警。

(9)包括电话在内的通信系统。

(10)公共广播系统的扩音器。

(八)设有限制失火危险的家具和设备的房间

系指：

(1)框架式家具(如书桌、衣橱等)除其表面可采用不超过2 mm的可燃表面装饰板片外,完全由不燃材料建造。

(2)可移动的家具(如椅子、沙发等)其骨架由不燃材料建造。

(3)帷幔、窗帘以及其他悬挂的纺织品材料,其阻止火焰蔓延的性能不次于0.8 kg/m²的毛织品。

(4)地板覆盖物具有低播焰性。

(5)舱壁、衬板及天花板的外露表面具有低播焰性。

(6)装有垫套的家具具有阻止着火和火焰蔓延的性能。

(7)床上用品具有阻止着火和火焰蔓延的性能。

二 客船的结构防火简介

(一)主竖区和水平区

客船结构的特点设有多个主竖区分隔。载客超过36人的客船,一般其船体、上层建筑和甲板室应以“A-60”级分隔分为若干主竖区。若载客不超过36人的客船,在起居处所和服务处所的船体、上层建筑及甲板室应以“A”级分隔分为若干主竖区。

如果某一主竖区以水平“A”级分隔再分为若干水平区,用以在船上设有自动喷水器系统区域与未设有自动喷水器系统区域之间提供一适当的屏障时, 此项水平分隔应延伸至相邻两个主竖区舱壁,并延伸至该船的壳板或外部限界面,同时应按公约要求的耐火隔热性和完整性的等级予以隔热。

为特殊用途而设计的船舶,例如汽车或铁路车辆渡船,如果设置主竖区舱壁将影响船舶预期的用途,应以能限制和控制火灾的等效措施来代替,并应经主管机关专门认可。服务处所和船舶储物舱一般不得位于滚装甲板。

(二)主竖区内的舱壁

以载客超过36人的客船舱壁为例,为了保证舱壁和甲板的耐火完整性,将主竖区内的处所按失火危险等级分为下列14类。

(1)控制站。该处所设有应急电源和应急照明电源、船舶无线电通信设备、失火报警设备、消防控制站、应急广播系统,具有驾驶台和海图室功能,位于推进机械处所外面。

(2)梯道。乘客和船员用的内部梯道、升降机、完全封闭的紧急脱险围井、自动扶梯(完全设在机器处所内者除外)以及通往上述处所的环围。

(3)走廊。乘客及船员用的走廊和门厅。

(4)撤离站和外部脱险通道。救生艇筏存放区;作为救生艇和救生筏登乘与降落站的开敞甲板处所和围闭游步甲板处所;内部和外部集合站;用做脱险通道的外部梯道和开敞甲板;最轻载航行水线之上的舷侧和位于救生艇筏和撤离滑道的登乘区域下方且相邻的上层建筑和甲板室舷侧。

(5)开敞甲板处所。救生艇和救生筏登乘与降落地点以外的开敞甲板处所和围闭游步甲板处所。

(6)较小失火危险的起居处所。设有限制失火危险的家具和陈设的住舱、办公室和诊疗室以及公共处所(甲板面积小于50 m²)。

(7)中等失火危险的起居处所。上述第(6)类的处所,但其内有未限制失火危险的家具和陈设,或有限制失火危险的家具和陈设的公共处所,且其甲板面积等于或大于50 m²;起居处所内面积小于4 m²的独立小间及小储物间(不储存易燃液体)、小卖部、电影放映室和影片储藏室、厨房(没有明火者)、清洁用具储物柜(不存放易燃液体)、实验室(不存放易燃液体)、药房、小干燥间(面积等于或小于4 m²)、贵重物品保管室、手术室。

(8)较大失火危险的起居处所。设有未限制失火危险的家具和陈设的公共处所,且其甲板面积等于或大于50 m²;理发和美容室、桑拿房。

(9)卫生间及类似处所。公共盥洗设施、淋浴室、盆浴室、厕所等;小洗衣间;室内游泳场所;起居处所内没有烹调设备的单独配膳室;个人盥洗室设施应视为所在处所的一部分。

(10)极少或没有失火危险的舱、空舱及辅机处所。构成船体结构部分的水舱;空舱及隔离空舱;不设置具有压力润滑系统的机器的辅机处所,且在该处所内禁止储存可燃物品,例如通风机和空调机室、锚机室、舵机室、减摇装置设备室、电力推进电动机室、设有分区配电板和除浸油式电力变压器(10 kVA以上)以外的纯电气设备舱室等。

(11)具有中等失火危险的辅机处所、货物处所、货油舱和其他油舱以及其他类似处所。货油舱、货舱、货舱围闭通道及舱口;冷藏室;燃油舱(设在没有机器的单独处所内)。允许储存可燃物的轴隧和管隧;第(10)类中所述的辅机处所,在处所内允许设置具有压力润滑系统的机器或储藏可燃物;燃油加油站;设有浸油式电力变压器(10 kVA以上)的处所。设有由汽轮机及往复式蒸汽机驱动的辅机发电机,输出功率为110 kW及以下由小内燃机驱动的发电机、自动喷水器用泵、喷射泵或消防泵、舱底泵等的处所。

(12)机器处所和主厨房。主推进机舱(电力推进电动机舱除外)及锅炉舱;第(10)和(11)类以外的设有内燃机或其他燃油、加热或泵送装置的辅机处所;主厨房及其附属间;上述处所的围井及舱篷。

(13)储藏室、工作间、配膳室等。不属于厨房的主配膳室;主洗衣间;大干燥间(甲板面积大于4 m²);杂物间;邮件和行李室、垃圾间;工作间(不作为机器处所、厨房等的一部分);面积大于4 m²的储物柜和储物间,存放易燃液体的处所除外。

(14)储藏易燃液体的其他处所。灯具及修理间、油漆间、存放易燃液体的储藏室(包括染料、药品等)、实验室(室内存放易燃液体)。

上述各个不同类别之中,应用相应的等级进行分隔。不作为主竖区或水平限界面的舱壁如表2-1所示。不作为阶层和水平限界面的甲板如表2-2所示。

表2–1 不作为主竖区或水平限界面的舱壁

处所	(1)	(2)	(3)	(4)	(5)	(6)	(7)	(8)	(9)	(10)	(11)	(12)	(13)	(14)
控制站(1)	B–0	A–0	A–0	A–0	A–0	A–60	A–60	A–60	A–0	A–0	A–60	A–60	A–60	A–60
梯道(2)		A–0	A–0	A–0	A–0	A–0	A–15	A–15	A–0	A–0	A–15	A–30	A–15	A–30
走廊(3)			B–15	A–60	A–0	B–15	B–15	B–15	B–15	A–0	A–15	A–30	A–0	A–30
撤离站和外部脱险通道(4)					A–0	A–60	A–60	A–60	A–0	A–0	A–60	A–60	A–60	A–60
开敞甲板处所(5)						A–0	A–0	A–0	A–0	A–0	A–0	A–0	A–0	A–0
较小失火危险的起居处所(6)						B–0	B–0	B–0	C	A–0	A–0	A–0	A–30	A–0
中等失火危险的起居处所(7)							B–0	B–0	C	A–0	A–15	A–60	A–15	A–60
较大失火危险的起居处所(8)								B–0	C	A–0	A–30	A–60	A–15	A–60
卫生间及类似处所(9)									C	A–0	A–0	A–0	A–0	A–0
极少或没有失火危险的舱、空舱及辅机处所(10)										A–0	A–0	A–0	A–0	A–0
具有中等失火危险的辅机处所、货物处所、货油舱和其他油舱以及其他类似处所(11)											A–0	A–0	A–0	A–15
机器处所和主厨房(12)												A–0	A–0	A–60
储藏室、工作间、配膳室等(13)													A–0	A–0
储藏易燃液体的其他处所(14)														A–30

表2-2　不作为阶层和水平区限界面的甲板

甲板上区域 / 甲板下区域	(1)	(2)	(3)	(4)	(5)	(6)	(7)	(8)	(9)	(10)	(11)	(12)	(13)	(14)
控制站(1)	A–30	A–30	A–15	A–0	A–0	A–0	A–15	A–30	A–0	A–0	A–0	A–60	A–0	A–60
梯道(2)	A–0	A–0	A–0	A–0	A–0	A–0	A–0	A–15	A–0	A–0	A–0	A–30	A–0	A–30
走廊(3)	A–15	A–0	A–0	A–60	A–0	A–0	A–15	A–15	A–0	A–0	A–0	A–30	A–0	A–30
撤离站和外部脱险通道(4)	A–0	A–0	A–0	A–0		A–0	A–0	A–0	A–0	A–0	A–0	A–0	A–0	A–0
开敞甲板处所(5)	A–0	A–0	A–0	A–0		A–0	A–0	A–0	A–0	A–0	A–0	A–0	A–0	A–0
较小失火危险的起居处所(6)	A–60	A–15	A–0	A–60	A–0	A–0	A–0	A–0	A–0	A–0	A–0	A–0	A–0	A–0
中等失火危险的起居处所(7)	A–60	A–15	A–15	A–60	A–0	A–0	A–15	A–15	A–0	A–0	A–0	A–0	A–0	A–0
较大失火危险的起居处所(8)	A–60	A–15	A–15	A–60	A–0	A–15	A–15	A–30	A–0	A–0	A–0	A–0	A–0	A–0
卫生间及类似处所(9)	A–0	A–0	A–0	A–0	A–0	A–0	A–0	A–0	A–0	A–0	A–0	A–0	A–0	A–0
极少或没有失火危险的舱、空舱及辅机处所(10)	A–0	A–0	A–0	A–0	A–0	A–0	A–0	A–0	A–0	A–0	A–0	A–0	A–0	A–0
具有中等失火危险的辅机处所、货物处所、货油舱和其他油舱以及其他类似处所(11)	A–60	A–60	A–60	A–60	A–0	A–0	A–15	A–30	A–0	A–0	A–0	A–0	A–0	A–30
机器处所和主厨房(12)	A–60	A–60	A–60	A–60	A–0	A–60	A–60	A–60	A–0	A–0	A–30	A–30	A–0	A–60
储藏室、工作间、配膳室等(13)	A–60	A–30	A–15	A–60	A–0	A–15	A–30	A–30	A–0	A–0	A–0	A–0	A–0	A–0
储藏易燃液体的其他处所(14)	A–60	A–60	A–60	A–60	A–0	A–30	A–60	A–60	A–0	A–0	A–0	A–0	A–0	A–0

(三)保持耐火分隔的整体完整性

耐火分隔上的门、窗和其他小的开口和贯穿件设置不当会影响防火结构的完整性。为了避免出现破坏防火结构的完整,船舶在管理方面应该注意:

1. 门

各级防火结构上的“门”安装选用时应遵循:“等效于其所在舱壁的耐火性能”的原则,即与所在舱壁有相同的耐火等级。

客船上的A级防火门应该满足:

(1)设在主竖区舱壁及梯道围壁上的A级防火门,应为在向关闭方向倾斜3.5°时仍能将门关闭的自闭式门。门的关闭速度,需要时应能加以控制,以防止门突然关闭时对人身发生不应有的危险。

(2)所有自闭式的防火门,除经常处于关闭状态者外,应能由控制站或在门所在部位将它们脱开,并且,一旦控制系统失灵或损坏时,门能自动关闭。

(3)船舶外部限界面上的门,不要求满足所在舱壁的耐火完整性。客船上的A级防火门可分成两类:一类是防火门。这种门用于船舶限界线以上部位。它首先应满足公约和规范对防火性能的要求,再兼顾水密性。另一类是水密门。这种门用于船舶限界线以下水密舱壁(在进行上层建筑或甲板室设计时,应考虑将横舱壁的设置与主竖区的设置一致起来)部位。这种门主要的作用是关闭后保持分隔的水密性。公约规定,这类门一般不要求充填隔热材料。

用于B级舱壁上的门被称为B级防火门。如果用于梯道环围,则不允许开设通风口;如果用于走廊、舱壁上,通往起居处所等舱壁上的B级门可设置应急通风孔或通风栅。它们均应以不燃材料制作。

用于C级舱壁上的门被称为C级防火门。它没有阻止火焰穿过的要求。

2. 窗

(1)起居处所、服务处所、控制站内各舱壁上的窗,其结构应能保持所在舱壁的完整性。但是对于36人以上的国际航行客船,若外部限界面上的窗面对着救生设施、登乘和集合地点、用做脱险通道的外部梯道或外部通道,则这些窗应具有所在舱壁的耐火完整性。

(2)船舶外部限界面上的窗,一般不要求其具有所在舱壁的耐火完整性,但窗框应用钢或其他在高温下不易变形的材料,窗的玻璃应用金属镶边或镶角加以固定。

(3)A类机器处所的限界面上不能设窗,但机器处所内的控制室上可以安装玻璃窗。机舱的天窗应是钢质的,且不应有玻璃板,若装有玻璃,则应在玻璃外加装钢质盖,该钢质盖应永久地附连于天窗上,并能由一人从外部加以关闭。

3. 其他开口和贯穿件

(1)一切A级分隔上的开口,除装货处所之间、特种处所之间、储藏室之间、行李舱之间的舱口和这些处所与露天甲板的舱口外,应有永久附连于其上的关闭装置,其耐火性能至少应与其所在的分隔相等。

(2)住室和公共处所,包括办公室、盥洗室、餐具室等与走廊之间的B级舱壁,允许在门的下半部或门以下部位开通风口。若此通风开口开在门的下半部,还应装有用不燃材料制成的百叶栅。

(3)通风导管穿过耐火分隔时保持耐火分隔的完整性要求。

三 货船的结构防火简介

(一)防火区域的划分和分隔

货船处所一般分为三类,即起居处所、机器处所以及装货处所。三种处所的失火危险程度各不相同。用隔热及结构性限界面将起居处所与船舶其他处所隔开。对于国际航行货船,规定要求其起居和服务处所采取IC、IIC、IIIC法中的任何一种方法予以保护(表2-3)。

表2-3 ⅠC法、ⅡC法、ⅢC法的主要要求

类别 项目	ⅠC法	ⅡC法	ⅢC法
耐火分隔	以B级或C级分隔做内部的分隔舱壁;未要求为A级或B级的舱壁,至少应为C级	除个别情况规定为C级舱壁外,其余不予限制	除个别情况规定为C级舱壁外,其余不予限制,但用A级或B级分隔的起居处所群的面积不得大于50 ㎡。对公共处所面积可放宽至73 ㎡
不燃材料	在起居处所、服务处所和控制站内所有的衬板、风挡、天花板、衬挡,均应为不燃材料	走廊和梯道环围中的天花板、衬板、风挡、衬挡,均应为不燃材料	走廊和梯道环围中的天花板、衬板、风挡及其衬挡,均应为不燃材料
自动喷水器、探火和失火报警系统	一般不设	除空舱和卫生处所等实际无火灾危险者外,在起居处所和服务处所均需设置	一般不设
固定式探火和失火报警系统	走廊、梯道和脱险通道设置,且必须为感烟式和手动报警按钮	走廊、梯道和脱险通道设置,且必须为感烟式和手动报警按钮	在可能发生火警的所有起居处所及服务处所设置

(二)舱壁和甲板的耐火完整性

将船舶处所按其失火危险程度分为11类,分别是控制站、走廊、起居处所、梯道、较小失火危险的服务处所、A类机器处所、其他机器处所、货物处所、较大失火危险的服务处所、开敞甲板、滚装和车辆处所。各处所之间的舱壁和甲板的耐火完整性应符合SOLAS公约的有关规定,参见表2-4和表2-5。

表2-4 货船生活区舱壁防火分隔等级

区域 处所	1	2	3	4	5	6	7	8	9	10	11
1.控制站	A–0	A–0	A–60	A–0	A–15	A–60	A–15	A–60	A–60		A–60
2.走廊		C	B–0	B–0	B–0	A–60	A–0	A–0	A–0		A–30
3.起居处所				B–0	B–0	A–60	A–0	A–0	A–0		A–30
4.梯道				B–0	B–0	A–60	A–0	A–0	A–0		A–30
5.较小失火危险的服务处所					C	A–60	A–0	A–0	A–0		A–0
6.A类机器处所							A–0	A–0	A–60		A–60

（续表）

处所＼区域	1	2	3	4	5	6	7	8	9	10	11
7.其他机器处所							A-0	A-0	A-0		A-0
8.货物处所									A-0		A-0
9.较大失火危险的服务处所									A-0		A-30
10.开敞甲板									A-0		A-0
11.滚装和车辆处所											

表2-5　货船分隔相邻处所甲板的耐火完整性

甲板下区域＼甲板上区域	1	2	3	4	5	6	7	8	9	10	11
1.控制站	A-0	A-0	A-0	A-0	A-0	A-60	A-0	A-0	A-0		A-60
2.走廊	A-0			A-0		A-60	A-0	A-0	A-0		A-30
3.起居处所	A-60	A-0		A-0		A-60	A-0	A-0	A-0		A-30
4.梯道	A-0	A-0	A-0		A-0	A-60	A-0	A-0	A-0		A-30
5.较小失火危险的服务处所	A-15	A-0	A-0	A-0		A-60	A-0	A-0	A-0		A-0
6.A类机器处所	A-60	A-60	A-60	A-60	A-60		A-60	A-30	A-60		A-60
7.其他机器处所	A-15	A-0	A-0	A-0	A-0	A-0		A-0	A-0		A-0
8.货物处所	A-60	A-0	A-0	A-0	A-0	A-0	A-0		A-0		A-0
9.较大失火危险的服务处所	A-60	A-0	A-0	A-0	A-0	A-60	A-0	A-0	A-0		A-30
10.开敞甲板											
11.滚装和车辆处所	A-60	A-30	A-30	A-30	A-0	A-60	A-0	A-0	A-30		

（三）保持耐火分隔的完整性

装设在耐火分隔上的门窗和贯穿件会影响整个耐火分隔的完整性。为了保证耐火分隔的完整，装设在耐火分隔上的门、窗和贯穿件应满足以下要求：

1. 门

(1)所有“门”的耐火性能应尽可能与其所在分隔的耐火性能等效。装设在A级和B级分隔上的门应有相应的耐火等级证书。水密门可代替防火门，且不必隔热。

(2)装设在A类机器处所的限界面上的门应适当气密并能够自闭。

(3)CO_2室、乙炔室、油漆室、蓄电池室的门应适当气密。

(4)对于国际航行货船，梯道环围上的门应是自闭的，一般不装门背钩；若装设门背钩，应是故障安全型的，且能遥控释放。

2.窗

(1)A类机器处所的限界面上不设窗，但机器处所内的控制室可设玻璃窗。

(2)对机舱天窗的要求与客船相同。

3. 其他的开口和贯穿件

通风导管、电缆和其他管路穿过耐火分隔时的要求与客船相同。

四 油船的结构防火

由于油船所运输的货物具有高度的失火危险性，所以其结构防火有特殊性，主要内容如下：

(一)关于处所的位置和分隔

油船的处所大致可分为起居处所、A类机器处所、货油泵舱和货油舱等，这些处所的位置对结构防火影响甚大，因此，关于处所的位置应符合如下要求：

(1)A类机器处所，均应位于货油舱和污水舱的后方，并应位于货油泵舱和隔离空舱的后方，但不必位于燃油舱的后方。所有A类机器处所应用隔离空舱、货油泵舱或燃油舱与货油和污油水舱隔开。

(2)起居处所、货油主控制站及服务处所均应位于所有货油舱、污油水舱、货油泵舱和用以隔开货油舱、污油水舱与A类机器处所的隔离空舱后方。分隔货油泵舱(包括货油舱的入口)与起居处所、服务处所和控制站的任何公共舱壁，其构造应为“A-60”级。

(3)环围起居处所和服务处所的上层建筑和甲板室的外部限界面，包括支撑这些起居处所的悬架甲板，其面向货油舱的全部限界面及前限界面之后3 m之内的侧面，应隔热至“A-60”级标准。

(二)起居和服务处所内的保护及舱壁、甲板的防火

(1)油船起居、服务处所采用ⅠC法进行保护。舱壁和甲板的防火级别与货船的要求一致。

(2)货油泵舱的天窗应用钢制成，不应镶有玻璃，并能在泵舱外部予以关闭。

(三)保持耐火分隔的完整性

(1)A类机器处所、包括围壁通道的货油泵舱、起居处所和服务处所应进行分隔，分隔以上场所的舱壁和甲板，应为“A-60”级。这种舱壁和甲板以及A类机器处所和货油泵舱的任何限界面上，不得设窗和舷窗。

(2)在起居处所、服务处所及控制站内，门窗的防火等级应等同于其所处的舱壁的防火级别。

扩展知识

H级防火分隔

本节所讲的A、B、C三类防火结构，是美国消防委员会根据木材(纤维素)的燃烧特点提出的。

但是部分现代海上设施所包含的可燃物中石油、天然气、油脂类等在内的碳氢化合物占了绝大部分。这部分可燃物的燃烧特点明显不同于木材等物质。所以，现在提出H级防火分隔。

“H”级防火分隔与“A”级防火分隔不同点仅仅是标准耐火试验。“H”级防火分隔标准耐火试验系指把要试验的隔壁或甲板的试样置于试验炉内，加温到1 100℃，时间为2 h；另

外，还有标准要求更高的“火焰喷射试验”，该试验将碳氢火焰高速喷射到受试验物的表面，测试受试验物的耐受能力。

“H”级防火分隔分为H-120，H-60，H-0三个级别。

第三节　船舶通风与控制

要点

无论船舶在正常营运，还是在应急期间，通风系统都非常重要。如何能够在船舶应急时，正确使用通风系统，本节概括为以下内容：

(1)船舶通风系统及其防火基本要求。

(2)船舶通风系统的布置。

(3)船舶应急时，通风系统的控制手段。

必备知识

一　通风系统

船舶为了确保机电设备的正常运转、货物的安全运载、改善旅客和船员的生活和工作条件，驱散舱室内油气等有害气体，船上的大部分的舱室需要进行通风。通风系统对船内舱室进行有效的通风，排除废气和有害气体，调整舱内的湿度，补充新鲜空气。但船舶一旦失火时，四通八达的通风导管就可能成为导热、导烟甚至直接传播火焰的途径。为了防止这种情况，公约对船舶的通风系统提出了明确的防火要求。

（一）通风方式

常见的通风方式有自然通风、机械通风、空调系统。

(1)自然通风。其原理是依靠空气自身的性质，热空气上升，冷空气补充。利用设置在舱室顶部甲板上的通风筒和自然风力进行通风，有排气通风和循环通风两种。

(2)机械通风。利用安装在舱室内的进气与排气通风管道口的风机进行强力通风的一种通风方式。风机根据船舶设置不同，分别安装在进气、排气管道上。

(3)空调系统。可调节室内的温度与湿度。全船生活区内共用一个中央空调系统，由通风机从新风口及回风口分别吸入外界新鲜空气和回风，二者混合后经空气调节器处理(加热或降温)，然后由主风管、支风管送至舱室的布风器进入房间，舱室中多余空气通过房门下部的隔栅或留出的空隙流入走廊，空气再回到回风口，形成空气的循环。

二 通风系统的防火基本要求

船舶通风系统的防火基本要求,主要体现在以下几个方面:

(1)应按处所失火危险程度和使用人数的多少设置若干个独立的通风系统。

(2)应能对通风系统进行有效控制,包括通风机的停止和主要通风口的关闭。

(3)通风筒导管应由不燃材料制造。

(4)通风筒穿过耐火分隔时,其贯穿件不应损坏分隔的耐火性,对截面积较大的通风导管等应设置挡火闸。

三 船舶通风系统的布置与控制

(一)布置

一般来说,A类机器处所、车辆处所、滚装处所、厨房、特种处所和货物处所的通风系统一般应彼此独立并与服务于其他处所的通风系统分开。

凡要求设置主竖区的客船,其通风机设置,一般应使通往各处的通风导管保持在同一主竖区或同一水平区内。当无法做到时,对必须穿过主竖区或水平区的通风导管,应在邻近分隔处设置挡火闸。

36人以上的国际航行的客船,其梯道环围也应有独立的通风系统。

通风设施的甲板外部通风装置,因舱室不同会有所不同。其外部形式有以下几种,如图2-1所示。

(1)烟斗式。

(2)菌帽形。

(3)鹅颈式自然通风口。

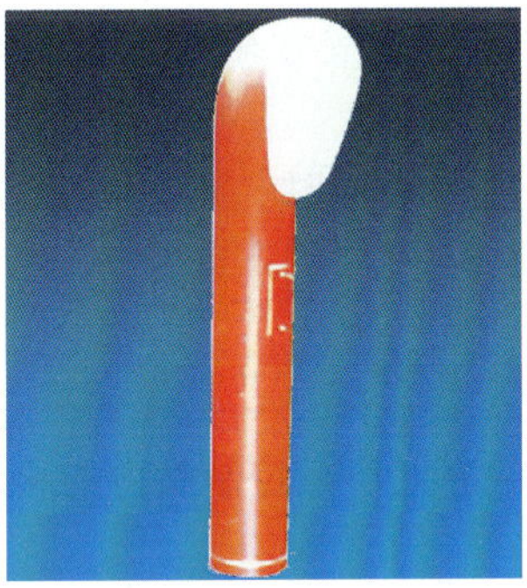

(a)烟斗式

(b)菌帽形

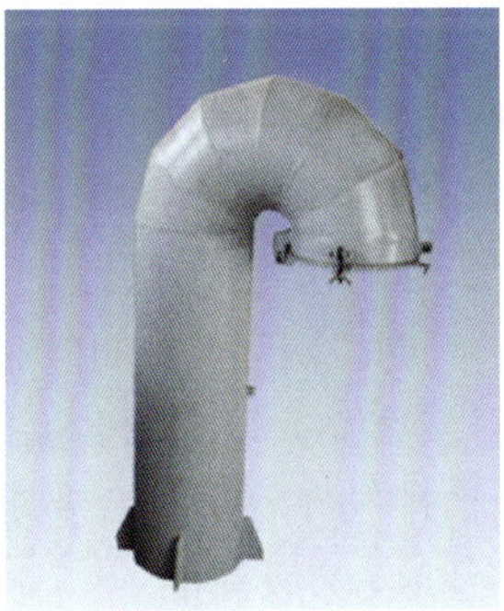

(c)鹅颈式自然通风口

图2-1 通风装置

(二)控制

所有通风机应能在其服务处所的外面予以停止。

所有通风系统的主要进口和出口都应能从被通风处所的外部予以关闭。关闭装置操作位置应易于到达,有明显的永久性标志,且应指示出关闭装置是处在开启位置还是处在关闭位置。

对于载客36人以上的客船,通风机应有集中控制装置,以便在两个尽可能远离的位置均可以停止,服务于货物处所的通风机应能够从该处所的安全位置予以关闭。

机器处所应设有提供天窗开启和关闭、在烟囱上正常排气通风开口关闭和挡火闸关闭用的控制装置。应设有停止通风机的控制装置。对服务于机器处所的动力通风应设有能从两个位置集中控制的装置，其中之一应位于这种处所的外面。机器处所内的动力通风停止装置，应同其他处所内的通风停止装置完全分开。

通风导管和挡火闸

(一)通风导管

一般来说，通风导管应由不燃材料制成。其布置应符合通风系统的防火基本要求，服务于A类机器处所、厨房、车辆处所、滚装处所或特种处所的通风导管不应穿过起居处所、服务处所或控制站，除非其符合公约规定的条件。

(二)挡火闸

挡火闸的目的是为了防止进入通风导管内的火焰、炽热的气流和烟雾从失火处所蔓延至其他未失火的处所。其关闭方式有自动、手动关闭，或自动、手动关闭兼有，视设置位置而定。

自动挡火闸是指安装在通风、空调系统的送、回风管路上，平时呈开启状态。火灾时，当管道内气体温度达到70℃时自动关闭，在一定时间内能满足耐火稳定性和耐火完整性要求，起隔烟阻火作用。

手动关闭方式有两种方式，分别是以机械方式关闭和通过遥控一个故障型电动开关或气动释放装置来关闭挡火闸。它们都能保证在分隔两侧的任一侧失火时，能将挡火闸关闭。

一般在下述四种情况下，应设置挡火闸并装有能指示挡火闸开闭状态的指示器，挡火闸应易于接近。

(1)当截面积大于0.075 ㎡的通风导管穿过A级分隔时。

(2)A类机器处所、厨房、车辆处所、滚装处所或特种处所的通风导管穿过起居处所、服务处所或控制站时。

(3)当通风导管(不论其截面积大小)穿过主竖区或水平区限界面时。

(4)在厨房通风导管靠近通风装置处应装设自动挡火闸。

(三)对于厨房炉灶的排气管道的特殊要求

对载客36人以上的客船的要求如下：

(1)排气导管用符合要求的钢材制造和整个起居处所、服务处所或控制站内的导管均隔热至“A-60”级标准。

(2)有一个易于拆下清洗的集油器，除非采用认可的油垢清除装置作为替代。

(3)有一个位于排气导管下段的自动和遥控操作的挡火闸，此外，还应有一个遥控操作的挡火闸位于排气导管上端。

(4)有用于扑灭排气导管内火灾的固定式灭火装置。

(5)对于切断排气风机和送风机、操作挡火闸和操作灭火系统的遥控装置应布置在接近厨房入口的位置。

(6)有适当分布的检查和清洁孔。

对货船和载客不超过36人客船的要求如下：

如果厨房的排气导管穿过起居处所或内含可燃材料的处所，该导管应按“A”级分隔制造。每一排气导管应设有：

(1)1个易于拆下清洗的集油器。

(2)1个位于导管下端的挡火闸。

(3)能够在厨房内操纵的关闭排气风机的装置。

(4)用于扑灭排气导管内火灾的固定式灭火装置。

五 火灾中的通风控制

通风在整个灭火过程中都是非常重要的。尤其在救援受困人员时，要根据具体情况采取适当的通风方式。在火灾事故中，人员伤亡不是全被火烧的，据不完全统计，80%以上人员伤亡是由于缺氧窒息和吸入致命的一氧化碳和其他有害气体造成的。

在火灾中控制通风的目的：提高火场的能见度，减少高温和毒气对人的危害性，有效控制火势蔓延，提高救人和灭火效率。在火场中，由于浓烟使能见度降低，舱内温度高，含有有毒气体，应根据当时具体情况进行通风将烟雾和高温气体排出，人员安全地进入火场进行探火、救人和扑救。

(一)控制通风的方法有下列几种

(1)垂直通风。火灾产生的浓烟和灼热的气体，通过火灾垂直上方的开口，开口应尽量选择在火点的正上方，将烟雾和热空气排出。应控制空气的流量，减少新鲜空气进入量，避免火灾快速蔓延。其好处是为人快速进入火场提供保障，避免烟雾对人的影响。对于机舱上部火灾或甲板以下处所可采取此方式。

(2)横向通风。打开上风和下风的门，使舱室内的烟雾顺着空气流动方向排出，即可获得横向通风。使用此法应先打开下风门，后打开上风门。一般使用在主甲板以上处所。

(3)垂直和横向复合通风。当火发生在甲板下面，将烟和热从船舶上部直接排走可能是比较困难的，需要进行垂直和横向复合通风。烟雾和热通过横向和垂直通道安全排出，由于通道比较长，路径曲折，使用此法通风时，通道内必须远离危险物和易燃物品，紧闭其他舱室和通道。

(4)机械通风。通过船舶机械通风设备，将烟雾通过通风管道排出。

火场中控制通风排烟的措施难度大，要求高，且有潜在的火势蔓延的危险，注意排烟温度，防止温度过高(如陆地要求，温度超过280℃应停止通风排烟，以免火势蔓延到其他场所)。

(二)通风排烟控制中注意事项

(1)现场指挥与总指挥进行研究，确定通风方式、方法和时间，人员行动任务明确，方可实施。

(2)人员要进行相关的准备。在开启通风口进行排烟时，应以开花水流掩护，注意防止爆炸的发生；为防止高温烟气排出时造成火势蔓延，应对易燃部位预先做好射水准备；加强人员的自身防护，除了佩戴消防装备外，其余协助人员尽量穿着防护服装，不要使皮肤外露，必要时将衣服浸湿，做好通信联络工作；排烟通风开口不应在着火层以下开启，应在其顶部和着火层以上的部位，防止火灾下移。

扩展知识

防火闸

通常，设置在通风管系上与防火防烟相关的控制装置称为防火闸。

防火闸的执行方式包括弹簧、重力、电动、气动、手动。客船防火闸通常装有熔断器。熔断器由金属易熔片和弹簧芯轴组成。防火闸选用70±3℃的熔断器（比环境温度高25℃）。货船除手动外，常见执行方式为电动。电动型执行机构为伺服电机。通电后，伺服电机带动叶片打开阀门，失电时叶片受扭转弹簧的作用而关闭阀门。电动型执行机构带有温度信号传感器。

第四节　船舶燃油和电气系统的控制

要点

如果船舶油（燃油、柴油、润滑油）、电管理不当，就会成为船舶机舱火灾的重要隐患。加强油、电的安全管理是维护船舶安全的重要保证。

（1）船用油、船舶燃油系统、船舶滑油的控制和管理。

（2）船舶电气设备的隐患及管理控制。

必备知识

一　船用油

船舶的主机、辅机、锅炉等设备是依靠燃料来工作的。船用油有燃油、润滑油和其他易燃油类，它们是可燃或易燃液体。船舶应采取的有效措施有：控制易燃液体渗漏；限制油气的积聚；限制可燃物质被引燃；限制着火源；将着火源与可燃材料和易燃液体隔离开。

（一）燃油的限制

1. 燃油的闪点应受到限制

（1）不得使用闪点低于60℃的燃油。

（2）应急发电机可使用闪点不低于43℃的燃油。

（3）若符合验船部门的要求，可以使用闪点低于60℃但不低于43℃的燃油（如为应急消防泵发动机和位于A类机器处所以外的辅机供油）。

2. 燃油的布置

使用燃油的船舶，其燃油储藏、输送和使用的布置应能保证船舶和船上人员的安全，其主要规定如下：

(1)在燃油系统中凡含有压力超过0.18 N/mm²的加热燃油的任何部件，应尽可能不布置在隐闭处所，以免不易察觉其缺陷和渗漏。

(2)应有充分的通风，以防止油气聚集。

(3)燃油舱柜的要求如下：不得在艏尖舱内装载燃油、润滑油和其他易燃油类。燃油舱柜应尽可能是船体结构的一部分，并位于A类机器处所之外。燃油舱柜不得设在从燃油舱柜溢出或渗漏的燃油能落于热表面而构成火灾或爆炸危险的地方。在双层底上方的容积500 L及以上的储存柜、沉淀柜和日用柜的燃油管上直接装设旋塞或阀门，一旦油柜所在处所失火，它们能在此处所之外的安全位置处加以关闭。对于机舱内各个油柜，一般由防火控制站内的燃油速闭装置(又称速闭阀)进行遥控关闭，遥控装置有气动装置、钢丝遥控装置、电动装置。对于燃油舱内油量的测量装置应设有安全有效保护装置。

3. 防止油舱超压

油舱柜或燃油系统的任何部分，应设有防止超压的设施。空气管和溢流管以及安全阀应排向不会由于油和蒸气的存在而导致失火或爆炸危险的位置，且不得排向船员处所和乘客处所，也不得排向特种处所、闭式滚装处所、机器处所或类似处所。空气管的出口部位应设有防火网。

4. 燃油管路

高压燃油泵与燃油喷油器之间的外部输送管线应使用能容纳高压管线破裂而漏出的燃油的套管系统加以保护。套管系统应包括收集漏油的装置，以及在燃油管出故障时发出警报的装置。

燃油管线不应位于紧靠高温装置的上方和附近，尽可能使燃油管线的布置远离热表面、电气装置或其他着火源，并应予以围罩或采取其他适当保护措施，以避免燃油喷到或渗漏到着火源上。

5. 高温表面的保护

对因燃油系统故障而可能接触到的温度超过220℃的表面应进行妥善的隔热。应采取预防措施防止在压力作用下可能从任何油泵、过滤器或加热器溢出的任何油类接触热表面。

(二)润滑油的布置

压力润滑系统的滑油的储藏、输送和使用的布置，应保证船舶和船上人员的安全。在A类机器处所以及在尽可能的情况下在其他机器处所内所作的布置，应符合上述燃油布置中的主要部分要求。

(三)周期性无人值班的机器处所的燃油布置

周期性无人值班的机器处所的燃油和润滑油系统除应符合上述的要求外，还应符合以下规定：

若燃油日用柜能自动或遥控注油，则应有防止溢油的措施。其他自动处理易燃液体的设备(如燃油净油机)，在可行情况下，应安装在专供净油机及其加热器使用的处所内，并应有防止溢油的设备；日用或沉淀燃油舱柜设有加热装置时，若可能会超过燃油的闪点，则应装设高温警报。

(四)其他燃料和热源

(1)生活用气体燃料系统应经主管机关认可。气瓶应存放于开敞甲板或开口仅朝向开敞甲板的通风良好的处所。

(2)电取暖器。如果使用电取暖器,应固定装设,其构造应能最大限度地减少失火危险。不得使用因暴露的电热元件的热度而使衣服、帷幔或其他类似物件被烤焦或起火的电取暖器。

(3)废物箱。所有废物箱应由四周和底部无开口的不燃材料制成。

(4)保护隔热表面防止油类渗透。在油类产品可能渗透的处所,隔热表面应能防止油类或油气的渗透。

二 船舶电气的控制

对于良好绝缘性能的电线和电气设备而言,电是一种安全和便利的能源。但是当电气设备的元器件老化,通风不畅,违章操作,线路松动时,电能就会转化为热能,而使电线和电气设备温度升高而自燃。

(一)电气短路

当发生短路时,其导线的发热量会骤增4.4万倍,会使导线温度迅速升高,导线的绝缘层破坏,甚至损坏电源设备,不仅绝缘层燃烧,也会引起邻近的易燃物、可燃物质的燃烧或爆炸,造成火灾。

发生的主要原因有:

(1)没有按照具体的工作环境和规定选用导线,导线质量差,使导线受到高温、潮湿、盐雾及其腐蚀而失去绝缘能力。

(2)导线使用时间长,绝缘层老化,受损。

(3)施工人员疏忽,把利器插入电线,或船员在屋顶、墙面钉钉子、钻孔而损坏导线。

(4)船员滥用电热器等设备造成线路长期过载。

(5)鼠害。船上有老鼠,咬伤线路。

(6)由于敷设场所不适致使机械损伤,特别是对于移动式电气设备,如电焊机等。

(二)电气断路和电气设备接触不良

电气设备在运行时,电气回路中流过一定的负载电流,回路的任何一部位发生断路,在断路点处会出现电弧或电火花。

导线接触不良,接触电阻大,在电流的作用下,接点会产生较大的热量,从而加速了接触部位的氧化过程,使接触电阻增加,导致热量成比例地增加,最终导致导体熔化,产生高温的熔珠滴落,同时造成断路,出现电弧或电火花。

(三)超负荷用电

一般导线的最高允许工作温度为60~95℃,过载的温度超过允许温度值,会使绝缘层加速老化,甚至龟裂剥落,引起短路火灾事故。

在电源插座上加设临时的分线路,特别是在船员舱室内和生活区内其他场所,使用不符合要求的电线,或接入功率过大的电气设备,或乱拉电线,过多地接入负载。

(四)无防护的灯泡、保养不好的电机、蓄电池的充电

一个没有防护的点亮的灯泡,靠近易燃物,就会使其燃烧。如船员离开房间时未关闭的台灯,与纸张等靠近会将其加热自燃;在冬季,有的船员使用的无保护的电取暖器,在睡觉时,靠近衣物太近也会引起火灾;在装完货后,货舱内的舱灯未关,舱灯靠近可燃货物致使货物自燃。

电机由于保养和使用不当,或异步电机频繁启动和电机的铁损过大,会出现机体温度过高,绝缘性能降低,导致烧毁。

在蓄电池间内,蓄电池在充电时会产生氢气,在舱室内长时间积聚,遇火源就会发生爆炸。

(五)配电板

产生总配电板火灾的原因有:三相负载电流不平衡;汇流排或导线接触电阻过大;仪表内部的互感器质量不好,出现过热现象;金属异物或动物进入配电板造成短路;短路电流引起火花;长期受热使绝缘强度下降造成短路。

产生分配电板火灾的原因有:接线接触不良;熔断丝选择额定电流过大,或空气开关保护额定值过大,造成过流;因潮湿、盐雾及其腐蚀作用致使绝缘下降,造成短路。

扩展知识

燃油、滑油加装安全须知

(1)船舶加装燃油、滑油工作的总负责人是轮机长,轮机长提前做好加油的准备工作。

(2)加油场所应悬挂禁止吸烟等警告牌,准备必要的消防器材,如消防皮龙、灭火器。

(3)制定加油应急计划,并确认供、受双方应采取的应急措施。为预防意外应备好工具和应急物品;如空桶、吸油材料、化学消油剂、锯末、棉纱、破布等。

(4)配备足够的加油人员,他们应熟悉加油系统的溢油管、空气管、溢油柜、测深管的位置和加油计划的详细过程。

(5)安排木匠堵好甲板出水孔。机舱加油人员应开启受油舱气孔,堵好集油槽放残孔,油舱透气管无集油容器的应放置集油桶。

(6)检查供油管另一头接头盲板及与之有关的接头盲板,密封要好;有关的加油阀开关要良好;油管接头装好后,下面应放置集油桶。

(7)校对好通信工具,与加油方约好联系信号;并双方确认供油泵开启、停止联系信号以及明确双方的责任与权利。

(8)加油时驾驶员应在本船悬挂“B”信号旗,夜晚亮“红”灯。

(9)要控制加油速度,随时做好应急停止准备,一旦遇到紧急情况,立即通知供油方停泵。

(10)加油期间要有专人巡回检查加油管接头处、透气孔及另一舷加油管盲板是否滴漏。

(11)测量人员要勤测空挡,及时向主管人员报告测量尺寸,保持联络通畅,受油舱转换注意先开后关顺序。

(12)一旦发生溢油事故,应按船舶溢油应变部署表中分工立即采取措施,迅速控制溢油扩散,收回并清除溢油。

(13)确认供油管已扫净残油,关闭加油总管阀,打开验油阀无残油滴漏时,方能拆除加油管。关闭、封好所有阀门和盲板。滴落甲板的污油应及时消除干净。

(14)在美国加油时,还应按其特殊规定执行。

第五节　油船惰性气体系统

要点

在油船正常营运循环中,最有效的防火安全措施是设置惰性气体系统(Inert Gas System,IGS),使货舱内气体始终处于惰性状态。

必备知识

从IMO统计资料看,油船的货油舱火灾或爆炸绝大多数发生在空载时碰撞、搁浅、触礁等海上事故以及洗舱、装卸油、海上航行操作中。

货油舱发生火灾或爆炸,必须同时存在以下三个条件:

(1)碳氢气体的浓度在爆炸极限范围内。

(2)氧气含量必须维持在气体燃烧所需的最低量以上。

(3)火源具有一定的点火能量。

采取有效措施,消除上述条件之一,即可能达到防火或防爆目的。

在油船正常营运循环中,即在装油—载油航行—卸油—压载航行—洗舱的全过程中,最有效的防火安全措施是设置惰性气体系统,使货舱内气体始终处于惰性状态。这是因为舱内碳氢气体的浓度在整个营运循环中难以控制在爆炸极限范围以外,虽然各项油类操作(洗舱、装卸油)都严格遵守操作规程,仍存在因静电和碰撞、搁浅、触礁等海上事故等因素都可能产生火花。目前,对于载重量2万吨及以上的油船应设置惰性气体系统。

一　系统的要求

(1)降低每个货油舱内大气含氧量,并保护其舱内任何部位的大气含量(体积)不超过8%,从而使舱内惰化而无法燃烧和爆炸。

(2)处于正压状态的惰性气体,在正常作业中,使得外界空气无法进入液货舱。

(3)驱散空货油舱内的碳氢气,使得除气过程中货油舱内的气体不至于构成危险。

(4)向货油舱输送的惰性气体至少能以船舶最大卸油率的125%的速率供气。

(5)确保惰性气体总管上的气体含氧量(体积)不超过5%。

二 系统的组成

(1)烟气隔离阀。用于隔断锅炉烟气，并有显示关闭状态的指示。

(2)洗涤塔。通常有填充式和喷雾式两种类型，用于有效地冷却高温烟气，并将烟气中的固体杂质和硫的氧化物等去除。通过除湿器将进入惰性气体风机烟气中的水分减至最少。

(3)惰性气体风机及进、排气口阀。应至少配备2台惰性气体风机，每台风机的风量至少为总风量的50%，为了风机故障维修不影响系统工作，每台风机进、排气口都设有截止阀。

(4)惰性气体调节阀。装于惰性气体总管穿过的最前面的安全处所的前壁，在洗涤塔或风机发生异常时，阀能自动关闭。

(5)透气阀。为保证环流水风管不至于被吸成真空，在甲板水封管的顶部安装此阀。

(6)甲板水封装置。在船舶所有装载条件下的正常纵、横倾和航行情况下，为防止货油舱内可燃气体逆流到安全处所的洗涤塔和锅炉内，船上设置此水封装置。其原理为风机工作时，惰性气体经甲板水封输送至各货油舱。当风机停止工作时，水封水表面受货油舱油气压力的作用而使进气管内的水柱压力升高至水柱静压与油气压力平衡，这时进气管完全被水注满而起到封闭作用。

(7)止回阀。作为第二个防止油气或液体倒流的措施。

(8)甲板隔离阀。是为了防止可能从惰性气体甲板总管倒流的油气或液体所采取的附加措施。

(9)压力真空保护装置。当货油舱与惰性气体总管隔离时，每个舱装有保护设施防止产生温度变化引起的过压或真空。

(10)装有通向货舱支管上隔离阀。

(11)报警装置和仪表装置。对整个系统的惰性气体的含氧量、温度、压力、洗涤塔的供水压力及水位、甲板水封装置水位的监测，对风机运转和惰性气体调节阀的自动控制及动力供应进行监测。

三 系统的工作流程

由锅炉装置产生的烟气经烟气隔离阀进入洗涤塔进行冷却和除尘及去除硫化物，风机将气体经调节阀、甲板水封装置等送入货油舱。如图2-2所示。

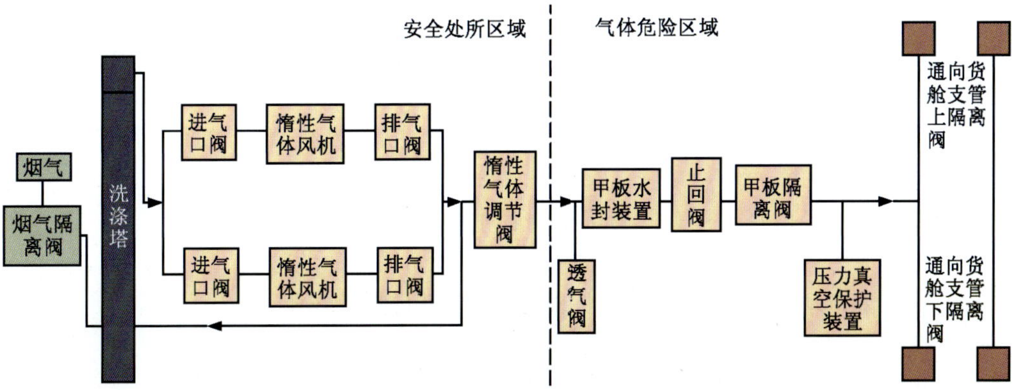

图2-2 惰性气体系统基本组成

第六节 明火作业

要点

船舶明火作业是指电焊、气焊、喷灯或其他明火作业。它是引起船舶火灾和爆炸的重要原因之一。船上进行明火作业须由部门长事先填写书面申请，经船长审批；在港内明火作业应事先报请海事局批准。

必备知识

一 船舶ISM文件

船舶实施ISM管理中，船上明火作业必须遵守操作规程，在开工之前，部门长应持有经船长批准的申请单。

(1)作业准备。明火作业人员必须经过培训，持有合格操作证书。监督员必须严格按照明火作业单逐项进行安全检查。

(2)安全操作。明火作业的全过程必须由一名作业监督员负责监督和防护，必须按照电焊、气焊操作规程进行作业，现场备有消防器材。

(3)作业结束。作业结束后必须认真检查，在确认无残留火种时，人员方可撤离，值班人员要定时对现场及其周围场所进行巡回检查，确保安全，并向部门长汇报。

二 船舶明火作业的管理

(1)船上任何部位动火，必须经船长审批。

(2)工作现场及四周的可燃物品在清理之前，不能进行热工作业。

(3)不得在未进行清除可燃气体并测爆合格的油舱柜内进行热工作业。

(4)在进行焊接工作时，必须根据施工区域燃烧物的特点准备相应的灭火器、水桶，以便随时取用。

(5)热工作业人员，在进行切割或焊接工作前，应首先检查作业面的情形，以确保安全。

(6)以上工作经监督员检查并确认安全后才能进行热工作业。

(7)作业完工后，再次检查有无因进行热工作业而造成的危险。

(8)若在港口动火，须经港口当局同意后，才能进行热工作业。

扩展知识

在港区水域对船舶明火作业安全管理办法

承接船舶明火作业的单位必须持有主管机关核发的“修船单位船舶明火作业许可证”，明火作业的主管人员和带（领）班人员必须经主管机关培训，并取得主管机关签发的“船舶明火作业安全员”证书。明火作业操作人员必须持有船舶检验部门颁发的“焊工合格证”或劳动部门颁发的焊工合格证明。

船舶进行明火作业，作业单位和船方应在开始作业24 h前按规定的格式向主管机关递交“船舶明火作业申请书”一式三份，在消防重点部位和危险处所的明火作业，还应有作业单位和船方主管负责人签名。

船舶进行明火作业，必须严格执行国家标准——《海洋营运船舶明火作业安全技术要求》及其他有关规定，遵守有关安全操作规程。要求如下：

（1）可燃气体浓度不大于爆炸下限的1%，相对风速小于13.8 m/s。

（2）明火作业前，施工现场须清除易燃易爆物品，备妥足够有效的消防器材，并有防止火花扩散的安全措施，应拆除作业现场内有影响的电缆或切断其电源并对其安全遮盖。

（3）在隔热舱壁或间架板上进行明火作业前，必须拆除距焊割边缘0.5 m内的一切可燃物，对0.5 m以外的可燃物，应采取防止焊割热传导的措施及有效遮盖。

（4）可以拆除的管子等机件，应移至电焊间或安全地点焊补，对无法拆除拆卸的油管、污水管等，应进行有效清洗，使管内可燃气体达到上述的要求，例如用惰性气体或水将管路充满或拆开管子接头，对作业点两端进行有效隔堵。

（5）在长期封闭的舱室或空间狭小的通道明火作业前，必须提供足够的通风，使空气中含氧量达到18%以上。

（6）明火作业前，必须查清作业面的反面和周围，并确认无易燃易爆物品。

（7）测爆合格的舱室或处所，明火作业必须在4 h之内开工；否则，应重新测爆认可。作业前和作业中，应有专人对施工区域及有影响的处所随时复测可燃气体浓度。

（8）明火作业时，必须有专人负责监护。作业完毕，必须彻底清理现场，在确认无残留火种时，监护人员方可撤离。

第七节　船舶物料间的防火与灭火

要点

船舶物料间往往存有可燃物质且人员不易到达，一旦发生火灾不易被人发现，危险性较大。具有危险特性的物品有：经主管部门认可的油漆和清漆、润滑油、清洗剂和石蜡等；机动救生艇和应急机器的燃油；氧气和乙炔的钢瓶。

必备知识

一 物料间防火

(1)物料间应严格禁止出现火种、火源，禁止吸烟。

(2)物料间照明应采用白炽灯泡，并使用安全防护罩对灯泡进行保护，不准使用碘钨灯照明。物料间的照明白炽灯应在60 W以下，不准使用大功率灯泡，更不准随便拉设、吊接白炽灯泡照明。

(3)根据物料间的布局和储存物料的性质，必须在物料间内或门口附近放置必要的消防用具和器材。根据SOLAS公约的要求，凡面积超过4㎡的油漆间和易燃液体物料间应安装下列固定灭火装置中的一种，或经验船部门同意的其他灭火系统，且能从被保护处所外部释放灭火剂，在布置上应能保证灭火剂均匀释放。①CO_2灭火系统，其CO_2剂量按被保护处所的总容积的40%计算。②干粉灭火系统，其剂量按被保护场所的总容积的每立方米0.5 kg计算。③水雾灭火系统，其水量按被保护处所水平面积的每分钟每平方米5 L计算。

面积小于4㎡的油漆间和易燃液体物料间，可配备手提式CO_2或干粉灭火器1只或数只，视该处所的大小而定。

二 油漆作业和油漆间的防火措施

油漆组成中的稀释剂、溶剂、助溶剂、稀薄剂等物质具有燃点低、沸点低、易挥发等特点，且其蒸气能与空气形成爆炸性混合物，遇火星能发生燃烧或爆炸。针对以上特点，油漆作业和储存中的防火措施应包括以下几点：

(1)船舶油漆作业人员必须经过防火安全知识的培训，否则不许进行操作；操作时严格执行安全操作规程和防火安全制度。

(2)油漆作业场所是防火防爆的重点部位，应勤检查，及时消除火源火险；不要在喷漆场所同时进行电气焊割作业；若喷漆设备没有静电接地装置，或在静电喷漆中喷枪离涂漆太近，会产生电火花而引燃喷漆，发生火灾，应严格防范。

(3)在舱内作业要使用防爆照明和通风设备，要保持足够的通风，并随时使用测爆仪检测舱内的油气浓度。

(4)在油漆作业场所内安装、维修电气设备时，必须由专职的电气检修人员进行，同时停止油漆作业，并将带有和装有油漆的设备搬到安全的地方，用不燃烧材料搭盖。

(5)油漆和溶剂等应储存在干燥、阴凉、通风、隔热、无阳光直射的专用库房内，应张贴“严禁烟火”标志，不准与普通物资混放。

(6)油漆储存库房内必须搭设木架，油漆桶放在木架上，要保证稳固，切不可堆码过高而发生倒垛，造成油漆桶互相摩擦、碰撞产生火星。太重的油漆桶应将桶底垫高10 cm以上，使之通风。

扩展知识

船舶物料包括工具、电工物料、生产物料、清洁物品及化学药品等。船舶物料管理注意：

(1)轮机部物料由轮机长负责，甲板部物料由大副负责。

(2)船舶物料要建立物料账册，做到账、物相符。

(3)对于物料的产品说明书、合格证，相关人员要妥善保管，船检证书要交船长统一管理。

(4)船舶物料间要做到：物品分类，摆放整齐；不同物料要有明显标示，以区分物料。

(5)物料消耗报表是考核船舶物料管理的重要标准。船舶应按照要求定期向公司呈报。消耗报表必须与船上存量及实际消耗相符。

(6)物料供船时，轮机长、大副要组织好有关人员到场严格验收。

第八节　船舶脱险通道

要点

本节主要讲述船舶应急脱险通道布置的一般要求、机器处所的脱险通道和脱险通道的管理。

必备知识

设置脱险通道的目的是为了提供脱险路径，从而使船上人员能够安全迅速撤向救生艇和救生筏登乘甲板。

一　一般要求

(1)脱险通道应保持安全状况，内无障碍物，应提供其他辅助逃生设施，确保其易于到达、标志清晰、能满足紧急情况需要。

(2)所有处所或处所群至少提供两条尽量分开并随时可用的脱险通道，升降机不能视为脱险通道。

(3)控制站、起居处所和服务处所的脱险通道应布置有梯道和梯子，以提供到达救生艇和救生筏登乘甲板的脱险通道。

(4)脱险通道上的门一般应向逃生的方向开启。

(5)客船的脱险通道：①在舱壁甲板以下的处所应有两条脱险通道，其中至少2条应是独立的水密门。②在舱壁甲板以上的处所应至少设有2条脱险通道,其中至少有一条垂直于脱险通道的梯道。③起居处所和服务处所的梯道环围应设有直接通向走廊的出入口,为避免在紧急情况下出现人员拥挤状况,应考虑到可能使用此出入口的人数而有足够的面积。④脱险通道的标志,除应急照明外,包括梯道和出口在内的脱险通道应布置灯光或荧光条形显示标志,并设在甲板以上不超过300 mm的高度,遍布脱险通道各点,包括拐弯和岔路口处。显示标志应使乘客能辨认出整个脱险通道并迅速认出脱险通道出口。⑤构成脱险通道部分通常闭锁的门。客舱和特别舱室的门应不用钥匙即可从舱室内打开。沿着任何指定的逃生路线向逃生方向运动时,途中的任何门也都不需钥匙即可打开。通常闩扣着的公共处所通往脱险通道的门应装有快速松开装置。

(6)货船的脱险通道如图2-3所示:①最低开敞甲板以下处所的脱险通道应为梯道,次要的脱险通道可为围井或梯道。②最低开敞甲板以上处所的脱险通道应为梯道或通往开敞甲板的门或两者的组合。③不允许设有长度超过7 m的端部封闭的走廊。

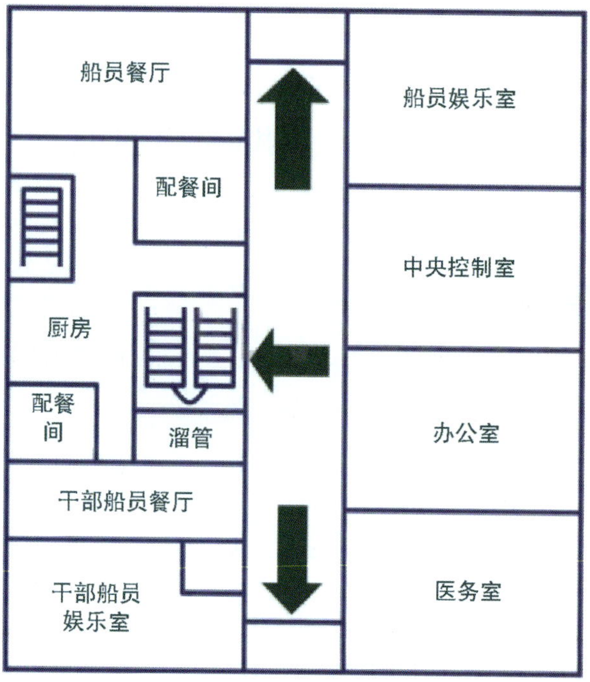

图2-3 货船生活区脱险通道的典型布置

二 机器处所的脱险通道

如果机器处所位于舱壁甲板以下,两条脱险通道应为下述二者之一:

(1)两部彼此尽可能远离的钢梯,通往该处所上部同样远离的门,从该门至救生艇和救生筏登乘甲板设有通道。其中一部钢梯应位于一个受到保护的环围内,从处所的下部到处所以外的安全位置对其所服务的处所进行保护,在环围内应布设具有相同耐火完整性的自闭式防火门,并应设有应急照明。

(2)一部钢梯通往该处所上部的门,从该门至登乘甲板设有通道,此外,在该处所下部和远离上述钢梯的位置,设有一扇能从两面操纵的钢门,以提供从该处所下部通往登乘甲板的安全脱险通道。

对于客船的脱险通道要求还有：

(1)舱壁甲板以上处所的两条脱险通道应尽可能彼此远离，且在该脱险通道的门处应设有通往救生艇和救生筏登乘甲板的通道。

(2)机器控制室的脱险通道。

位于机器处所的机器控制室应设有两条脱险通道，其中至少一条能提供一个一直延伸到机器处所外部安全位置的连续防火遮蔽区域。

三 脱险通道的管理

(1)船舶的脱险通道应有明显的标志(参见图2-4、图2-5)。

(2)船舶应保证所有脱险通道畅通。

(3)脱险通道上的门应按照要求保持常闭。

(4)船舶由于修理等原因造成脱险通道变化的，应及时修改防火控制图。

图2-4 船舶主脱险通道标志

图2-5 船舶副脱险通道标志

第九节 船舶消防安全管理体系

要点

建立一套科学的消防管理体系和消防规章制度，将船舶的各个场所、各类危险货物和各项操作列入船舶消防安全管理体系中，是保障船舶消防安全的基础和关键。本节简单介绍船舶各级人员的职责、安全会议、各种操作的程序、防火的各种安全制度、消防培训和演习，以及其他防火管理。

必备知识

一 防火领导与组织

(一)船长

船长为船舶防火责任人，按照《运输船舶消防规定》要求，其主要职责是：

(1)贯彻执行国家消防法规和各级消防管理规定。

(2)落实船舶岗位防火责任制。

(3)认真执行各项防火制度和安全操作规程。

(4)对船员进行消防知识教育。

(5)进行防火安全检查,消除火险隐患。

(6)领导专、兼职防火员。

(7)制定船舶灭火应急方案,定期组织演练并认真作好记载。

(8)带领船员扑救火灾,保护火灾现场,协助调查火灾原因。

船长有责任使全体船员树立对船舶安全防火的正确态度,随时检查本船防火工作,制止船员防火中的不安全行为及对其进行批评教育。

(二)部门长

部门长为部门防火责任人,负责本部门的防火工作,督促下级遵守各项防火制度和操作规程。在日常值班和修理工作中,负责安全检查并给予指导,增强船员防火安全意识,了解工作和生活中的火灾隐患,掌握使用各种消防设备的操作技能,将火灾危险因素减少到最低限度。

船舶应成立由船长和各部门领导以及船员代表组成的防火领导小组。船员代表可由船员大会选举产生,要求至少有两年以上海上资历,并具有高度的责任心和良好的安全意识,应覆盖各部门,如水手长、机工长、大厨等,人数根据船舶大小确定,一般为2~5名,并将他们的名字记录在有关SMS的文件内。

防火领导小组人员按照船舶SMS管理要求,实施公司的有关防火制度,监督船上各部位的防火工作。

二 安全会议

每月举行安全会议,由船长主持,部门长负责。先由防火领导小组进行预备会议,讨论此次会议的内容,主要内容是针对本月工作中船员的事故和不安全做法,发表个人观点和意见,采取相应的预防措施;同时,结合此航次和下航次任务,提出船舶防火的注意事项,学习公司邮寄到船的有关安全文件,做好文字记录,有关人员签字,船上留存一份,另一份邮寄给公司。

召开全船船员大会中,将安全预备会议中讨论的内容告知全体船员,使每个船员明白相关内容,全体船员树立和保持正确的态度,每个船员都有责任消除或报告船舶各部位所出现的火灾隐患或危险情况。每个人能熟练地操作船舶上应急设备,在船上形成良好的船舶“安全文化”。

三 控制船员的不安全行为

船舶火灾、爆炸事故的形成,主要是由于船员的不安全行为、船舶不安全状态、操作技术缺陷这“三个要素”相互作用、连锁反应的结果。船员行为、船舶状况、操作技术是船舶防火中的控制因素,在“三要素”中,船舶和技术都是被动因素,而船员才是主要的因素。这是因为船舶不安全状况和操作技术可以通过有安全意识和行为的船员去控制。

管理人员根据船员的心理和行为规律,掌握船员不安全心理和行为的影响因素。针对船舶不同位置、不同岗位、不同心理状态采取相应的对策，消除消极的因素和发挥主观能动性，控制船员的不安全行为。为此，应主要从以下几方面入手：

(1)要从船员实际状况出发，结合船员本身特点。由于船员的年龄、社会经历、航海经验、工作态度各不相同，他们的安全意识和行为不一样。对于年纪轻、航海经验少的船员，工作中要重点关注，特别是在特殊操作和关键操作中。对同一船员，在船时间不同，安全行为也不一样，应特别注意刚上船工作和接近公休时期的船员。

(2)严格执行船舶安全操作制度。工作中必须按照SMS操作程序去做，不能违章作业，一定要特别注意危险场所。例如，香港某公司船舶，在涂刷船舶前部上边压载舱(TST)时，由于舱内油漆的"油气"浓度高，没有有效通风，因不明火源而形成爆炸，造成舱内工作的7名船员在事故中丧生。在生活中，对吸烟严格控制，必须有指定的吸烟地点，严禁在非指定地点吸烟，烟头必须处理好，不能乱扔；严禁连接电线等。

(3)提高船员防火防爆的意识。通过定期组织学习和检查，特别是对火灾案例的学习，去除船员侥幸的心理，在船员的技术操作、生活、学习等一切活动、行为表现中增强防火安全的认识，提高船员工作的认识深度，了解不安全行为的危害。

(4)善于发现船员不安全的行为。一旦发现船员的不安全行为，要及时制止，并在全船安全会议中给予公布，制止同类行为的发生。工作中，船长等管理人员不要只注重生产和为缩短设备修理时间，而轻视防火。

四 防火有关的安全制度

船员在工作中和休息中要严格遵守船公司和船上制定的防火安全制度，这是防治船舶火灾的首要责任，也是每个船员应尽的义务。在船长领导下，各部门负责人积极配合，全体船员各尽其责，共同担负船舶防火的任务，落实船舶各项有效的防火措施，消除船舶不安全因素。

防火安全制度包括明火作业制度、吸烟管理制度、易燃易爆化学物品管理制度、蓄电池室管理制度、电气焊设备使用保管制度、厨房防火管理制度、机(炉)舱防火管理制度、客区防火管理制度、电气设备使用管理制度、防火巡回检查制度。

五 消防培训与演习

(1)船员消防培训。对船员培训时，要结合本船状况、设备和航行区域进行。

(2)船员消防常识。对船员有关消防知识和技能考核，检查他们掌握的情况。

(3)消防演习。定期举行消防演习，使船员熟悉船上应变部署、个人职责和行动。

六 其他防火管理

对下列设备和事项进行管理。

(1)防火控制图。

(2)应变部署表、船员床头卡。

(3)电气设备、用电器具。

(4)氧、乙炔气瓶。

(5)油舱(柜)孔、管、防火网。

(6)可燃气体检测仪(含测氧仪)。

(7)甲板、货舱、汽车舱排水和泄水装置。

(8)油船、甲板使用工具。

(9)油船船员穿着防静电服。

第三章 船舶消防设备

第一节 探火和失火报警系统

要点

烟火探测和失火报警系统是现代船舶一个十分重要的安全保护系统，被广泛应用于各类船舶上。船舶烟火探测和失火报警系统的功能：安装于被保护舱室内的烟火探测器可发现初期火灾，通过失火报警系统呼唤人员及时进行扑救，以求最大限度地减少火灾造成的船舶损失。其辅助功能还包括自动关闭门窗、自动切断通风机和带动自动灭火装置等。其系统主要分为固定式烟火探测和失火报警系统、抽烟式探火系统、自动喷水系统等。

必备知识

本章所讲的船舶烟火探测和失火报警系统根据安装的场所不同可分为两种：固定式探火和失火报警系统和抽烟式探火系统。

一 固定式探火和失火报警系统

固定式探火和失火报警系统主要由探测器和报警器两大部分组成。探测器能对火灾区域内所产生的烟、热、光或众多元素的组合作出反应，向报警器传送火警信号。报警器能将探测器送来的火警信号转化成声光信号，并显示火灾发生位置，报警器是报警系统的控制和指示设备；此外，固定式探火和失火报警系统还具有自检、故障监测等功能。现代船用固定式探火和失火报警系统按照探测器的分布形式，可分为分路型和环路型两种。

(一)分路型(常规型)火灾报警系统

分路型火灾报警系统的工作原理如图3–1所示：

分路型火灾报警系统中安装的各探测器为“开关量”型，即系统在非报警状态下，探测器的电流为零或很小(微安级)。一旦发生报警，探测器开始工作，流经探测器的电流迅速加大。

分路型火灾报警系统中，探测器都并联在一起，当分路正常工作时，终端电阻中有监测电流流过。如果分路中，某一个探测器脱落或电缆断线时，终端电阻中不再有电流。火警中央装置可根据分路中电流的大小，判断分路处于正常、报警、故障状态。

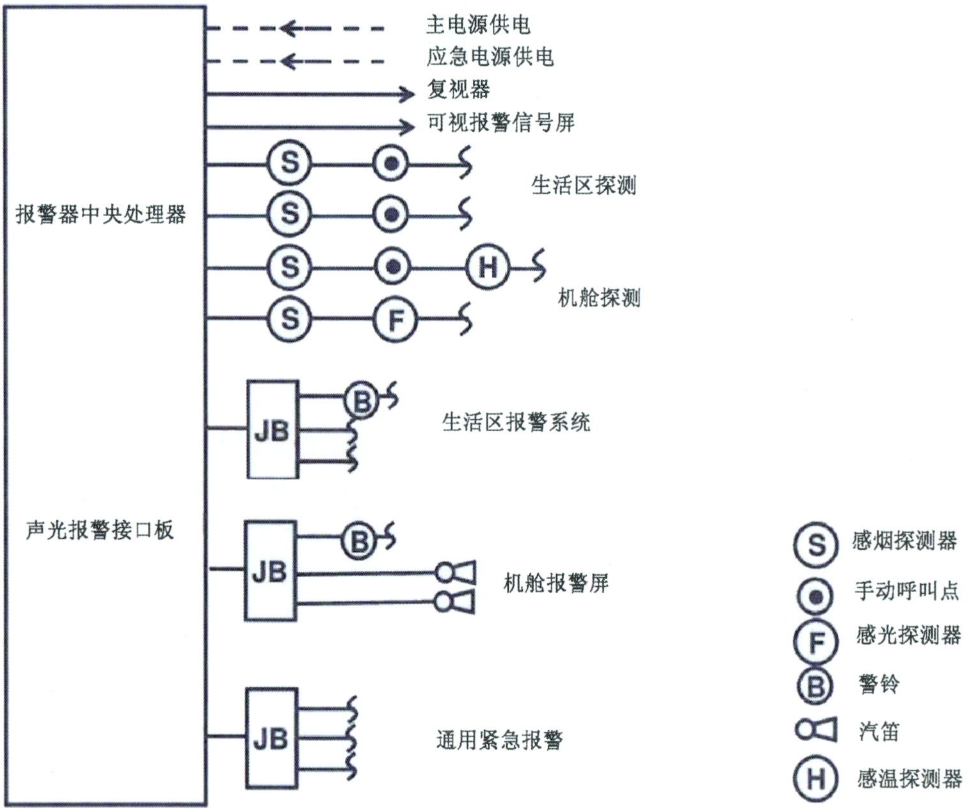

图3–1 分路型火灾报警系统工作原理图

(二)环路型火灾报警系统(智能型)

环路型火灾报警系统中的任何一个环路都串接短路隔离器、智能型探测器、手动报警按钮、地址单元。在环路中，短路隔离器、智能型探测器、手动报警按钮、地址单元都有各自固定的地址。

短路隔离器的作用是当环路中某处发生短路故障时，故障处两端的短路隔离器同时动作，避免整个环路功能瘫痪。

智能型探测器可以根据在整个系统中所处的位置，被赋予一个固定的物理地址。这个地址可以随时被探测到，并且这个探测器一旦报警或出现故障，也可被显示。

手动报警按钮的作用是当需要时，可以实现人为报警。

地址单元的功能是保证普通的开关量探测器能够接入环路，但是接入的探测器数量应该受到限制。

环路型火灾报警系统的一个环路可覆盖多层甲板。如图3-2所示为典型环路型火灾报警系统原理图。

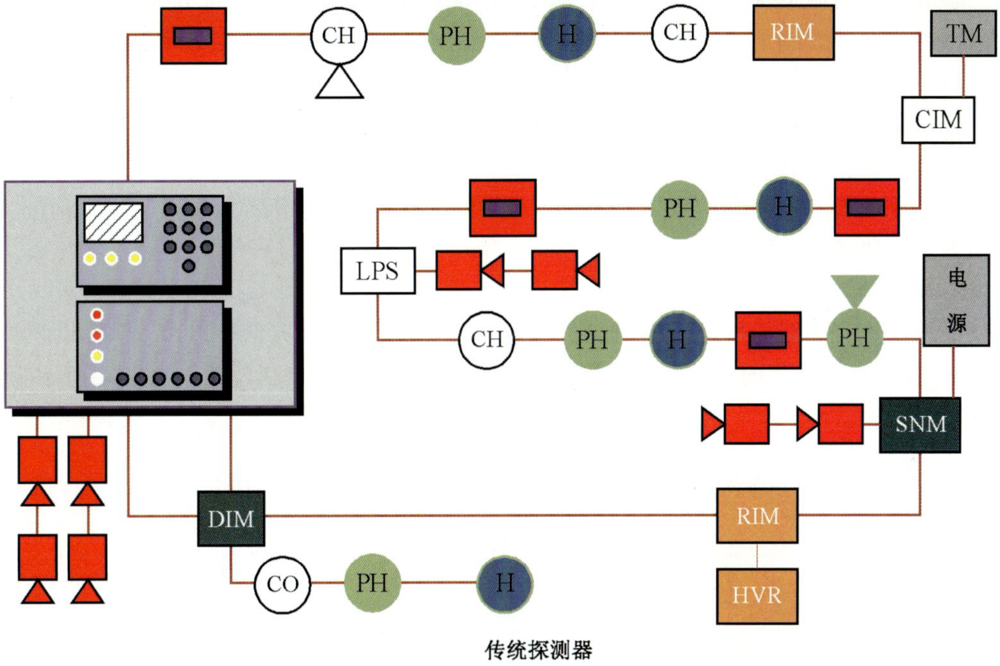

CH		△	确保回路出现断路或短路时不丢失任何一个探测器
PH	可寻址探测器	SNM	支持外接电源驱动扬声器——更少电缆
H		LPS	回路直接扬声器——无需额外电源
RIM	提供继电器输出，常用于防火门等设备控制	DIM	
FD		CO	特殊规格探测器及传统型探测器通过DIM获得地址
HVR	配合RIM使用，控制220 V设备	S	
CIM	外部触点信号输入回路	H	
TM	配合CIM可实现特殊场合报警延时控制		

图3-2　典型环路型火灾报警系统原理图

（三）探测器

1. 探测器的分类

船上的探测器可以分成开关量型（常规型）探测器和智能型探测器。

开关量型（常规型）探测器，已经设定好了探测器的动作的温度、烟雾浓度等物理量。常用的探测器包括感温、感烟、感光等几类。

感温式探测器可分为定温型和差温型两种。定温型感应探测器，其动作温度设定为分为57℃、70℃和78℃三种。差温型感应探测器是随单位时间温升速率的突然变化而动作的，温升速率设定为大于1℃/min时动作。它适用于温度变化不大的舱室，例如起居处所、储藏室等。

感烟式探测器是探测可见或不可见的由燃烧产生颗粒的装置。可分为离子感烟式和光电感烟式两种。感烟式探测器的动作设定为：在烟密度没超过每立方米2%的减光率之前不动作，但超过12.5%的减光率前要动作。

智能型探测器可以根据具体的需要，通过输入设备人为地输入探测器的动作阀值。以此与环境匹配，达到最佳的效果。船用智能型探测器通常根据SOLAS公约的要求设定阀值。智能型探测器可以通过输入设备给每一个探测器和手动按钮等设备设定物理地址，达到报警识别和显示的作用。

2. 报警器

报警器是探测器的指示与控制设备，将探测器感受到的火灾信号以声、光形式报警呼唤人员，显示火灾发生的具体位置。报警器是探测器的指示与控制设备。如图3-3所示为报警控制器面板。

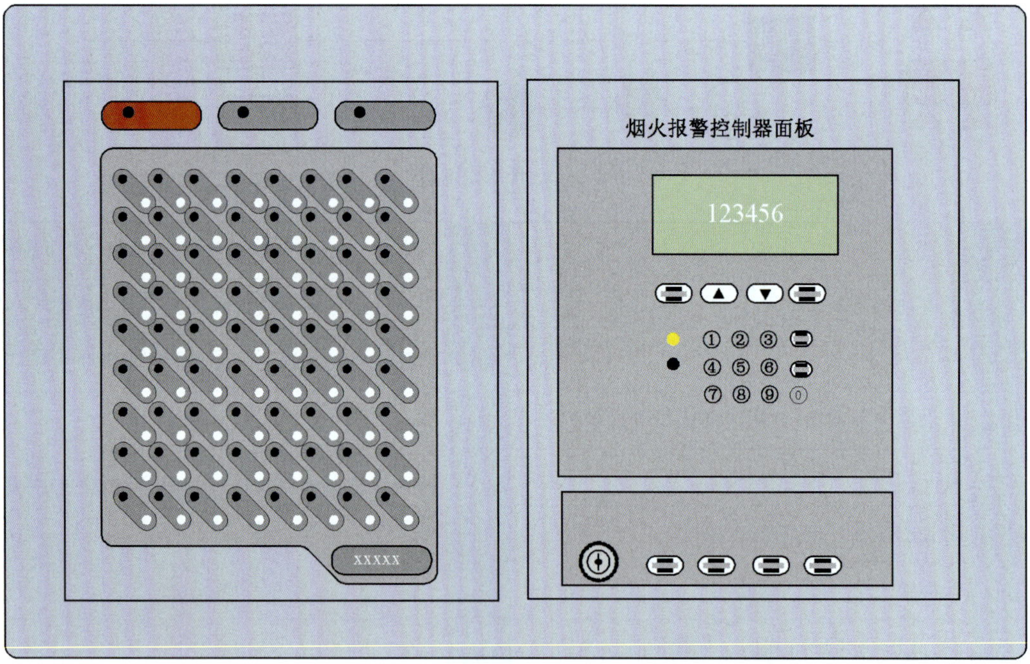

图3-3　(常规型)报警控制器面板

火灾报警装置有报警工具、手动火灾报警器、烟火探测和失火报警系统。

3. 火灾报警工具

火灾报警工具，如警钟、汽笛、警铃等，这些报警工具一般设置于驾驶台及其附近，各船均设置。

4. 手动火灾报警器

手动火灾报警器装设在船员、旅客出入的通道、走廊、公共处所和机器处所的通道出口,其按钮装设在人员易于到达、便于操作的位置。图3–4为手动报警按钮。

当人员发现附近舱室或区域失火时,只需及时地将附近的手动火灾报警器按钮铁盒的玻璃片击碎,弹簧便会松开,使得两金属片接触通电,电铃随即发出声响而报警。同时驾驶台或火警控制站面板上相应的指示灯也会发光,显示火灾的发生地点。

图3–4 手动报警按钮

二 抽烟式探火系统(货舱)

船舶的货仓构成一个独立的密闭舱室,船舶航行途中人员较少到达,为确保运输中货舱内的货物安全,多采用抽烟式探火系统,如图3–5所示。

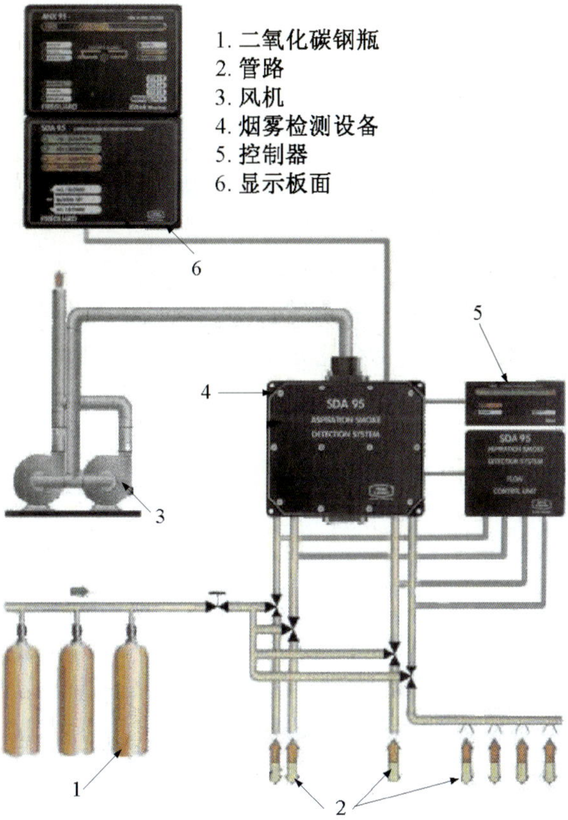

图3–5 抽烟式探火系统

(一)系统组成

抽烟探火报警装置主要由抽取各货舱空气样品的抽风机组、检测各管路内火灾的探火报警箱以及安装于驾驶台或监控室等部位的复示器组等构成。

(二)工作原理

从船舶货舱内连续抽取空气样品进行检测,并由检测管路内的探火报警装置等自动进行信息处理,实现瞬间、准确、及时、有效地报警,确保船舶安全。

(三)系统要求

(1)在传感室内烟密度超过每立方米6.65%减光率之前应动作。

(2)必须装有双套抽风机。

(3)必须装有监控通过取样管气流的装置,确保从每个相连的聚烟器中抽取的气流量尽可能相等。

(4)在每个需要探烟的货舱至少设置1个聚烟器,不同舱室的聚烟器不能连接在同一个取样点上。每个取样点不能连接4个以上的聚烟器。

第二节　固定灭火系统

要点

固定式灭火系统是船舶消防系统的重要组成部分,主要针对已经蔓延或开始蔓延的火灾。固定式灭火系统配备是否满足公约规范的要求,船员是否能够正确使用固定灭火系统,直接影响着船员的生命和船舶安全。

船舶常见的固定灭火系统有水灭火系统、自动喷水灭火系统、二氧化碳灭火系统、泡沫灭火系统、干粉灭火系统、卤代烷灭火系统等。油船上还设有惰性气体灭火系统。

必备知识

一　水灭火系统

水灭火系统是所有船舶必须配备的一种灭火系统,也是最基本而有效的灭火系统。水灭火系统包括消防泵(包括应急消防泵)、消防管系、消火栓、消防水箱、消防水带、消防水枪、国际通岸接头。消防泵通过海水吸入阀将船外海(江、河)水吸入,再通过消防水管、消火栓及水带上的消防水枪,将水喷射到船上任何失火部位,以达到灭火的目的。

水灭火系统一般兼作甲板冲洗、锚链冲洗、顶边舱压载水的供水之用。

水灭火系统配备规定:

水灭火系统配备规定如表3-1所示。水灭火系统的基本组成如图3-6所示。

表3-1 水灭火系统

船舶种类、总吨 水灭火设备		客船(总吨)		货船(总吨)Θ		
		4 000以上	4 000以下	6 000以上	1 000~6 000	1 000以下
消防泵	数量	3	2	2		2(其中1台应为独立驱动的消防泵)
	总排量(m^3/h)	舱底泵总排量的2/3		一台舱底泵的4/3以上(不大于180)		
	每台泵的排量(m^3/h)	总排量/台数×80%以上		总排量/台数×80%以上		
	消火栓处的水压(MPa)	0.4	0.3	0.27	0.25	0.25
	动力源的布置	分舱布置		分舱布置或设置固定应急消防泵		
消火栓数量和位置		至少2股水柱（1股仅1根水带）		至少2股水柱(1股仅1根水带)		
消防水带		每个消火栓配1根		每30 m船长配1根，备1根，总数不少于5根(不包括机舱)		每30 m船长配1根，备1根，总数不少于3根
消防水枪(水雾/水柱两用)		每个消防水带配1支		每个消防水带配1支		每个消防水带配1支
国际通岸接头		1只(船舶任何一舷)Θ		1只(船舶任何一舷)		

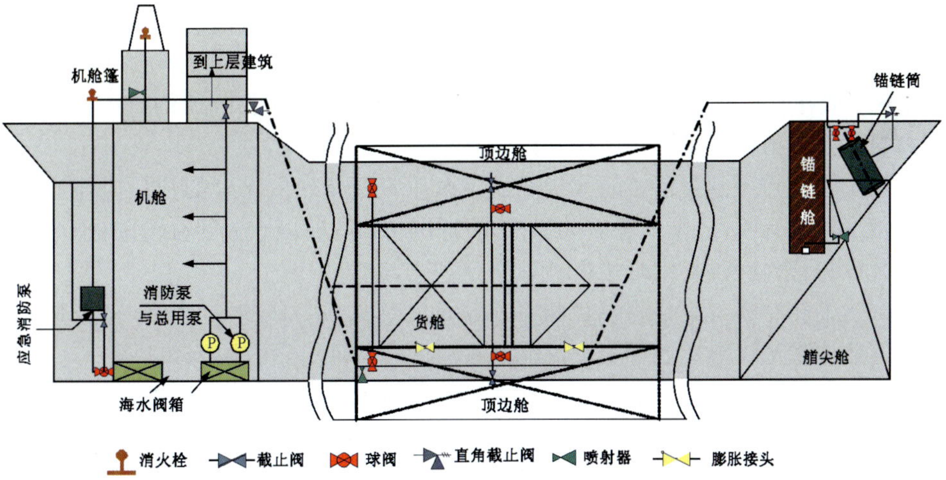

图3-6 水灭火系统的基本组成

(1)消防水带的直径为65 mm和50 mm两种，其长度国内一般选用20 m，国际上要求长度至少为10 m，但不超过下述长度：机舱15 m；其他处所和甲板20 m；型宽超过30 m船舶的开敞甲板25 m。

(2)水枪的规格有枪口直径12 mm、16 mm、19 mm三种，居住区和服务处所使用12 mm。

(3)对于无人值班机舱的货船，应有一台消防泵能从机舱外进行遥控启动或由主消防泵之一对消防泵总管系统始终保持压力。

(4)当机舱内设有消防泵时，在机舱外易到达的位置装设隔离阀，以使机舱内外的消防管隔离。

(5)船上的卫生泵、压载泵、舱底泵、通用泵在满足消防泵的排量和压力，且不经常用来泵油时，均可作为消防泵。

二 二氧化碳灭火系统

CO_2是一种比空气重，无臭、不导电的惰性气体，不腐蚀金属，不损伤机械和货物，对电气绝缘没有破坏作用。CO_2气体有较强的浸透性和扩散性，充满失火处所时，能驱逐空气、隔断氧气以达到灭火的目的。但CO_2气体对人员有窒息作用，释放时，必须确认该处所没有人员存在，对任何经常有人员在内工作或出入的处所，应设有释放CO_2灭火剂的自动声响报警装置，该报警装置在CO_2灭火剂释放之前至少报警20 s，以便工作人员迅速撤离。

由于二氧化碳气体对人体有害，因此起居处所严禁采用CO_2灭火剂。CO_2在船上是以液态形式储存于钢瓶中，钢瓶集中存放在CO_2气瓶站室内。

(一)一般要求

船舶设有燃油锅炉或燃油装置的A类机舱；有内燃机的A类机器处所及用于载运油箱中备有自用燃料的机动车辆的密闭装货处所；1 000总吨及以上客船的装货处所(除载运危险货物外)；2 000总吨及以上货船的装货处所(除载运危险货物外)；油船货泵舱以及超过4 m²的油漆间和易燃液体物料间等，一般均装设高压CO_2灭火系统。

任何船舶，若是专门建造用来装运矿砂、煤、谷物、没有干透的木料和不燃货物，或认为失火危险较小的各种货物的装货处所，则可免设CO_2灭火系统。

装货处所所备二氧化碳的数量，应足以放出体积至少等于该船最大货舱总容积的30%的自由气体。机器处所应备有足够的二氧化碳量，按被保护的最大机器处所总容积的35%~40%计算。一般在装有启动空气瓶的处所(如机舱)内，在计算机器处所的CO_2总量时，均将空气瓶内含有的自由空气量影响考虑在内。

对载运货油闪点不超过60℃的液货船的货泵舱，所备二氧化碳的数量应能放出体积至少等于货泵舱总容积(包括舱篷容积)45%的自由气体。对闪点超过60℃的液货船，如果货油泵单独设在1个处所内，则可按机器处所处理。

用于载运油箱中备有自用燃料的机动车辆的装货处所，所备二氧化碳的数量应能放出的自由气体体积至少等于此种最大的能够密封的装货处所总容积的45%。

对闭式滚装装货处所，所备二氧化碳的数量应能放出的自由气体体积至少等于最大装货处所总容积的45%。

(二)高压二氧化碳灭火系统的气瓶站室

CO_2站室应有有效通风，最好能从开敞甲板进入舱室并应与被保护处所分开。出入口的门应向外开启，并要求周围舱室保持水密，包括门和其他任何开口的设备。站室应有与驾驶台或控制站直接联系的通信设施；站室或控制站门的开启钥匙，应置于有玻璃面罩的盒子内，该盒子应设在门锁附近明显而易于接近的地点；站室内应设有清楚的永久性的示意图，以表明与灭火剂的释放及分配直接有关的容器、总管、支管和附件等的布置，并对系统的操作方法作简要说明。

二氧化碳容器应符合如下规定：

(1)二氧化碳容器应为无缝钢瓶，每一钢瓶均应具有合格证，瓶体上应清晰永久地标明以下各项——容器重量、容积、液压试验压力、试验日期、出厂编号和检验印记。

(2)容器本体应漆以醒目的颜色且写有“二氧化碳(或CO_2)”字样，上述印记处漆为白色，以便核查。

(3)容器充装率应与瓶体强度相适应，一般应不大于0.67 kg/L。

(4)瓶头阀应装一根直径为10~12 mm，且尾部为斜切口的钢质或铜质管，该管应伸至接近容器底部。

(5)瓶头阀应有安全膜片或其他经认可的安全装置，安全膜片应在压力达到18.6±1 MPa时自行破裂。安全膜片破裂后，自瓶头阀释放出的灭火剂，应由管路引至开敞甲板的大气中。

(6)二氧化碳瓶应根据各被保护舱室对二氧化碳的需要量进行分组，若由人力直接开启释放装置时，则每组瓶数不应超过12瓶。

二氧化碳管路应符合如下规定：

(1)每个二氧化碳瓶的瓶头阀至集合管的连接管上，应装有止回阀。

(2)集合管至分配阀箱的总管上应装有量程为0~24.5 MPa的压力表。

(3)二氧化碳管路不应通过起居处所，并应避免通过服务处所，若无法避免时，则通过服务处所的管子不应有可拆接头。

(4)通往A类机器处所和货泵舱的二氧化碳管径应有足够的尺寸和喷嘴数量，以使上述处所所需二氧化碳量的85%能在2 min内喷入被保护处所，其中约10%的二氧化碳总量应排放到机舱底层的保护处所。

(5)在总管或分配阀箱上，应装设压缩空气吹洗管接头。

(三)CO_2系统释放装置

应设有2套独立的CO_2系统的释放装置，以便将CO_2释放到被保护处所，并确保报警装置的动作。该2套控制装置应布置在清楚地标明所通往处所释放箱内。其中一套控制装置，设在气瓶站室内部，由人员控制释放，将气体从所储存的容器中排出，驱动CO_2钢瓶阀的开启。

另一套控制装置安装在消防控制站内，利用高压气瓶内的氮气作为驱动气体，分别控制CO_2钢瓶开启装置和通往保护舱室的气动控制阀，开启释放装置将驱动气体分别输送至被保护的管路上的阀门和开启CO_2钢瓶阀。如图3–7所示。

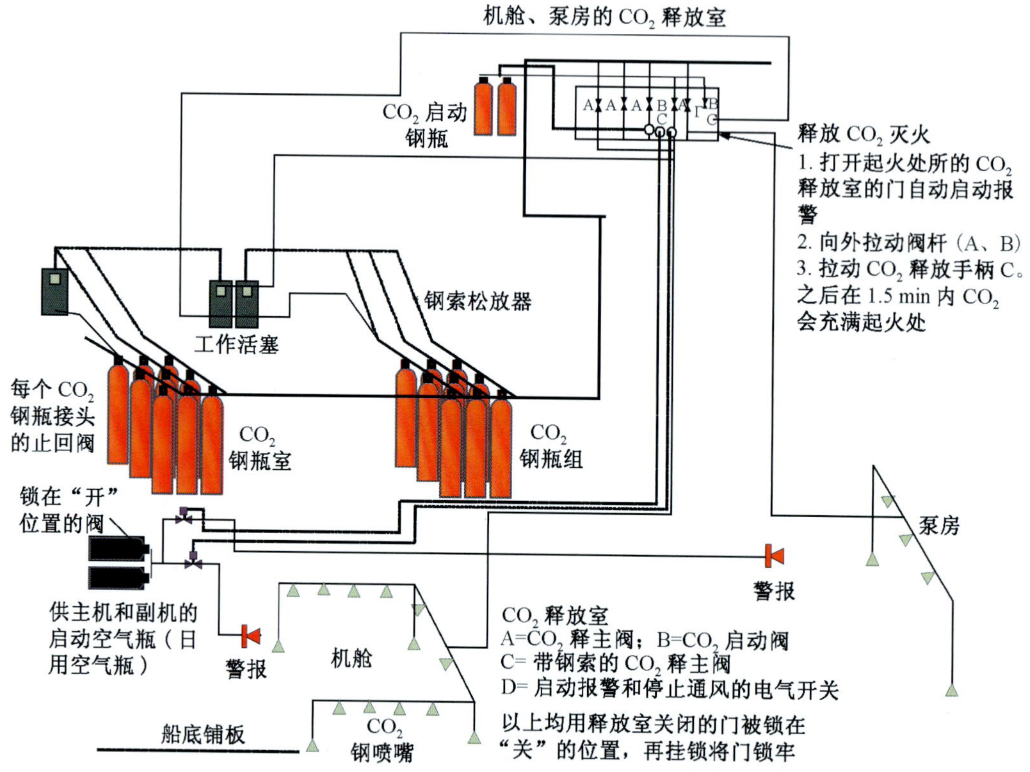

图3-7　二氧化碳系统（机舱）

（四）CO_2系统释放程序

(1)对CO_2保护舱室发出释放警报，将所有人员撤出现场，务必清点好人数。

(2)关闭所有通风口、进出口，确认舱内所有的开口关闭。

(3)如果机舱发生火灾，人员在离开机舱时，应关闭有关日用油柜的阀门，若时间紧张，可在机舱外的消防控制站内，关闭燃油、滑油的速闭阀。

(4)在船长的命令下，由有关负责人员释放控制阀，可以在CO_2气瓶站内释放，也可以在消防控制站内释放。

(5)如果释放控制因保养原因不能正常释放，紧急情况下，由多名船员进入CO_2气瓶站快速拉动每个气瓶的手动释放阀。

（五）低压二氧化碳灭火系统

低压二氧化碳自动灭火系统是在高压二氧化碳灭火系统原理基础上研制的，并且优于后者的灭火设施。与高压二氧化碳自动灭火系统相比具有以下优点：低压二氧化碳自动灭火系统由于低温储存，具有压力低、储存量大、灭火效率高、占地面积小等优点，采用的低压容器、管网、阀门、喷头无须耐高压，具有较好的经济性，不仅以预先设定的时间来自动喷放灭火剂，还可随时手动开启或关闭系统来控制灭火剂的喷放。

此系统现已有大型船舶使用，它将逐步替代高压二氧化碳灭火系统，特别是CO_2需求量超过10 t时，其效果更好。

二氧化碳储存在一个或两个隔热压力容器内，设有2台专用的完全独立的自动制冷装置进行制冷，当任一台制冷装置失效时，另一台应能自动启动。在-20~-18℃低温下储存且保持压力容器内的压力在1.8~2.2 MPa范围内。在容器内正常液体充装量应不大于容器容积的95%，以便提供足够的蒸气空间，允许液体在最高储存温度下膨胀。

二氧化碳容器上设有：

(1)压力表。

(2)高压报警器：在2.2 MPa压力时报警。

(3)低压报警器：在1.8 MPa压力时报警。

(4)爆破膜片。

(5)具有截止阀的灭火剂充装支管。

(6)排气管。

(7)安装在容器上的液体二氧化碳液位仪，并在有遥控释放二氧化碳处设遥控液位指示器。

(8)2只安全阀，其布置应使当任何一只阀关闭时另一只阀接通容器，安全阀的调定压力应不小于2.2 MPa，每一只阀的排放量，应在着火条件下和排放所产生的蒸气时，在容器内的压力升高应不超过调定压力的20%，从安全释放阀排出的蒸气应排放到大气中。

三 高压细水雾灭火系统

相对于喷水系统的水滴，细水雾具有更小的直径。细水雾是直径在0~400 μm范围内的水微粒。所以细水雾除了具有水本身的阻隔热辐射和浸润作用外，还具有更好的冷却、窒息作用。细水雾和其他水形式的对比，如图3-8所示。

IMO海上安全委员会(MSC)规定，在A类机器处所设置的固定式局部水基(水雾)灭火系统要求，高压细水雾灭火系统主要应用在：船舶主机；发电机组有失火危险的部位；锅炉和焚烧炉的燃烧器；加热燃油的分油设备；其他易失火的燃油设备。

船用固定式细水雾灭火系统主要由高压泵组、分区阀、压力开关、过滤器、细水雾喷头、分配管、报警灭火控制器等组成。根据不同用途，该系统可组成单元独立系统、组成分配系统和细水雾封堵分隔，实施对单区和多区的消防保护。图3-9为细水雾灭火系统。

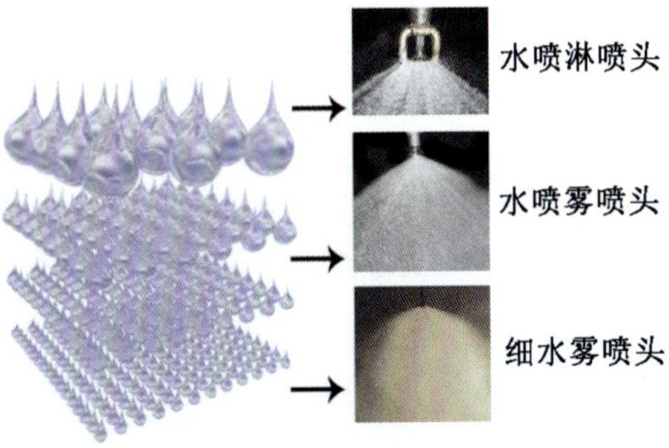

图3-8 细水雾和其他水形式的对比

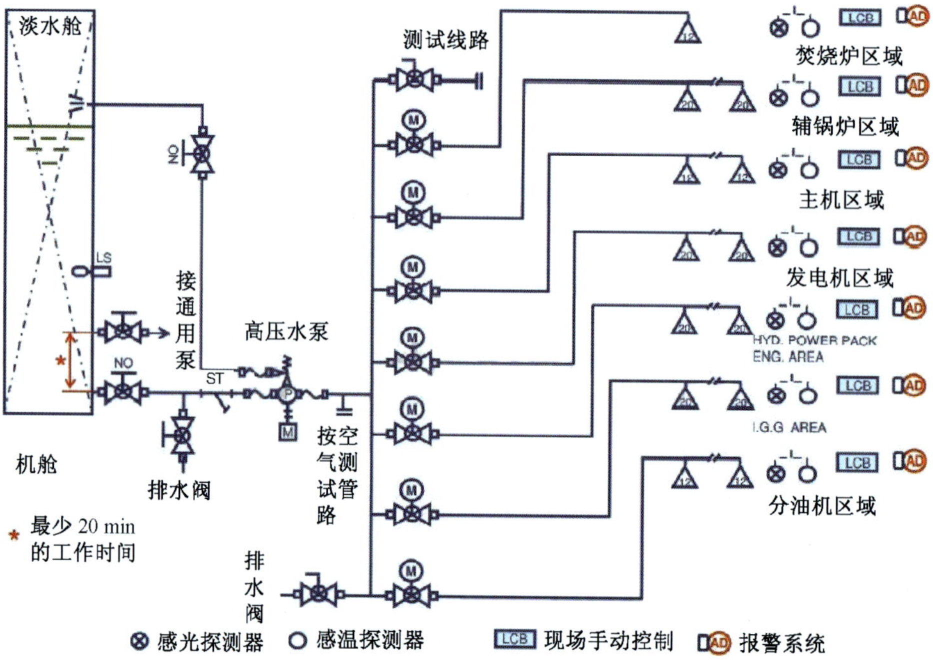

图3-9　细水雾灭火系统

甲板泡沫灭火系统

甲板泡沫灭火系统如图3-10所示。

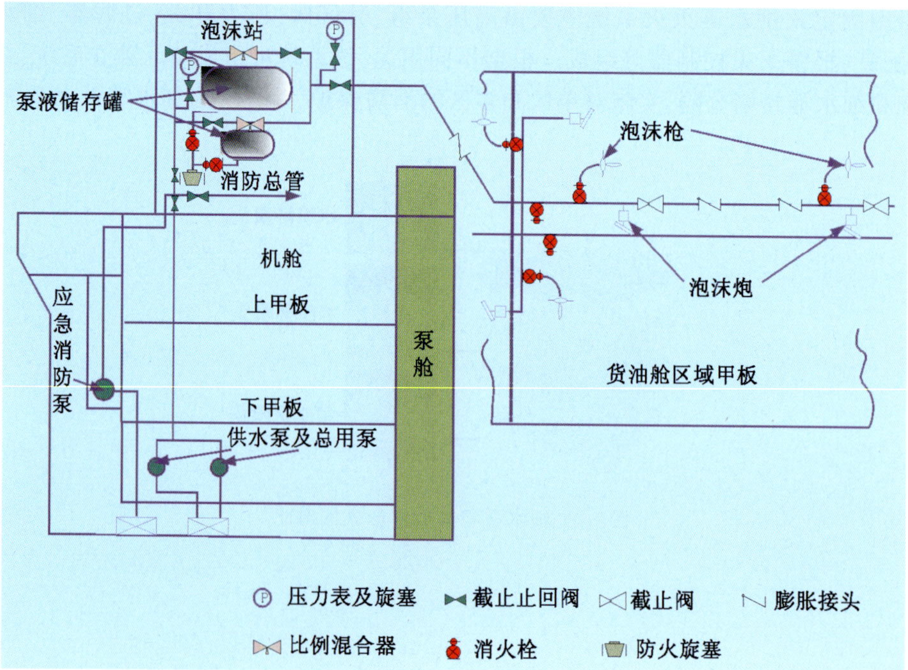

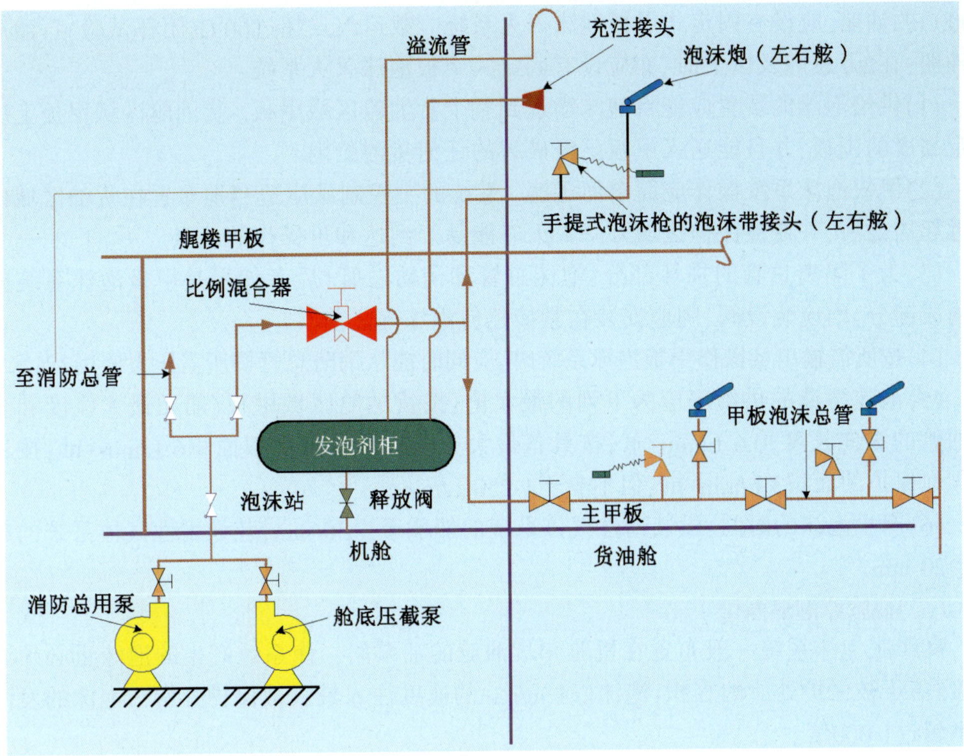

图3-10 甲板泡沫灭火系统

(一)甲板泡沫灭火系统

泡沫灭火原理是海水与泡沫原液的混合液中混入空气而产生泡沫，继而由较厚的泡沫层覆盖在燃烧物上，使燃烧物与空气隔开，断绝氧的供应，同时再由泡沫冷却而达到灭火目的。泡沫不但能灭一般火灾，对扑灭油类火灾更为合适。因此常用于货油舱甲板上的灭火。

甲板泡沫灭火系统的泡沫倍数（即所产生的泡沫体积与水和泡沫剂混合物的体积之比）一般不超过12:1。泡沫原液由动物性蛋白质的加水分解物为主要成分，并添加稳定剂和防腐剂等组成。原液和海水通过比例混合器与海水按3%~6%比例进行混合，再通过管路形成完全的混合液。该混合液由压力从喷口放出时与空气接触形成泡沫而喷射。

1. 常用的固定式甲板泡沫灭火系统的海水与泡沫原液混合方法有下述三种

(1)压力定比型。由供水泵将部分海水压入原液储存罐或储存柜中，并使其保持一定的内压，同时大部分海水通过比例混合器并由其喷射器的作用将原液吸进后，按一定比例与海水进行混合的方法。混合液从喷射口放出时，与空气接触而形成泡沫。

(2)线路定比型。由供水泵将压力海水直接通过管路中的比例混合器，并由喷射器的抽吸作用将泡沫原液从原液储存罐(柜)中吸进，与海水进行混合后输送到喷头喷出。

(3)预混合型。大容器内装满水与发泡剂的混合液，其比例已符合灭火要求。利用高压的二氧化碳或氮气将容器内的泡沫压出，经管路送到喷头。

2. 基本要求

凡载运闪点不超过60℃(闭杯试验)且其雷特蒸气压力低于大气压的原油和石油产品以及载运具有同样失火危险的其他液体产品的货油舱。对于500总吨及以上但载重量小于

2 000 t的油船，应设有固定式甲板泡沫灭火系统。载运闪点超过60℃(闭杯试验)石油产品的油船，在2万总吨及以上时，亦应设有固定式甲板泡沫灭火系统。

(1)供给泡沫的装置应能将泡沫输送到整个货油舱区域甲板。货油舱区域甲板上应有一定高度的围板，并且能送入甲板已经破裂的任何货油舱内。

(2)甲板泡沫系统操作应简单而迅速。系统的主控制站应适当地布置在货油区域以外靠近起居处所，并在被保护区域万一失火时能易于到达和可操作的地点。

(3)为了隔离总管的损坏部分，泡沫总管和消防总管(后者如果是甲板泡沫系统整体的构成部分)均应装设阀，阀应安装在紧接任何泡沫炮之前。

(4)按所需输出量操作甲板泡沫系统时，应同时能从消防总管按所需压力使用2支水枪。

(5)泡沫溶液的供给率应为下列的最大值：按货油舱区域甲板(船舶最大宽度和全部货油舱的纵向长度)0.6 L/min·m²；按具备最大单个货油舱水平截面积6 L/min·m²；按最大泡沫炮保护的面积3 L/min·m²，但不少于1 250 L/min。

(6)产生泡沫的时间：没装惰性气体系统的船舶至少30 min，装设惰性气体系统的船舶至少20 min。

(二)高膨胀泡沫系统

高膨胀泡沫系统一般布置在机舱和货油舱的油泵间，该系统产生的泡沫量必须满足覆盖5倍于被保护处所的容积，泡沫以1 m/min的速度注入最大被保护处所。泡沫的发泡倍数不超过1 000倍。

使用该系统时，应对被保护处所示警，以便人员撤离。

其系统主要由水泵、泡沫原液储罐、比例混合装置、中央控制柜、火灾探测器、高倍泡沫产生装置、管道及附件组成。

高倍数泡沫可迅速充满大面积、大空间的火灾区，变覆盖式为淹没式灭火；良好的流动性和渗透性，对于难接近，难找火源的火灾，能迅速充满，将明火和暗火一道扑灭；高绝热性能，抵抗热辐射核和热对流，可作为火灾现场人员的临时避难场所，躲避高温、毒烟熏蒸等。

五 自动喷水系统

自动喷水灭火系统是固定式水灭火系统之一。它装设在采用IIC的保护起居室、服务处所的船舶上。该系统具有自动报警功能(两套供电系统)，并确保随时工作。它能延滞失火处所的火灾蔓延和迅速控制火灾。该系统在喷水动作时，能立即发出声光警报，并指示任一被保护处所的火灾征兆和位置，从而能及时召集船员进行救灾。

自动喷水灭火系统的原理，是通过布置在可能发生火灾处所的顶部，并充满设定压力淡水的支管上的喷水器。当被保护处所内发生火灾并达到某一设定温度时，喷水器便自动开启以四周相同的喷水量进行喷水灭火。如图3-11所示。

自动喷水灭火系统可分为：

(1)湿管式——管内充满一定压力的淡水。该系统一般用在管内淡水不结冰(大于0℃)的处所。

(2)干管式——管内充满一定压力的压缩空气，当喷水器自动开启后，压缩空气从管内喷出，而后向管内供水。该系统一般用在常温低于0℃的处所。

(3)交替式——一年中温暖时,管内充淡水,寒冷时管内充压缩空气。

(4)混合式——用于不同温度条件下的处所,温暖处所管内充淡水,寒冷处所管内充压缩空气。

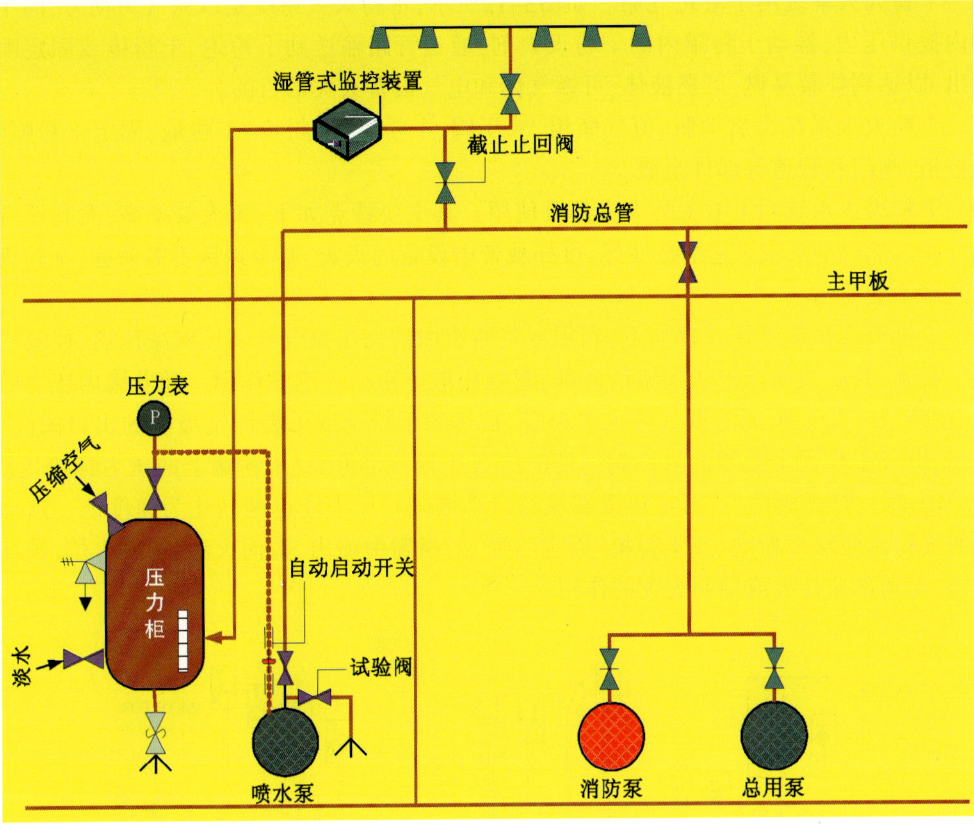

图3-11 自动喷水灭火系统原理布置

一般每根支管上的喷水器数量不多于8只,计算每只喷水器喷到地板上的面积约为9 ㎡,对消防安全要求较高的处所约为6 ㎡,喷水器间的距离一般选为2.5~3.5 m。为保证喷水器有效喷射,喷水器处的水压头应不小于5 m水柱。为使船员及时知道某一分区中自动喷水灭火系统开始喷水的动作,装设了带声光报警的监控装置。

自动喷水灭火系统中设有1个充有淡水和压缩空气的压力柜。供水系统中的消防泵,至少有1台(喷水器泵)能在自动喷水灭火系统中压力降低至某一限制范围后自动启动该泵的装置。声光信号报警设施在客船上驾驶台或消防控制站内应能显示出火灾区域,而在货船上除驾驶台或消防控制站内能显示出发生火灾的分区外,尚应在轮机人员居住处所装有集中的声光报警。

喷水器应分成若干分区,每个分区的喷水器不应多于200只,客船上的喷水器分区应不多于2层甲板,且只能布置在一个主竖区范围内。喷水器动作温度是在起居处所和服务处所为68~79℃;在干燥室等环境温度较高的处所,可以增加至不大于舱室顶部的最大温度30℃。喷水器所保护的额定面积应保持不少于5 L/min·㎡的平均出水量。

供水泵(喷水泵)的最小排量应足以在喷嘴所需的压力下覆盖面积280 ㎡以上,喷水泵应有2套动力源独立供电。当系统压力下降时,该泵应在压力柜内常备水耗尽之前自动启动，并应布置在被保护处所之外。

六 干粉灭火系统

干粉灭火系统用于液化气船。如图3-12所示，干粉灭火系统是以氮气为动力，向干粉罐内提供压力，推动干粉罐内的干粉灭火剂，通过管路输送到干粉炮、干粉枪或固定喷嘴喷出，以达到扑救易燃、可燃液体、可燃气体和电气设备火灾的目的。

干粉灭火系统由启动瓶、氮气瓶组、减压阀、干粉罐、干粉枪、干粉炮、固定干粉喷嘴、电控柜、阀门和管道等部件组成。

干粉灭火系统对A、B、C类火灾都可使用。其主要特点如下：灭火效率高，尤其适合液化气和天然气的火灾。它绝缘性好，可扑救带电设备的火灾，寒冷地区不需防冻，干粉灭火剂久储不变质。

干粉灭火系统工作原理如下：利用氮气瓶组内的高压氮气经减压阀减压后，使氮气进入干粉罐，其中一部分被送到罐的底部，起到松散干粉灭火剂的作用。随着罐内压力的升高，使部分干粉灭火剂随氮气进入出粉管，被送到干粉炮或干粉固定喷嘴的出口阀门处。当炮、枪或干粉固定喷嘴的出口阀门处的压力达到一定值后（干粉罐上的压力标值达1.5~1.6 MPa时），打开阀门（或者定压爆破膜片自动爆破），压力能迅速转化为速度能。这样高速的气粉流便从干粉炮（或干粉枪、固定喷嘴）的喷嘴中喷出，射向火源，切割火焰，破坏燃烧链，起到迅速扑火或抑制火灾的作用。

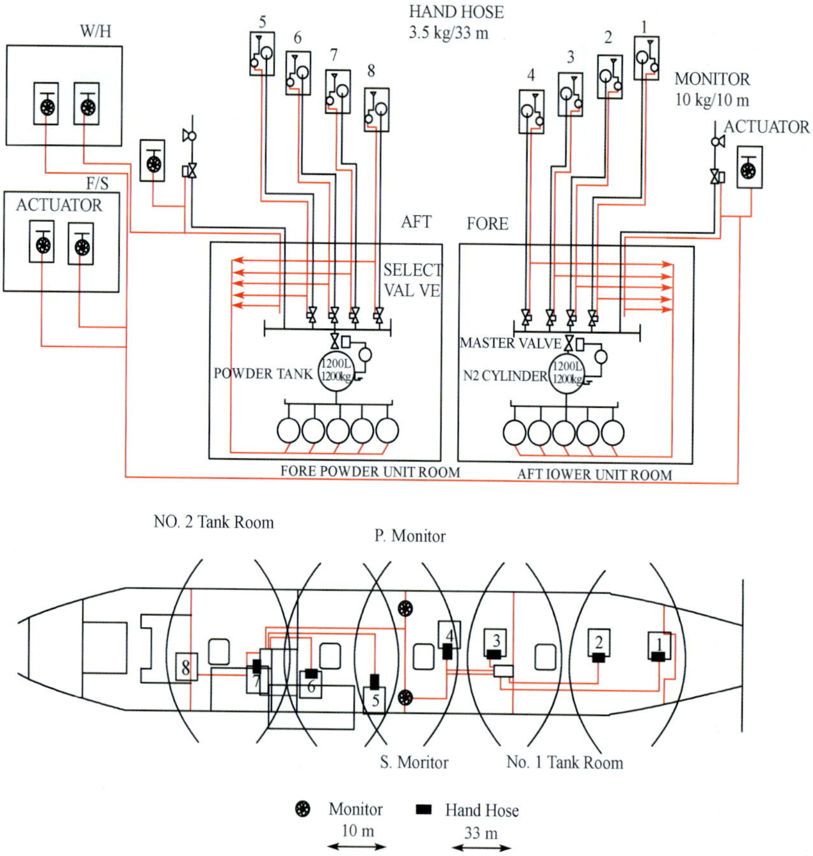

图3-12 干粉灭火系统

扩展知识

船舶甲板水雾系统

根据《国际散装运输液化气体船舶构造和设备规则》,在载运易燃或有毒货品或易燃且有毒货品的船上,应安装用于冷却、防火以及船员防护的水雾系统,其覆盖范围应包括:

(1)露天的液货舱气室以及液货舱的任何露天部分。

(2)在甲板上露天的用于易燃或有毒货品的储存容器。

(3)货物液体和蒸气的装卸总管及其控制阀的区域以及主要控制阀所在的任何其他区域,其范围至少等于所设滴盘的区域。

(4)所有面向货物区域的经常有人的上层建筑和甲板室的限界面、货物压缩机室、货泵舱、装有高度失火危险物品的储藏室和货物控制室。对不存放高度失火危险物品或设备的无人艏楼结构的限界面,不要求水雾保护。

水雾系统应能覆盖上面所述的所有区域,用于水平投影面的喷射率应至少为每分钟10 L/㎡的均匀分布水雾;用于垂直表面的喷射率,应至少为每分钟4 L/㎡。

第三节 消防员装备品的管理

要点

消防员装备品主要为在高温、浓烟、毒气、蒸气和缺氧等环境下侦察火情、灭火及抢险救灾工作的消防队员提供保护,是消防人员理想的个人呼吸保护装置。

本节主要讲述消防员装备的组成、消防员装备的配备与管理要求。

必备知识

一 消防员装备

船上配备消防员装备用于消防队员的呼吸保护,消防员可以安全顺利地接近火场救助伤员和探索火源及进行灭火行动。

消防员装备品有防护服、消防靴、手套、头盔、防爆手电、太平斧、呼吸器、安全绳等。

消防员装备要求如下:

(1)防护服,其材料能保护皮肤不受火焰的热辐射、蒸气的灼伤和烫伤,衣服外部能防水。

(2)用橡胶或其他不导电材料制成的消防靴和手套。

(3)坚固结实且能经受撞击的消防头盔。

(4)认可型的手提电安全灯一盏，能至少照明3 h，油舱或其他有害处所应使用防爆型的。

(5)1把主管机关认可的太平斧，其手柄应设绝缘层。

(6)符合下述要求的呼吸器一具：呼吸器应为瓶内空气储存量至少为1 200 L的自给式压缩空气呼吸器，或可供使用至少30 min的其他自给式呼吸器。呼吸器的所有气瓶都应能够互换使用。1具用空气软管与合适的空气泵连接的防烟盔或防烟面罩，该空气软管应能从开敞甲板到达货舱或机舱的任何部位，但长度36 m时应使用自给式压缩空气呼吸器。

(7) 每具呼吸器配有一条至少30 m长度和能够承受3.5 kN静载荷达5 min强度的耐火救生绳，其中绳内有钢丝。该绳用条弹簧卡钩系于呼吸器的背带上或一条分开的腰带上，在拖曳救生绳时不使呼吸器脱开。

二 配备与管理

(1)货船，至少配备2套消防员装备，且根据船舶大小类型，还需增加个人配备和呼吸器；对于货船，未装备专用充气设备的，每套应有2个备用瓶；装备专用充气设备的货船，每套应有1个备用瓶。

(2)油船，至少配备4套消防员装备，且根据船舶大小和类型还需增加个人配备和呼吸器。

(3)客船上，按其甲板上乘客处所和服务处所合计长度最长一层的长度，每80 m(不足80 m按80 m计)应备2套消防员装备和2套个人配备。每个主竖区内，应增配2套消防员装备。载客少于36人的客船，每套应有1个备用瓶；载客多于36人的客船，每套应至少有2个备用瓶。

(4)消防员装备或个人装备，应存放在易于到达之处以便随时可用，该位置应有永久的清晰标志。对于2套及以上的消防员装备配备，应尽可能远离分开存放，而不能存放在同一处所内。

(5)定期组织船员进行练习。

(6)定期检查消防员装备的各个组件，定期给呼吸器充气。

第四节　船舶危险舱室气体的测量

要点

测爆仪和氧气分析仪是所有船舶都必须配备的气体检测仪器。本节的重点就是介绍这两种仪器的使用和管理。

必备知识

一 可携式测量仪器简介

船舶经常用到的测量仪器包括：可携式氧气分析仪、可携式可燃气体测量仪、可携式测爆仪、可携式有毒气体测量仪。

氧气分析仪，如图3-13所示，利用伽伐尼电池原理来检测氧气的含量。塑料容器内装有对氧气透过性良好的聚四氟乙烯透气膜，在其容器内侧紧粘着贵金属（铂、黄金、银等）阴电极，在容器另一面内侧或容器的空余部分形成阳极（用铅、镉等离子化倾向大的金属）。氧气在通过电解质时阴阳极发生氧化还原反应，使阳极金属离子化，释放出电子，产生电流。电流的大小与氧气的多少成正比。

图3-13 日本Riken氧气分析仪

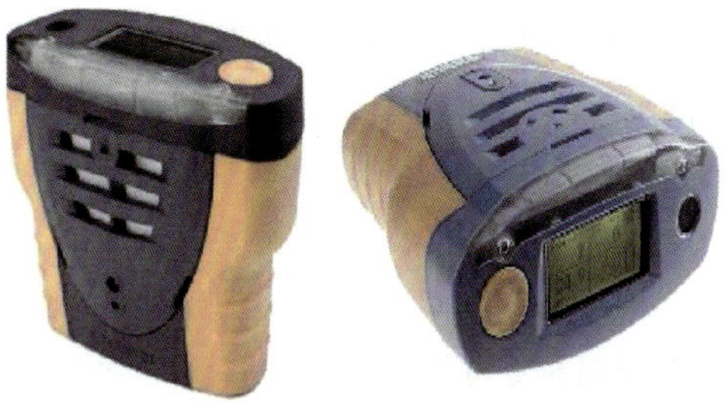

图3-14 英国的Crowcon三合一气体测量仪

可燃气体测量仪，如图3-14所示，利用非接触燃烧原理进行测量。非接触式可燃气体测量仪仅适用于可燃气体浓度较高并且环境惰化的舱室中。该仪器刻度是连续的，用最低爆炸极限的百分数表示。

测爆仪，利用接触燃烧式原理（惠斯通电桥）进行测量。测爆仪仅适用于可燃气体浓度低于最低爆炸极限并且没充惰气（有一定量的氧气）的环境。这种仪表可直接测出混合气体中碳氢化合物气体的体积百分比。

现在船舶上一般配备能够同时测量多种气体的探测仪器。

二 可燃气体浓度的测试

（一）测试条件

凡进行测试的舱室、箱柜、管路必须先进行有效清洗，清除可燃气体，杜绝再产生可燃气体的来源或已采取了有效隔离措施，并保持通风。测试人员应经主管机关认可，测试时应记录时间、气温和测量结果。

（二）测试方法

1. 选择点和确定测值

舱外探测时，每舱内的取样部位不得少于两处，且应选在前后两端。每处应测取两个数值，以最大值为测量值。

舱内测量时，测点应选在通风不良的死角、油管的附近、洗舱“盲区”和舱内复杂构件等处所。各测点的读数中,选最大者为该舱测值。

2. 外观检查

进入舱内检查舱壁、舱底、构件、管路、阀件等部位均应无油泥和含油锈垢或其他可能产生可燃气体的物质。管系、阀件等不得渗漏。

3. 特别要求

若对探测结果怀疑或认为舱内聚有测爆仪无法探测的毒性气体(苯、硫化氢及四乙铅等),则应使用其他有效方法另行测定。

4. 机舱测试

舱壁底部和污水井处;货油泵中间轴通过的隔舱壁处;货油船加热器回水管接头处;装设惰性气体的风机区域;配电板外;分油机室;其他易产生积聚可燃气体的部位。

5. 开敞甲板测试

根据甲板上的具体情况(如货油舱口、透气口以及气体出口的位置、油管的布置和风速等)测试点应选在油气可能产生和积聚的处所。

6. 安全措施

凡进入油舱测试,舱内可燃气体浓度不得大于爆炸下限的5%,测量时必须两人协同工作,舱口应有专人监护。测试人员必须穿戴防静电的劳保护具,并备妥必要的安全用具。舱内严禁拆装仪器和更换电池,所有照明设备必须是安全防爆型的,并严格按照安全操作规定操作。

进入曾充注惰性气体或长期封闭的舱室前,应检测含氧量不低于18%。

三 测量仪器的检查与管理

(一)检查

检查的内容有,检查电池是否有电,外围部件是否完好无损。

(二)校验

校验测氧仪零位指示,通常用二氧化碳气体为零位;校验气体——校验含氧量21%的指标,通常采用新鲜大气为气样。在进行零位和21%的指标校验中,均由校验旋钮来调整,使指针达到零位指示和21%的指标。

(三)测量方法

1. 取样测量法

(1)从待测油舱中用测氧取样袋取两袋样。

(2)将测氧仪的取样探头插入取样袋,挤压吸气球数次,使其指针摆动达到稳定,记下读数。

(3)将测氧仪中的气样排净,指针回零,用(2)的方法对另一袋气样进行测量和记录。

2. 直接测量法

直接测量法就是在被测舱室或空间实地测量。其测氧仪的操作是同样的,只是要考虑探头胶管在舱室内的上、中、下层各处检测,特别要注意死角和人员需要长时间工作的场所。

(四)维护

(1)电池检查。测氧仪大多采用的是充电电池,通常要求每月充电一次,并做好记录。(2)对于仪器使用的干电池,应经常检验电压值,还须检查外观有否漏泄,以防腐蚀仪表。

(3)所有仪器,按照要求定期由具有资质的检验单位进行校验,并颁发证书。

(4)仪器存放。测氧仪不用时应将电池取出,存放前应将仪器中的气样排净,放置无烃气或其他各种有害气体的凉爽处。

(5)修理与更换。仪器中某些容易损坏的部件在进行修理或更换后,都应对其进行校验后方可再用。在船上自我进行校验均采用新鲜空气作为21%含氧量的标准。

扩展知识

低浓度有毒气体检测仪

测量经过熏舱的散装船舶货舱和油船甲板上存在的低浓度有毒气体,最便利的方法就是使用低浓度有毒气体检测仪。

这种仪器由两部分组成:密封的试管和手动泵。如图3-15所示。在一个密封试管中充填适当的化学试剂,这种试剂能与特定的气体发生化学反应,并直观地显示气体的浓度。

使用时,根据所测气体选择试管。打破试管两端的密封,将试管插入手动泵中,捏挤手动泵。当混合有毒气体通过试管时,混合气体中的被测气体和试管中的试剂发生反应,沿试管发生颜色变化,变色段的长度指示为被测气体的浓度。

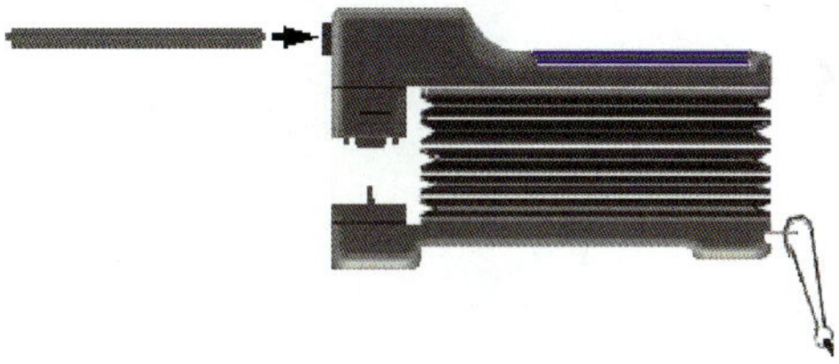
图3-15 毒气检测仪

使用者应注意的是,所有部件必须从同一厂家购买,如果加延伸管,延伸管必须装在试管和波纹形泵的中间。

第五节 应急消防泵

要点

船舶应急消防泵是船舶重要的消防设备,能否正确使用应急消防泵直接关系着船舶的安全。本节从公约和规范的要求、应急消防泵的使用对其进行简要讲述。

必备知识

一 公约和规范的要求

根据国际海事组织1974年颁布的《国际海上人命安全公约》和中华人民共和国船舶检验局1986年颁布的《钢质海船入级与建造规范》要求,2 000总吨及以上的货船应设有应急消防泵,以便当任何一舱失火可能导致所有消防泵失去作用时作为替代措施。由此规定可以看出:应急消防泵是船舶安全设备中极为重要的一项设备。

规范同时规定“应急消防泵应有固定的独立的驱动源”,所以应急消防泵实际上是固定应急消防泵。固定应急消防泵应布置在机舱之外舱室。

应急消防泵实际上由驱动设备和水泵两大部分组成。如果是用电动机驱动,则应在主电源断电时,能由应急电源供电;柴油机驱动的应急消防泵,其柴油机应能在0℃的冷态条件下进行人力启动,也可采用压缩空气启动柴油机(30 min内至少启动6次)。燃油供给柜内的燃油应满足泵在满负荷下至少运行3 h,储备油柜应满足泵在满负荷下再运行15 h。其排量不小于消防泵总排量的40%,且在任何情况下应不小于25 m³/h,并满足压力要求。

图3-16 电动应急消防泵

图3-17 柴油机驱动应急消防泵

二 应急消防泵的使用

(一)电驱动应急消防泵操作步骤

电驱动的消防泵可以在上甲板的消防控制站和机舱内的应急消防泵间启动。两处的启动方法一样。

1. 启动应急消防泵

按住“吸入阀开”(SUCTION VALVE OPEN)按钮,等到绿灯亮时松开,同时“吸入阀关”(SUCTION VALVE CLOSE)灯熄灭。

按住“运行”(RUN)按钮后松开,它的绿灯亮则应急消防泵已成功启动。

2. 停止应急消防泵

按住 “关”(STOP) 按扭后松开,RUN绿灯熄灭, 应急消防泵停止。按住SUCTION VALVE CLOSE后松开,它的绿灯变亮,同时SUCTION VALVE OPEN灯熄灭。

不同船舶的应急消防泵操作程序是不同的, 现在多数船舶电动应急消防泵的进出口阀是常开的,但是有些船舶出口阀平时也是关闭的。

(二)柴油机驱动应急消防泵操作步骤

(1)准备。操作前,应先检查油箱中的油量及清洁程度,润滑油量是否合适,同时确保水泵的各个阀门处于正常位置。

(2)启动。

(3)引水。①引水前,逆时针转动出水阀手轮至适当位置(引水困难时要关闭此阀)。②打开引水阀门。③打开海水吸入阀门。④稍加油门。⑤引水喷出时,立即将引水阀门关闭,开大出水阀,水即喷出。

(4)停机。①需要停机时,首先将调速油门关到最小。②揿下控制盒上的停机按钮,直到停机再放手。③关闭油箱开关,以防漏油。

扩展知识

货船应急消防泵按照吨位和建造时间划分的配备要求

表3-2　货船应急消防泵的配备要求

SOLAS公约及其修正案	1981年修正案	1992年修正案	2000年修正案FSS规则
船舶适用的建造日期	1986年7月1日之后	1994年10月1日之后	2002年7月1日之后
≥500总吨<1 000总吨	替代设施	独立驱动的固定应急消防泵	符合FSS规则的应急消防泵
≥1 000总吨<2 000总吨	替代设施	独立驱动的固定应急消防泵	符合FSS规则的应急消防泵
≥ 2 000总吨	独立驱动的固定应急消防泵	独立驱动的固定应急消防泵	符合FSS规则的应急消防泵

第六节　船舶防火控制图和应急通信设备

要点

船舶应急消防泵是船舶重要的消防设备,能否正确使用应急消防泵直接关系着船舶的安全。本节从公约和规范的要求、应急消防泵的使用对其进行简要讲述。

必备知识

一　船舶防火控制图

船舶消防控制图集中地反映了船舶消防、救生设备的安全技术性能,是保障船舶营运安全的重要图纸。船舶消防控制图的主要内容有每层甲板的控制站,各级防火分隔围蔽的各防火区域,探火和失火报警系统、喷水装置、消防器材、各舱室和甲板出入通道等设施的细目,以及各通风系统的位置,包括风机、挡火闸、遥控关闭装置、应急通道,还有船舶所配备的各种救生设备和位置。

二 船舶防火控制图的组成、识读

船舶防火控制图主要由船舶数据栏、通风设备说明栏、图例栏和视图组成。

(一)船舶数据栏

在船舶数据栏中列明了包括主尺度、排水量、载货量、主机功率、转数、航速等说明船舶技术状态的相关数据。

(二)通风设备说明栏

通风设备说明栏中列明了船上所有通风设备的形式及技术性能。

(三)图例栏

图例栏列有表示船舶消防、求生、通风等各设备的识别符号,以及该设备所在的位置、数量等。

(四)视图

视图包括侧视图、俯视图、各层甲板平台图。视图、俯视图、各层甲板平台图结合起来可以清楚地表示船舶消防设备、求生设备、通风管路、“A、B”防火分隔、梯道、走廊、船长、船宽、船高等。

三 防火控制图的作用及存放

防火控制图能够提供船舶消防应急时,船长、现场指挥所需要的全部船舶技术信息。这些信息对于船长确定火场调查人员进出火场的路线,确定其所在位置,火场中可供消防人员使用的消防设备,以及进行通风控制时,控制哪些通风设备迅速作出决策。

船舶消防应急队利用防火控制图进行图上推演。应急队可以预先设定船舶失火位置,然后根据图上信息讨论应急方案。这样的演习可以大大提高船舶实际应急时的应急效率。

防火控制图提供的信息对船舶三副进行全船安全设备检查、维护有指导作用;防火控制图上表示了船上所配备的全部消防、求生设备。按照防火控制图检查可以避免遗漏。

防火控制图对船舶进厂修理安全设备有指导作用。按照防火控制图对船舶的安全设备进行修理,可以保证船舶的入级标准,避免施工不当降低船舶的技术标准。

每个高级船员人手一本,另有一本应放于船上易于到达的地方,以便随时取用。控制图和小册子应不断更新,任何改动应尽可能随时记录。此种控制图和小册子的说明文字应以主管机关所要求的语言写成,如果该语言既不是英文也不是法文,应包括其中一种语言的译文。

防火控制图或含有该图的小册子的1套复制品应永久性地置于甲板室外面有明显标志的防风雨的箱子中,用以帮助岸上的消防人员。

对客船的附加要求,防火控制图和小册子应根据IMO制定的指南提供有关防火、探火和灭火的信息。

图3-18为某船E甲板俯视图。

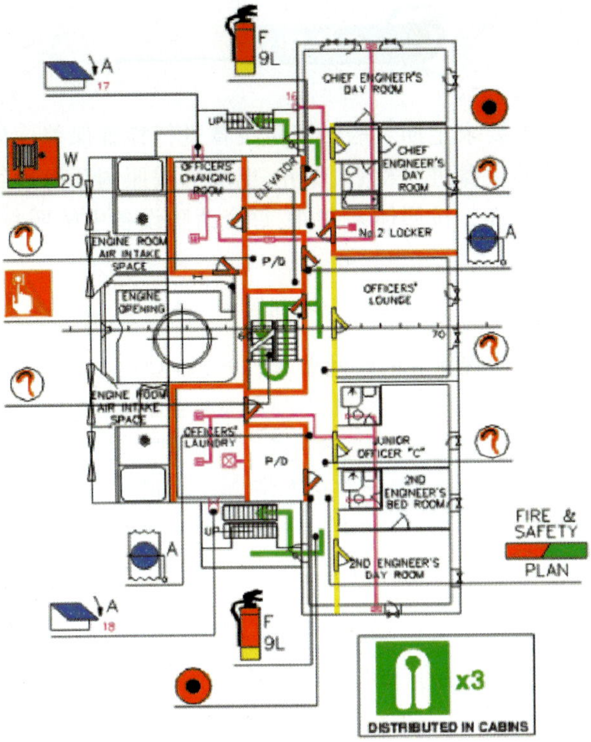

图3-18 某船的E甲板俯视图

四 船舶应急通信设备

(一)与船外通信的设备

可用于船—船或船—岸的通信设备有INMARSAT-B、INMARSAT-C、INMARSAT-M、INMARSAT-F、组合电台、VHF、应急示位标等，它们除了可以通过数据传输（电传、E-MAIL)外,有的还可以用语音直接通话。

(二)船内通信设备

船内通信设备有电话、有线对讲机、无线对讲机、有线广播、报警系统等,用于单向传递应急信息。

第七节 船舶消防设备的检查保养

要点

船舶消防设备的检查保养水平直接影响着船舶的安全和营运。为此,必须做好消防设备的维护保养。本节根据船舶的检查保养要求主要讲述船舶消防设备的细节。

必备知识

船舶主管人员应根据要求定期对船舶消防设备进行检查保养，使它们处于随时可用状态。为方便船员对消防设备进行检查、保养，船舶应按照国际海事组织海安会的要求建立消防设备的保养体系文件。按照体系文件，每个消防设备中按照每周、每月、每季度、每年度的保养检查进行说明。

一 可携式灭火设备

可携式灭火设备进行检查保养的时间要求，如表3-3所示。

表3-3　可携式灭火设备的检查保养要求

灭火器种类	检查		灭火齐的更换	液压试验	备用药剂/设备
	船上	岸上			
水灭火器	按照主管机关或MSC/Cir850	船级社每年检查	12个月	5年或驱动气体压力下降10%(永久耐压) 10年（非永久耐压）	充装类： 前10只灭火器必须备有足够灭火药剂，其余的1/2，必须备有足够灭火剂 非充装类： 前10只灭火器必须备有相同数量的灭火器，其余的1/2，必须备有足够灭火器
泡沫灭火器					
干粉灭火器			2年(永久耐压) 5年(非永久耐压)		
CO_2灭火器					
驱动气瓶				5年	

1. 可携式灭火器的检查

所有可携式灭火器的检查分为船上检查和岸上检查。船上的日常检查依据主管机关或MSC/Cir850的要求，由主管船员进行。MSC/Cir850要求船舶对灭火设备进行每月检查和年度检查，检查项目见表3-4、表3-5。岸上检查应由船级社认可的岸上检修站进行检查修理。

表3-4　灭火器月检查

序号	设备名称	检查方法	检查须知
1	CO_2灭火器	外观检查	铅封有无损坏，释放装置有无损坏，安全销是否在位，橡胶管有无老化，标记是否清晰，压力是否足够
2	干粉灭火器	外观检查	
3	清水灭火器	外观检查	
4	泡沫灭火器	外观检查	

2. 灭火药剂的更换

对于水灭火器和泡沫灭火器药剂更换的周期为12个月；对于干粉灭火器药剂更换分两种情况：对于非永久耐压型干粉灭火器，药剂更换周期为5年；对于永久耐压型干粉灭火器，药剂更换周期为2年。

表3-5 灭火器年度检查

序号	设备名称	周期(月)	维护保养 方法/时间	维护保养须知
1	CO_2灭火器	12	称重 年、月、日	损耗超过5%,要及时申请充填。
2	干粉灭火器	12	称重 年、月、日	干粉结块应及时更换，驱动气瓶损耗超过5%,要及时更换
3	清水灭火器	12	药剂有效期检查	到期更换
4	泡沫灭火器	12	药剂有效期检查	到期更换

3. 灭火器钢瓶的液压试验和试验压力

所有非永久耐压型灭火器应每10年进行1次液压试验;所有永久耐压型灭火器应每5年进行1次液压试验,或当气瓶压力降低超过标定压力10%时,在进行充灌前,应进行液压试验。灭火器钢瓶(二氧化碳除外)的液压试验压力为1.5倍的工作压力,CO_2灭火器的液压试验压力至少25 N/mm^2;驱动气瓶至少2倍的工作压力。

4. 备用药剂和备用设备

对于在船上可以由船员充灌的灭火器,备用的灭火药剂应满足以下要求:对于前10只灭火器必须备有足够灭火药剂,其余的1/2,必须备有足够灭火剂。

对于在船上不可以由船员充灌的灭火器,应备有足够的备用同型号灭火器。灭火器的数量应满足:前10只灭火器必须备有相同数量的灭火器,其余的1/2,必须备有足够灭火器。

二 固定烟火探测报警系统

烟火探测报警系统在船上的检查保养同样分为月度检查和季度、年度检查。月度检查要求如表3-6所示,季度和年度检查要求如表3-7所示。

表3-6 固定烟火探测报警系统每月检查

序号	设备名称	检查方法	检查须知
1	电源指示灯	目视检查	正常灯长亮
2	故障灯	目视检查	保持熄灭
3	数字指示灯	目视检查	各个数字指示灯亮
4	测试灯	目视检查	按下TEST开关,灯亮
5	选择开关	试验检查	“SELECT”数字指示和区域指示一致
6	报警器	试验检查	功能正常

表3-7 固定烟火探测报警系统季度检查或年度检查

序号	设备名称	周期(月)	维护保养 方法/时间	维护保养须知
1	电源、控制单元、警铃等	3	外观检查	各部分完好,连接牢固
2	感温探测器	3	目视检查	是否清洁,无灰尘

（续表）

序号	设备名称	周期(月)	维护保养方法/时间	维护保养须知
3	感光探测器	3	目视检查	
4	感烟探测器	3	目视检查	
5	报警系统	12	功能检查	功能正常
6	手动报警开关	6	测试检查	功能正常

另外，岸上的检查每年进行一次，主要进行功能检查。

三 固定式水灭火系统

固定式灭火系统的检查保养方法如表3-8和表3-9所示。

表3-8 水灭火系统每月检查

序号	设备名称	检查方法	检查须知
1	消防通用泵 应急消防泵	外观检查 试验检查	填料函是否渗漏，是否发热和有异常声音，轴承是否有声响、发热、振动，压力是否正常
2	消防总管	外观检查	锈蚀、油漆情况
3	消火栓(扳手)	外观检查	阀门转动是否灵活，加油润滑，接头是否漏水
4	消防皮龙箱	外观检查	箱体有无损坏，标志是否清晰，内容物品是否齐全，固定是否牢固
5	消防皮龙带	外观检查	是否漏水，接头是否牢固，卡箍是否锈蚀
6	消防水枪	外观检查	是否到位，转动是否灵活

表3-9 水灭火系统季度检查或年度检查

序号	设备名称	周期(月)	维护保养方法/时间	维护保养须知
1	消防通用泵 应急消防泵	12	试验检查	启动是否正常，压力、流量是否正常
2	消防总管	12	敲铲、油漆	消防总管铲补，通油
3	消火栓(扳手)	12	试验检查	阀门转动是否灵活，接头是否漏水，若需要即拆检研磨，严重者换新
		60	内部检查	阀体检查，拆检研磨，严重者换新
4	消防皮龙箱	12	油漆	消防皮龙箱油漆，重新做标志
5	国际通岸接头	3	外观检查	附件是否齐全，箱体是否完好

四 CO_2灭火系统

船舶上配备的CO_2灭火系统分为高压CO_2灭火系统和低压CO_2灭火系统。

对于高压CO_2灭火系统：

(1)船上主管船员应对CO_2灭火系统进行每月检查和季度、年度检查。检查事项如表3-10和表3-11所示;CO_2灭火系统的日常检查包括遥控释放控制箱、选择阀、三通阀、旁通阀和CO_2管系。这些设备的表面应清洁,阀箱完好,标志清晰,且附近应张贴该阀的操作说明。

(2)管系应进行锈蚀、油漆检查。船员每3个月检查气瓶的堆放是否符合要求,活动扳手应就位,系固装置应完好。至少50%的CO_2钢瓶应每10年进行1次液压试验。

对于低压CO_2灭火系统:

(1)对CO_2灭火系统的所有部件进行外观检查。

(2)应每年由船级社进行CO_2储罐检查,以确定储罐保持安全状态。

(3)如果每年检查,均显示状况良好和即刻可用,则储罐只需20年进行1次内部检查。

表3-10 CO_2灭火系统每月检查

序号	设备名称	数量	检查方法	检查须知
1	选择阀		外观检查	正确张贴释放说明,无妨碍操作的杂物,设备表面清洁,各阀箱完好,标志清晰,三通阀上箭头指向"DETECTING"位置,管系完好
2	三通阀		外观检查	
3	旁通阀		外观检查	
4	管系		外观检查	
5	遥控释放控制箱		外观检查	箱体完好,标志清晰,正确张贴操作说明

表3-11 CO_2灭火系统季度检查或年度检查

序号	设备名称	数量	周期(月)	维护保养方法/时间	维护保养须知
1	遥控释放箱		12	试验检查	打开箱盖,机舱警报功能正常
	警报测试箱		6		扳动开关,机舱警报功能正常
2	管系		3	目视检查	CO_2瓶头与遥控装置连接是否紧密。
			24	吹通试验 年 月 日	有船厂或船检认可的有效证书
3	CO_2钢瓶		24	称重试验 年 月 日	损耗超过10%,重新充装,并获得有效证书(含启动钢瓶)

五 自动喷水系统

为保证自动喷水系统的可靠性,船员应按照表3-12每月检查要求和表3-13季度和年度检查要求进行检查保养。

表3-12 自动喷水系统每月检查

序号	设备名称	检查方法	检查须知
1	压力水柜	外观检查	水位正常
2	消防泵	试验检查	压力、流量正常
3	试验开关	外观检查	外观清洁,标志清晰,开关正常
4	降压装置	外观检查	外观清洁,标志清晰,开关正常

表3-13 自动喷水系统季度或年度检查

序号	设备名称	维护保养方法	维护保养须知
1	试验开关	试验检查	打开开关,流量正常,报警功能正常
2	降压装置	试验检查	启动、报警功能正常

六 固定式泡沫灭火系统

固定式泡沫灭火系统可分为甲板泡沫灭火系统和机舱泡沫灭火系统。泡沫灭火系统的泡沫液储存应符合相关要求(温度、通风、照明、通信)。管路、泡沫液泵、截止阀、泡沫枪(炮)的检查保养按照表3-14月度检查和表3-15季度年度检查保养办法进行检查保养。

表3-14 月度检查

序号	设备名称	检查方法	检查须知
1	泡沫液	外观检查	数量符合要求,处于良好状态
2	管路	外观检查	与消防管路连接是否正常,无锈蚀
3	泡沫液泵	试验检查	启动正常,压力、流量正常
4	截止阀	试验检查	开关灵活,无泄漏
5	泡沫枪(炮)	外观检查	外观良好,转动正常

表3-15 季度年度检查表

序号	设备名称	维护周期	维护保养方法	维护保养须知
1	泡沫液	36/12	试验检查	取得化验报告,并对防冻设施进行维护
2	管路	12	外观检查	除锈,油漆
3	泡沫液泵	12	试验检查	压力、流量检查

七 固定式干粉灭火系统

固定式干粉灭火系统是液化气体船舶必须配备的灭火系统。对该系统的检查保养可以参考表3-16干粉系统的月度检查表、表3-17干粉系统的季度、年度检查表。

表3-16 干粉系统月度检查表

序号	设备名称	检查方法	检查须知
1	启动气瓶	外观检查	外观良好,压力正常
2	驱动气瓶	外观检查	外观良好,压力正常
3	减压阀	试验检查	开关灵活,无泄漏
4	储粉罐	外观检查	外观良好,无腐蚀
5	释放装置	试验检查	操纵正常

表3-17 干粉系统季度、年度检查表

序号	设备名称	维护周期	维护保养方法	维护保养须知
1	干粉	24	试验检查	干粉重量、质量、吸湿性检查，并取得报告
2	管路	24	吹通检查	有船厂或船检认可的有效证书
3	遥控释放箱	12	试验检查	正确张贴释放说明，无妨碍操作的杂物，设备表面清洁，各阀箱完好，标志清晰

八 消防员装备

船舶日常检查：船员应每2周对消防员装备中的呼吸器进行压力/渗漏的检查。如果船舶装有充气系统，则每12个月由认可的检查机构进行气体质量的检查。船员的日常检查项目如表3-18所示。

表3-18 消防员装备日常检查

序号	设备名称	数量	检查方法	检查须知
1	呼吸器钢瓶		试验检查	压力正常
2	呼吸器钢瓶阀		外观检查	关闭状态
3	呼吸器旁通阀		外观检查	关闭状态
4	呼吸器胶管		外观检查	无裂缝、无粘连，完好无损
5	防火服		外观检查	完好无损
6	安全帽		外观检查	完好无损
7	安全灯		外观检查	完好无损
8	防火绳		外观检查	完好无损
9	安全带		外观检查	完好无损
10	太平斧		外观检查	完好无损

备用气瓶，每具呼吸器配备的气瓶数量见表3-19。

表3-19 消防员装备季度检查或年度检查

序号	设备名称	数量	周期（月）	维护保养方法/时间	维护保养须知
1	低压报警		3	试验检查	报警功能正常
2	呼吸器钢瓶阀		3	开/关试验	该阀开/关功能正常，无泄漏
3	呼吸器旁通阀		3	试验检查	
4	高压管		3	试验检查	处于良好状态，无泄漏
5	面罩		3	实验检查	气密性良好，外表清洁，橡胶无老化
6	穿着装置		3	外观检查	坚固完好

九 应急逃生设备

应急逃生呼吸装置，船员应每3个月进行压力/渗漏检查，并作好相应记录。如表3-20、3-21所示。

表3-20 季度检查

序号	设备名称	数量	检查方法	检查须知	检查结果
1	EEBD		外观检查	管路无老化、泄漏，头罩完好、清洁，气压正常	

表3-21 季度检查或年度检查

序号	设备名称	数量	周期（月）	维护保养方法/时间	维护保养须知
1	EEBD		36	试验检查	水压试验

十 通风和燃油控制系统

通风和燃油控制系统也是船舶消防管理的重要方面。通风和燃油控制系统检查主要包括通风筒、防火挡板、天窗、烟囱、百叶窗、风油遥控切断、燃油速闭阀等项目。以上项目的检查如表3-22所示。

表3-22 通风和燃油控制系统维护保养表

序号	设备名称	周期（月）	维护保养方法/时间	维护保养须知
1	通风筒	1	开/关试验	活络加油，确保无腐蚀、变形
		3	外观检查	开关标志清晰，除锈，油漆
2	防火挡板	3	试验检查	无变形，关闭紧密，关闭装置完好，标志清晰
3	天窗、烟囱	3	试验检查	
4	风油切断	3	试验检查	开关功能良好，标志清晰
5	燃油速闭阀	3	试验检查	

十一 防火结构

防火结构是船舶重要的防火措施和防止火灾蔓延的措施。防火结构的完整性直接影响着船舶的消防安全。

对于防火结构的检查可以参考以下几个方面：

(1)防火门不符合相关的要求(把手缺失、自闭器力量不够、整体密闭性不够)。

(2)通风筒、通风管中的防火网不完整或缺失。

(3)烟囱、天窗、百叶窗中的防火网不完整或缺失。

(4)防火挡板、通风筒因锈蚀而开关不灵或脱落。

(5)机舱内脱险通道中的防火材料未取得主管机关的认可。

(6)管道穿越防火结构处,未维持原来的防火性能。

(7)液化气瓶等装置的存放、管路布置不符合要求。

十二 应急照明

应急照明虽不属于消防系统,但是应急照明对于消防的影响是重要的。对于应急照明系统的检查可以参考以下几方面:

(1)应急电源能否正常供电。

(2)正常供电系统与应急电源转换是否可靠。

(3)灯罩是否破损。

(4)有关船员能否熟练操纵。

扩展知识

一 消防设备保养的有关体系文件

检查保养指导书应简单易懂,尽可能采用图解。应包括下列几方面:

(1)设备保养与修理指导书。

(2)设备定期保养时间表。

(3)设备备件项目表。

(4)有关检查保养记录簿,其中包括注明设备不合格项和保养与修理好它们的预计完成日期。

二 定期检查与测试的要求

按照国际海事组织海安会Circ.850对船舶消防设备检查保养。

(一)每周检查与测试

(1)所有有线广播系统(包括船内电话系统)和警报系统工作正常。

(2)所有空气呼吸器钢瓶内的气体不泄漏,压力在规定工作范围内。

(二)每月检查与测试

(1)所有消防员装备、灭火器、消火栓、消防水带、消防水枪处于良好状态,且存放在正确的位置。

(2)所有固定灭火系统的阀门能正常开关,干管式自动喷水系统的压力表能显示正常工作压力。

(3)自动喷水系统的压力水柜的水位显示在正常位置。

(4)自动喷水系统的消防泵能在压力减少时自动启动。

(5)所有消防泵能正常启动。

(6)所有固定气体灭火系统设施的气瓶不能有泄漏。

(三)季度检查与测试

(1)对所有自动喷水系统的自动警报部分,利用其测试阀进行测试。

(2)国际通岸接头处于良好状态。
(3)消防设备备品库内有备品清单,消防设备处于良好状态。
(4)测试所有防火门和通风管系内防火挡板控制装置应处于良好状态。
(5)检查固定灭火系统上的所有CO_2钢瓶连接部件是否松动。

(四)年度检查与测试

(1)检查所有灭火器的正确存放位置、内部压力、状态。
(2)自动探火系统按相关要求测试。
(3)测试所有防火门和通风管系内防火挡板遥控装置。
(4)测试所有固定泡沫和喷水系统,保持它们工作状态正常。
(5)目视检查固定灭火系统的所有易接近部件,保持其良好状态。
(6)测试所有消防泵的压力和流量。
(7)测试所有消火栓,保持它们工作状态正常。
(8)对灭火剂测试防冻保护装置。
(9)对自动喷水系统从船舶消防总管处的连接部件进行检测,使其状态良好。
(10)对所有消防水带进行水压试验。
(11)检测呼吸器气瓶充装设备的空气质量。
(12)检查固定灭火系统的控制阀。
(13)使用压缩空气对固定灭火系统管系进行通畅检验。

(五)每五年检验项目

(1)对空气呼吸器的所有钢瓶进行水压试验。
(2)对固定灭火系统的控制阀进行内部检验。

第八节 船舶安全监督检查

要点

港口国监督(Port State Control,PSC)是指港口所在国家根据有关国际公约规定的标准,对进入其港口的外国籍船舶所实施的一种监督与控制。通过港口国监督,纠正与消除受检船舶上所存在的不符合标准的缺陷,以确保船舶航行、人身和财产的安全以及保护海洋环境。港口国监督是海上安全的最后防线。

必备知识

港口国监督的执行机关是国家海事主管机关。

港口国监督工作的依据是《1974年国际海上人命安全公约》、《国际船舶和港口设施保安规则》、《1966年国际载重线公约》、《经1978年议定书修正的1973年国际防止船舶造成污染公约》(MARPOL 73/78)、《1978年海员培训、发证与值班标准国际公约》(STCW)、《1969年国际船舶吨位丈量公约》、《1972年国际海上避碰规则公约》,除以上公约外,还包括国际劳工组织的《国际劳工组织第147号公约》。

根据中国船级社(CCS)对2001年~2005年滞留的208艘船舶进行统计,共有2 446个缺陷项,其分布如图3-19所示。

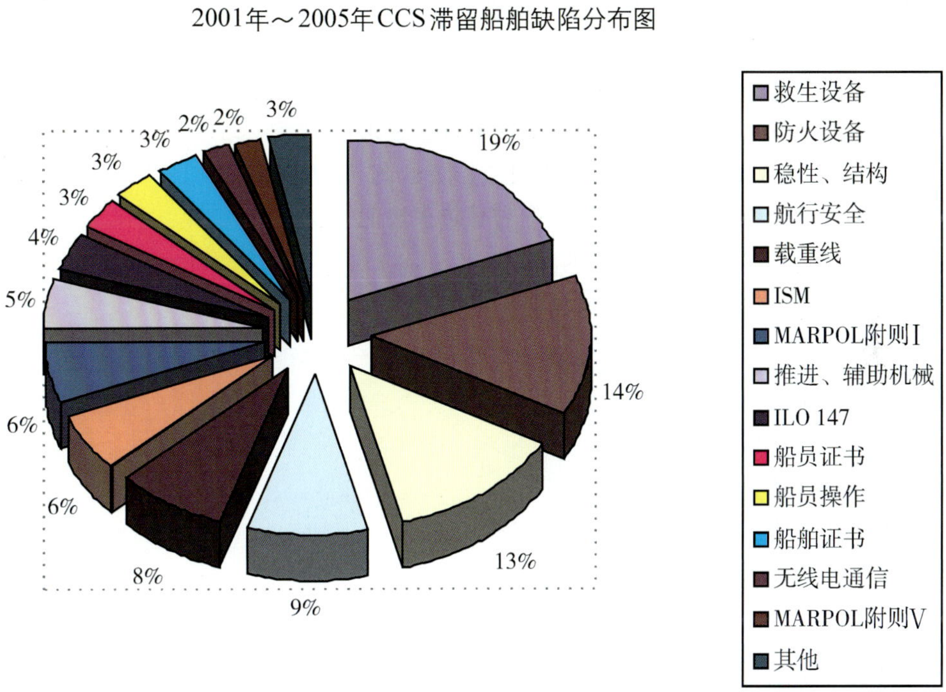

图3-19 2001年~2005年CCS滞留船舶缺陷分布图

其中防火安全缺陷有331个,占13.53%。有关防火安全的分布如下:

表3-23 防火安全分布的缺陷

项目	缺陷数量	比例	项目	缺陷数量	比例
通风筒、防火挡板、速闭装置、遥控关闭装置	67	20.2%	探火	15	4.5%
防火设施	55	16.6%	灭火设备即可使用性	19	5.7%
灭火设备和装置	50	15.1%	高压油管护套	8	2.4%
消防泵	24	7.3%	国际通岸接头	4	1.2%
个人装备	23	7%	其他(EEBD惰性气体等)	43	13.0%
固定灭火装置	23	7%			

船舶防火安全的常见缺陷内容如下。

一 防火(Fire Prevention)

(1)防火门不符合要求,四周及底部锈烂,密性不良,把手不全、锈死,自闭器失效或灭失。

(2)油船的透气管、通风筒、烟囱、排烟管等的防火网不完整或缺少。

(3)机舱天窗不是钢质,不能迅速关闭,保证气密。

(4)限界面的防火分隔不符合要求,机舱舱壁防火分隔完整性不满足要求(防火绝缘等级太低,防火分隔不完整,有电缆穿过舱壁)。

(5)油船的驾驶台和生活舱门或窗不气密。

(6)机舱脱险通道内防火材料未取得主管机关认可。

(7)厨房液化气钢瓶的存放和管路布置不符合要求。

(8)挡火板、通风筒因锈蚀而开关不灵或挡板脱落,防火网缺失。

(9)通风管道穿越结构防火处未维持应有防火性能。

(10)机舱油柜液位计不符合要求。

(11)机舱存在着火危险,燃油管路严重泄漏。

二 惰性气体系统(Inert Gas System)

(1)鼓风机故障。

(2)自测装置故障。

(3)声光报警装置失效。

(4)无操作说明。

(5)系统不能投入使用。

三 火灾报警(Fire Detection)

(1)报警装置没有正确接入应急电源或没有应急电源。

(2)报警装置声光报警失效,梯道内未安装感烟探头,手动报警按钮不工作。

(3)部分探头损坏而不能正常工作,或备品不足。

(4)没有使用操作说明。

(5)自测功能不能操作。

四 消防设备的随时可用性(Readily Availability of Fire Fighting Equipment)

(1)应急消防泵在2 min内不能启动,消防泵出水压力过低。

(2)船员不能方便获得防火安全操作手册。

(3)灭火设备不能保持即刻使用,如消火栓手轮丢失、消防皮龙箱破损或上锁等。

五 固定灭火装置(Fixed Fire Extinguishing Installation)

(1)喷嘴堵塞。

(2)管系因锈蚀而渗漏。

(3)公用钥匙没有或没有存放在二氧化碳间的明显位置。

(4)CO_2固定灭火系统的操作须知牌模糊不清,通向被保护处所的管路没有清楚地标明。

(5)CO_2舱室内的通风不良，照明不足，无与驾驶台的通信设施。

(6)泡沫炮调节齿轮和螺杆缺润滑，或因长期不加油，油嘴无法加油，导致调节不灵活。

(7)泡沫原液过期或无证书。

六 消防设备和用具(Fire Fighting Equipment and Appliance)

(1)消火栓和水带无法连接。

(2)气体灭火剂压力低，不在绿色范围内。

(3)泡沫灭火器过期。

(4)消防用品的位置与防火控制图上的标明位置不符。

(5)失效或空的灭火器没有标志、没集中存放。

(6)消火栓、水枪和水带漏水。

七 个人装备(Personal Equipment)

(1)消防员装备的配备数量不足。

(2)呼吸器压力不足。

(3)呼吸器低压报警失效。

(4)两套消防员装备没有按要求远离存放，或存放地点不易到达。

(5)防火衣为非认可形式，不具备防火隔热性能，灯不是安全型的。

(6)没有200%的备用气瓶，备用气瓶中没有充气。

(7)EEBD气瓶压力过低。

八 消防泵(Fire Pump)

(1)应急消防泵不能启动，或吸不上水，或应急消防泵原动机不能正常工作；应急消防泵水压力不足，不能达到要求的12 m射程。

(2)应急消防泵舱没有应急照明。

(3)消防泵压力表、真空表失效。

(4)消防泵填料函是否漏水严重。

九 通风、防火挡板、阀、速闭阀、控制手段(Fire Damper,Means of Control and Ventilation)

(1)通风筒、速闭阀、防火挡板失效(锈蚀、卡死、不活络、不能关闭等)。

(2)烟囱端壁破损漏光。

(3)天窗无法关闭紧密。

(4)速闭装置失效。

(5)通风筒的筒体锈蚀严重，锈穿。

(6)防火挡板无法关闭紧密。

十 高压油管的套管保护系统(Jacketed Piping System for High Presure Fuel Lines)

(1)管道故障泄漏。

(2)主副机高压油管护套装置不满足要求(没有提供护套，护套破损，未安装泄油报警装置、泄油管使用橡胶管等)。

十一 国际通岸接头(International Shore Connection)

非标准尺寸。

十二 防火控制图(Fire Control Plan)

(1)防火控制图中消防设备的位置、数量与当时船舶的实际情况不符。

(2)防火控制图中的识别符号不符合标准。

(3)甲板室外存放防火控制图的盒子保养不善,没有做到风雨密。

扩展知识

21世纪优质船

21世纪优质船是美国海岸警卫队(USCG)推出的一项“安全监督”管理措施。在原来的检查体系下,所有的外籍船不论其检查结果优劣,每年至少都得接受一次检查,这对优质管理的船舶实在有欠公平,也缺乏激励。因此,从2001年1月1日起,USCG实施了一项名为“21世纪优质船”(QUALSHIP 21,Quality Shipping for the 21st Century)的新措施以鉴别优质船,并对它们进行奖励,减少上船检查次数。同时,USCG也得以更集中力量用于打击次标准船的工作之上。

所谓优质船,主要是指:

(1)属于一家运营良好的公司。

(2)在有优秀纪录的船级社入级。

(3)在有出色PSC记录的船旗国入籍。

(4)在美国水域有突出的PSC历史的船舶。

所有的21世纪优质船将获颁发有效期为2年的证书,并将船名公告于USCG港口国监督网站以及航运船舶资讯系统网站(EQUASIS)。

为了确定此类船舶的风险程度,并帮助PSC检查官员选择检查船舶,USCG制定了:

(1)ISPS/MTSA保安符合目标矩阵(ISPS/MTSA Security Compliance Targeting Matrix)以风险评估为基础,用以评估船舶的保安符合性。

(2)PSC安全和环境保护符合目标矩阵 (Port State Control Safety and Environmental Protection Compliance Targeting Matrix)用以评估船舶安全和环境保护程度。

根据矩阵分值的结果,对任一矩阵得分在17点以上的船舶,必须在进港前登船检查;得分在7~16点之间的不必在进港前检查,但应在到港后检查。

对于通过矩阵分值(低于6点)未被选中的船舶,将进入到随机登船选择程序(Random Boarding Selection Process)。在随机选择中按照USCG的目标,将有10%的船舶被选中执行检查。

第九节　船级检验和法定检验

要点

本节重点介绍检验中常见的船舶消防缺陷，希望能够加以足够的重视，并在今后的工作中避免。内容有国际海事组织与船舶检验机构、船舶检验、船级检验和法定检验的关系。

必备知识

一　国际海事组织与船舶检验机构

（一）国际海事组织

国际海事组织(International Maritime Organization，IMO)不但是联合国负责海上航行安全和防止船舶造成海洋污染的一个专门机构，而且还是一个促进各国政府和各国航运业界，改进海上安全、防止海洋污染与进行海事技术合作的国际组织。

为了达到以上目的，国际海事组织不断地研究和提高船舶安全标准(规范、公约)，发布了很多的规范和公约。这些规范和公约中，与船舶消防最紧密的是安全委员会和环境委员会发布的部分公约及规范。其公约规范体系以及与消防关系比较大的公约规范如图3-20所示。

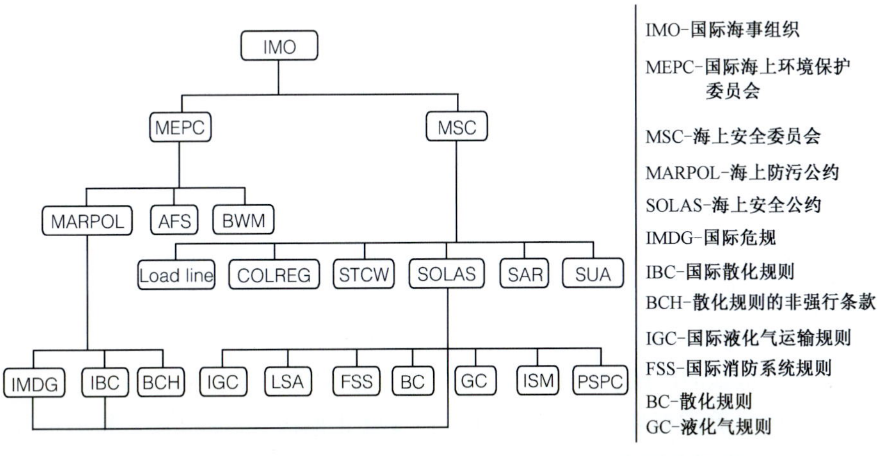

图3-20　国际海事组织颁布的与船舶消防相关的公约和规范

《国际海上人命安全公约》简称SOLAS。其第Ⅱ-2章——构造，对防火、探火和灭火中对船舶火灾预防、防护、探测和扑救都提出了强制性。

《国际海运危险货物规则》的内容已经同时被SOLAS和MARPOL所承认，并被吸收进各自的章节内容。《国际海运危险货物规则》分三册，第三册载明了装运危险品货物的特别灭火系统、设备和程序。

《国际散装液体化学品危险货物规则》的内容也已经同时被SOLAS和MARPOL所承认，并被吸收进各自的章节内容。

《国际散装液化气体货物规则》对运输散装液化气体的船舶提出了特别灭火系统、设备和程序要求。

《国际散装固体货物规则》对运输散装易发生火灾固体货物的特别灭火系统、设备和程序给出了指导。

《国际消防系统规则》对船舶各类灭火系统、设备和器材的配备提出了强制性要求，另外，配套使用的《国际耐火试验程序应用规则》对A、B、C级防火舱壁、防火材料以及低播焰材料的测试程序进行了规定。

以上公约(规则)组成了船舶消防检验的强制性标准，是进行船舶消防检验的基础。

(二)船级社

历史上，船级社只涉及材料焊接、船体结构以及机电设备等基本方面的检验。海事主管机关主要关注载重线勘划、稳性、防火安全、救生、航行安全以及无线电通信设备等方面的检验。

但是，随着船级社地位的不断变化，船级社基本将国际海事组织的相关公约都纳入了自己的规范当中，把公约转化成了规范，因此，现代船级社关注船舶安全的方方面面。

二 船舶检验

船级检验、法定检验统称为船舶检验。

船舶检验是新建船舶，或在船舶营运期间维持技术水平，保证船舶安全的重要手段。其目的在于通过对船舶及其设备的检验，促使船公司保持船舶的良好技术状况，以保证船舶的营运安全和防止污染、损害海洋环境，保证船旗国和港口国政府对船舶实施有效的管理和控制。

船级检验(包括入级检验和保持船级检验)是根据船舶所有人所选择船级社的验船规范和技术标准对船舶进行检验并签发船级证书。

船级检验是船舶所有人为了投保、索赔和处理海事纠纷的便利而自愿进行的，是技术鉴定性质的检验。

法定检验由政府授权的船级社或者其他机关进行。法定检验是国家主管机关按照本国参加的国际公约对船舶结构、稳性、锅炉及其他受压容器、主辅机、电气设备、无线电通信设备、救生消防设备、航行设备、信号设备、防污染设备和载重线等进行的技术监督性质的检验，是对船舶进行管理和控制的有效手段。法定检验是强制实施性的。

通过了相关检验的船舶，检验机关应颁发相关的船舶技术证书。

通不过船级检验的船舶，会被船级社暂停或终止船级；通不过法定检验的船舶，相关证书不会被签发，船舶不能营运。

三 船级检验和法定检验的关系

(一)检验机构

法定检验由国家的主管机关或由主管机关授权的个人或组织进行，而船级检验由船舶所有人所选择的船级社进行。

经主管机关授权，船级社也可以进行部分或全部的法定检验。现在，国际趋势是突破船级检验和法定检验的界限，两种检验都由船级社进行。

(二)检验依据

法定检验是根据国际公约和国家主管机关颁布的有关法令、规则和规程等，而船级检验是根据船级社颁布的各种规范。

公约、法令、规则等通常都是较原则性地提出船舶安全方面的要求，其中可能有比较模糊，难以操作的地方；而船级社通过对以上模糊地方的解释，使得船级社的规范比较详细，操作性强且包括了国际公约的内容。

(三)检验证书

法定检验后，由主管机关签发国际公约或主管机关规定的有关法定证书，而船级检验后，由船级社签发有关的船级证书。

实际上签发法定检验合格证书的前提是已经签发了船级证书。

(四)检验范围

法定检验项目与船级检验项目基本相同，如安全公约规定：船舶营运前检验应包括船舶结构、机器和设备、锅炉及其他受压容器、电气设备、无线电通信设备、救生设备、消防设备等，检验合格后才能签发客船安全证书、货船构造安全证书、货船设备安全证书等。制造入级检验也包括上述内容，检验合格后签发各种船级证书。

扩展知识

船舶消防设备检验。船舶消防设备检验包含在船舶安全设备检验中。船舶安全设备检验是指对SOLAS公约所要求的包括救生设备、航行设备、导航设备、消防设备、惰性气体系统、引航员设备，还包括避碰规则要求的号灯、号型和声响信号设备等各项检验。

船舶安全设备检验。包括初次、换证、定期、年度和附加检验。注意，一般其他证书进行中间检验时安全设备证书应进行定期检验。

检验中应注意文件资料的核查：船舶经过改动后，防火控制图标志是否已修改，室外防火控制图的标志是否清晰；训练手册、维护保养须知、维护保养计划、培训手册和防火安全操作手册配备是否符合要求等。

第四章 船舶消防的组织与训练

第一节 船舶消防的应急预案

要点

船舶火灾的应急预案就是预先为船舶可能发生的各部位火灾制订的行动计划，目的是防止和减少突发火灾的危害，确保船员和船舶的安全，保护海洋环境。一个好的应急预案可使船舶在出现任何紧急情况时，船员能够快速、有组织地采取应急措施。由于应急行动是经过良好训练的，有效的行动大大地减小了损失。

必备知识

一 应变部署表

应变部署表包含消防和弃船两种应变部署情况，内容包括：船舶及船公司名称、船长署名及公布日期；紧急报警信号的应变种类及信号特征、信号发送方式和持续时间；职务与编号、姓名、艇号、救生筏号的一览表；航行中驾驶台、机舱、电台固定人员及其任务；消防应变和救生应变的详细分工内容和执行人；每项应变具体指挥人员的接替人；主要救生和消防设备的位置。

（一）配备与要求

应变部署表应张贴在船舶人员经常聚集或活动的场所。驾驶台、机舱、餐厅和生活区走廊的主要部分应分别张贴一张。应变任务卡应每个船员一张，放置在船员房间内的明显位置，如床头、写字台或房间门口等处。

应变部署表应写明指派给每个船员的任务。

（二）应变部署表编制要求

应变部署表的管理由船长总负责，大副具体负责，三副根据船舶应急计划的部署和表格要求在开航前编制完成，经大副审核、船长批准签署后公布实施。

三副在编制每个船员应急职责分配时，应充分考虑船舶的实际情况和需要，每个船员的应变能力，可以一职多人或一人多职；关键部位、关键操作处应安排经验丰富的船员。船舶各部门之间的船员应统筹兼顾，合理安排，以保证船舶在应急状况时，船员能发挥出最大的力量。

对于有人员变动或船舶某些安全设备的重大变动时，应根据变动情况对应变部署表进行相应的修订，必须在开航前编制完成。

应变任务卡应由船舶三副按照应变部署表中的对应要求，在开航前填写并告知船员本人。应变任务卡必须填写船员姓名、编号、职务，遇有人员变动时，必须重新编制。

旅客使用的应变任务卡只填写任务，不需要填写姓名、编号。

二 船舶火灾的应急预案

应变部署表只是应急预案的一部分，应急预案应根据船公司的船队具体情况由船公司统一制定，编入船舶SMS管理文件。在船上出现任何紧急情况时，一个快速、有组织的并经过良好训练的团队必须立即行动，最大限度地减轻紧急情况所造成的不利影响。对船公司的所有船舶来说，应急预案应该是标准化的，基本上保持一致性。根据ISM管理要求，在上船服务前，船员就已经知道最基本的应变组织是什么，并且需要确定他在应变组织中的职责。

（一）船公司的应急预案必须满足的五个最基本要素

(1)保护人命，船舶和设备是可以替换的，而人是不能再生的。

(2)对个人有条件的、合适的初始应对措施应该给予鼓励。

(3)应急预案应该是灵活的，适用于船上任何紧急情况。

(4)应急预案的核心应该是具有推动充分通信联系的能力，因而在应急过程中能够保持对紧急形势的严密控制。

(5)应急预案应能够有达到的目标：保护人命、防止紧急情况的产生是最好的策略。

（二）应急预案应包括的几个方面

(1)船舶应急预案的介绍。应急预案的目标是为船上的应急行动提供指导，使应急反应行动统一、有组织，避免船舶出现不同、不协调、无组织的应急预案的应用。

(2)船舶应急预案的有关规定。包括来自船上人员改进应急预案的建议的资料和说明，使船员能执行一个高效灵活的计划，将危及人身安全、财产危害和海洋环境损害降到最低限度。同时，公司与船舶之间在安全和应急程序上须具有良好的协调性和一致性，建立船—岸反馈机制。

(3)应急预案内容、准备、培训。列明各种紧急情况和应急组织及应急措施，使船舶应急设备处于随时可用状态，在船员上船之前进行相关的培训。

(4)应急行动及程序。在船舶处于不同动态(在航、系泊、锚泊、船坞修理)和装载状态下，当各种紧急情况发生时，立即启动相应的应急行动及程序，包括初始行动和随后行动。

(5)应急报告程序。与船舶利益人、沿海国和港口之间的报告程序。

(6)其他附加内容。

应急预案的建立基础是在船上必须有一个经过良好训练的组织，且具有处理任何可能发生的紧急情况的能力。

三 应急预案的准备

船舶出现的紧急情况各不相同，采取施救措施之前必须对每一种情况都进行正确的评估。进行初步评估后，船长有权指挥各应变小组。人身安全第一，禁止采取任何会引起不必要风险的行动。

（一）紧急报警信号和集合

无论船舶在航、锚泊还是在港，在听到紧急报警信号时，应变小组必须在指定地点集合。应该特别注意应变人员在集合地点的最初集合，能保证知晓所能够获得的人力资源和确认失踪人员。迅速建立起最大限度的应急准备态势，并且取得一个标准的对紧急形势的应急反应，让施救措施更加协调和受控。

个人初始应急反应应该包括以下方面：

(1)发现紧急情况，鸣响警报。

(2)向控制中心提供尽可能多的信息。

(3)尽力利用任何可能获得的手段控制紧急情况，直到消防队接替。如果形势变得对个人很危险，他必须立即撤退到消防队集合点，并向控制中心报告当时的情况。

(4)听到报警后，所有人员应该立即到指定的应急集合地点报到，并且完成最初分配的任务。

(5)应变队队长或代替人到应急集合点，向驾驶台报告准备情况。“准备情况”必须表明：应变小组的身份；失踪船员的姓名；获得的人力资源已待命，准备即刻部署；应变队掌管的设备和/或机器已经检查过，并且处于良好状态。

（二）应变队队长的职责

所有的应变队队长都应该能够完成分配的任务。禁止队长参与实际操作而失去对组队行动的控制，从而危及他们的生命。要做到这一点，各队长应该确保他的小组是经过充分训练的，组员们信任队长，组员之间亦应相互信任。

（三）各应变队的组成

应变队的组成有驾驶台固定值班人员、机舱固定值班人员、现场消防队、技术队和救护队。

驾驶台固定值班人员负责指挥和控制形势以及确认已经充分召集船上人员。应该建立起对外通信，在驾驶台、机舱、消防队和技术队之间建立起内部联系，保持船舶航行安全，并对发生的事件进行详细的同步记录和记载。

机舱固定值班人员应该告知驾驶台机舱的应变准备情况，说明机器和应急系统的状态，且处于最充分的准备状态。还应该确定紧急情况是否对机器使用产生了不利的影响，如果有不利影响，那么决定需要采取什么样的措施来补救机器和应急系统的缺陷。

现场消防队首先集合并向驾驶台报告，然后准备设备并向驾驶台报告准备情况，准备按照船长的领导采取行动。

技术队告知驾驶台它的准备情况，当船长或指挥官下达指示时，按照他们的指示给现场消防队提供支持，例如：医护和急救；准备救生艇和救生筏；准备给现场消防队提供呼吸器备用钢瓶；给现场消防队提供后勤保障，如自压式空气呼吸器氧气瓶充气及其他消防设备。

（四）船舶的消防重点区域

船舶的消防重点区域有机舱、货舱、居住区、厨房、油漆间等，根据不同部位火灾的特点和结构特点，执行相应的应急行动计划。

（五）消防设备的位置与使用

在不同部位的火灾，使用的消防设备也有差异。在演习和培训中，使每个船员熟悉消防设备和其他应急设备的位置，针对不同部位火灾，应有计划地使用这些设备。

（六）货物的性质

对船舶所载运的货物，船员应熟悉其性质，特别是危险品。一旦装载危险品或规则规定的危险货物，应对货物运输全过程进行监控，按其防火要求操作，将适用它的灭火方法和灭火剂说明粘贴在驾驶台和其他甲板值班室内。这些说明包括火灾中会产生的有害气体和防范措施。

（七）列明对外联系名单

在驾驶台或甲板值班室内，列明在紧急情况下对外联系人的名单，以便在紧急情况下能快速联络有关联系人。联系方式包括手机、固定电话、传真、E-mail。

在海上：公司指定联系人（DPA）、船东主管、租船方联系人、下一港代理、船东互保协会的代表等。

在港口：公司指定联系人、船东主管、租船方联系人、港口代理、船东互保协会的代表、港口主管机关、沿海国主管机关、港口消防队、警察局、救护中心等。

第二节　船舶消防的应变组织

要点

在紧急情况下，特别在船舶处于关键时刻，如果没有严密而科学的组织以及周密的应急计划，将导致行动上的混乱和错误，以至于贻误战机，其结果是使船舶及船员面临更大的危险，船舶应变的组织尤为重要，它能发挥每个船员的作用，形成一个具有较高战斗力的队伍。

必备知识

一　应变中船员的职责

（一）船长

船长是船舶上的最高领导，负责船舶安全运输生产和行政管理工作，对公司负责。它在应急中的责任是负责指挥和控制全船的应急工作。

1.确保人命、财产和环境的安全

船长最基本的责任是保证船员和船舶的安全。在安全事务上,船长应该具有自己的独立判断能力,无论采取什么行动,只要认为该行动有利于人命、船舶和环境的安全,就不必考虑可能承担其他的责任。

船长在紧急应变中,应竭尽全力救助人命,其次是保证财产的安全。船长的另一主要责任是防止和减小对环境的损害,防止海洋环境的污染。

2.船长在救助中的责任和权力

当船舶遭遇海难,船长应立即对船舶所遭遇的危险和紧急程度进行预估,以便决定是否需要外部协助,或是否可以用船上的资源加以控制。对局面进行估计时,要做可能危及人命和船舶安全及造成环境污染的最坏打算,不要存有任何侥幸心理,以免延误应变行动的时机。

一旦船长决定需要取得外部协助, 船长有权根据自己的判断立即采取措施向任何有关机构请求救助。船长的权力不以救助行动而改变,仍是船舶的负责人。救助人可能不是船舶安全和货物操作方面的专家,如果船长对救助人采取的行动表示怀疑,应毫不犹豫地提出异议,必要时要求停止救助作业。船长应永远牢记他对船舶和船上人员安全所负的全面责任。

3.紧急情况下船长在决策之前应考虑的问题

在紧急情况下,估计危险程度时,船长应对下列问题加以考虑:人命的安全;距离海岸或浅水区的距离;预计的气象和海况,以及潮流和潮汐的情况;水深、海底底质和岸线形状,安全锚泊的可能性;及时获得救助的可能;已经造成的船舶损坏程度,以及船舶进一步损坏的风险;保持通信联络的机构;海上污染的迹象;人力和材料的需求等。

(二)管理级船员责任

船舶管理级船员有船长、轮机长、大副、大管轮、政委。他们负责管理全船应急工作,是船舶消防队的成员。船长负责应急全面工作;轮机长是船上机器设备的技术负责人;大副和大管轮负责应急计划的实施,负责现场应急指挥;政委(有的船舶无此编制)负责思想政治工作,做好船员在应急中的思想认识工作,鼓舞船员的士气。

管理级船员有责任通过训练和演习,确保船员充分理解应变计划中的内容,以便对各种紧急情况的应急。

(三)操作级船员责任

操作级船员有二副、三副、二管轮、三管轮、电机员、报务员。他们具体负责各种应急设备的维护和保养工作,是关系应急设备是否能正常使用,同时又是各应变小组的组长和组织者。

(四)支持级船员的责任

支持级船员应充分地熟悉应急中自己的任务和应急设备的位置, 认真对待应急的演习和训练,特别应具有操作各种应急设备的技能,也要了解整个应急计划的内容和程序。

二 船舶应急组织结构

(一)船上应急组织结构

船上应急组织结构如图4-1所示。

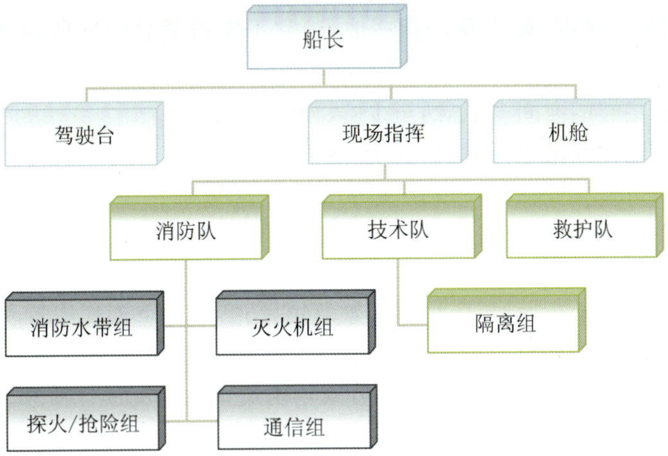

图4-1 船上应急组织结构图

船长是船舶应急的总指挥，负责船舶整个应急过程中的指挥和控制全船，负责对外联系。

一般按人员位置分为三个：驾驶台、应急现场、机舱。

驾驶台内人员由固定值班人员组成，有船长、报务员、三副、值班水手，具有应急中指挥、决策、组织之间协调职能，对外联络请求支援和救助；负责航行瞭望、船内通信和有关应急记录。

机舱内人员由固定值班人员组成，一般有轮机长、电机员、三管轮等。确保消防总管和泡沫总管的压力正常、船舶操纵性能、电力供应；如果应急在机舱，可采取操作性的控制，并提供给船长选择性行动的建议。

火灾现场由大副负责指挥，大管轮配合，对紧急情况评估并报告给船长，指挥各应急组采取应急组行动。

技术队在二副和二管轮带领之下，根据火情关闭门窗、舱口、风斗、孔道等；切断局部电路和油路；用水冷却火场周围，防止火势蔓延；对消防队进行支援工作。必要时，准备好救生艇设备，便于人员快速撤离。

救护队是维持现场秩序，准备救护设备以便救护受伤人员。

现代各船舶人员编制数量的不同，也存在不同人员职位组成。根据船舶情况，可以一职多人或一人多职，应有利于应变任务的完成。

关键人员的替代人：

甲板：船长—大副；大副—二副；二副—三副。

机舱：轮机长—大管轮；大管轮—二管轮；二管轮—三管轮。

（二）在港内的应急组织

在港内，必须确保有足够人员留船以便应急工作。一般情况，在锚地，至少1/2船员留船，在泊位内，至少有1/3船员留船。船长从代理得到与当地消防部门的详细联系资料，将分别保存在船长房间明显处和张贴在甲板值班室内，以备不测。

当紧急警报拉响，留船人员能迅速采取应急行动，报告当地消防部门，并保持与他们不间断的联络。

(三)现场指挥地点的确定

根据不同紧急情况,确定现场指挥地点,它不能被紧急情况所隔离,且符合下列要求的处所:

(1)必须有足够的空间,能容纳至少3人及其应急设备。

(2)有通道通往开敞甲板、机器处所、居住区。

(3)如果有可能,可与驾驶台和机舱实施通信的场所。

三 应急行动

无论在航行,还是在港口,一旦出现紧急情况,必须按下列程序行动:

(一)发现紧急情况的行动

船员拉响全船警报,报告值班驾驶员或轮机员紧急情况的性质和地点。在港内,尽早报告当地消防部门和主管部门。

(二)听到船舶紧急警报后的行动

所有船员立即前往应急集合站集合,尽快建立船内应急的通信联络,确认紧急情况的性质和位置。

(三)值班驾驶员/轮机员的初始行动

开启消防泵,确保消防总管水压力正常;按需要关闭有关通风紧急装置。在海上,通知机舱备车,将船位输入GMDSS设备中的遇险或紧急通信报文中。夜间,打开甲板照明灯;白天,悬挂显示有关船舶动态的号型。

在港内,所有货物装卸活动必须停止,装卸工人和其他上船人员必须尽快离船。

第三节　船员的消防技能训练和战术训练

要点

船员消防技能与灭火战术的训练尤为重要,熟练的消防技能与符合实际情况的灭火战术可以提高船员的个人素质和整体行动能力。消防技能与消防战术的训练可使船舶在发生火灾时,指挥者能准确地制定扑救对策,每一船员能够熟练、正确执行,进而最大限度地减小火灾的影响。本节分别介绍了消防技能训练与消防战术训练的目的与方法。

必备知识

一 消防技能训练

(一)船舶开展消防技能训练的目的

在船上开展消防技能训练,是船员为熟悉掌握、运用消防器材装备而进行的基本技术的训练。其目的是训练每一位船员或行动小组能够准确熟练地掌握消防训练项目的操作程序、动作要领、操作方法和操作要求。通过日常训练,在严格要求和监督的前提下,增强船员对消防技能的掌握程度和在各种情况下坚决服从命令、不畏困难、顽强作战的优良作风。同时,通过消防技能训练,可以提高船员整体行动的能力,以适应复杂多变的火情需要。

(二)船舶开展消防技能训练的原则

消防技能训练的原则是船员在训练过程中必须遵循的基本要求和指导原则,是训练过程中客观规律的反映,是整个船舶消防技能训练的指导思想。只有遵循这一原则进行消防技能训练,才能更符合船舶营运的实际情况,更有利于船员在较强的劳动强度下,避免训练带来的劳动疲劳,达到训练的目的。

1. 自觉性

开展船舶消防技能训练,要使全体船员正确认识训练的意义,自觉刻苦地学习和掌握消防业务技术和技能,并在实践中加以应用。对训练的认识是否正确,能否自觉、刻苦地进行训练,在很大程度上会影响训练效果。必须正确认识消防技能训练的目的,端正训练态度,不断提高船员刻苦训练的自觉性和积极性。

2. 实际性

开展船舶消防技能训练的时间、项目、运动负荷大小和组织形式,都要符合船员的年龄结构、身体素质以及船舶实际情况。消防技能训练的组织者,必须全面掌握全体船员的健康状况、接受能力、思想意志品质,根据船舶的实际状况,因人、因时、因地制宜地进行训练,才能使训练更有目的性、针对性和有效性。

3. 直观性

船舶消防技能训练的许多项目是要通过感觉器官和已有的经验建立动作表象,获得感性知识,才能有效地掌握所需的基本技术和技能。要充分运用动作示范以及生动形象的语言等各种直观手段,刺激视觉、听觉、触觉和肌肉感觉,对动作进行综合分析,建立清晰、完整的动作表象和概念。同时,通过船员自身边观察、边思考,理解动作要领,才能正确掌握动作,加快动作技能的形成。

4. 持续性

消防技能训练必须持之以恒,使已经掌握的消防技能不断得到巩固和发展。船员在消防训练中所掌握的各种技能,只靠几次训练是不能巩固的。

(三)船舶消防技能训练的方法

1. 讲解法

讲解法是用简练的语言讲解训练的目的、任务、训练要求、技术动作、操作程序等。讲解时应做到目的明确、重点突出、简明扼要,要正确使用术语,使之通俗易懂。

2. 示范法

示范法是以具体动作直接进行示范的方法。它能生动形象地展示概念，提高学习兴趣,便于学员接受,激发训练的积极性。示范时,动作要力求准确、熟练。与讲解法结合起来,可取得更好的效果。

3. 练习法

练习法分有分解练习、完整练习、重复练习、变换练习和综合练习。

分解练习是把整个训练动作合理地分成几部分和段落,按部分依次进行训练。这种联系方式是分步骤、分阶段进行训练,有利于船员掌握。

完整练习是不分部分和段落,完整地进行某一消防技能的训练方法。有利于正确完整地掌握技术。

重复练习是将要进行训练的技术项目不断反复地进行练习的一种训练方法，以求在反复的练习过程中,使船员能够熟练地掌握每一个训练项目的正确操作方法,以提高船员在应急行动中的准确性和有效性。

变换练习是训练的组织者,要不断变换训练的项目、时间、地点、组织形式,使参与训练的船员在各种不同的环境和训练条件下,不断适应,不断加深印象。

综合练习是在以上练习方式的基础之上，在船员对船舶消防技能的掌握有了一定的基础之后,通过消防演习和消防综合演练,检验船员对消防技能的掌握程度,以及船员对消防技能的灵活运用的一种方法。

(四)船舶消防技能训练的项目

消防技能训练项目有正确着装、探火动作、消防供水、消防射水、呼吸保护、火场救助、使用手提灭火器、操纵应急消防泵、操作应急发电机、操作固定灭火系统、操作火灾警报设备。这些项目是船员必须掌握的基本技能。具体内容如下:

正确着装——能正确迅速地穿着消防服,掌握着装要领。

探火动作——能正确探火,熟练掌握包括开门、进入、查看火场等探火动作的要领。

消防供水——能正确迅速地铺设消防水带方法(一盘和二盘),掌握铺设和连接消火栓及消防水枪的要领。

消防射水——利用一根充水水带,能学会立、跪、卧、肩式的射水动作。

呼吸保护——熟练佩戴空气呼吸器的方法。

火场救助——能熟练掌握几种常用的徒手救人方法。

手提灭火器的使用——能熟练使用船舶上灭火器的方法，掌握使用手提式灭火器的动作要领。

应急消防泵的操纵——能熟练操纵应急消防泵的启动和运转，掌握应急消防泵的操作程序。

应急发电机的操作——能熟练操作应急发电机的启动和运转，掌握应急发电机的操作程序。

操作固定灭火系统——能熟悉船舶固定灭火系统,掌握释放灭火剂的程序。

操作火灾警报设备——能熟悉船舶警报系统，掌握报警和向全船发出警报的方法和程序。

二 消防人员用水枪灭火的基本姿势和形式

（一）射水的基本姿势

射水基本姿势有立射、跪射、卧射和肩射四种。如图4-2所示。

（二）射水的形式

射水的形式很多，消防员在灭火行动中，根据火场情况和不同物质的燃烧形势，采取适合的射水姿势和水流，以达到最佳的灭火效果。

1. 进攻射水

在灭火行动中，根据现场情况，采用不同的射水姿势和直流水流，排除障碍物向着火点进攻。

直流射水可以从远处进攻着火点，可穿透燃烧物或机械，摧毁燃烧物质，将其分割成“碎片”，但不能用于室内扑救，除非火场温度已控制和热流被驱散。

在火场温度高，难以靠近时，可采用“水墙”式射水水流，水枪的水花喷射出的角度超过90°，可以有效地防止火场的热辐射，接近火点。同时，可与另一组直流水柱或泡沫结合一起。

接近着火点，选用“窄水花”灭火，其水花喷射形成的角度为30°。

(a)立射

(b)跪射

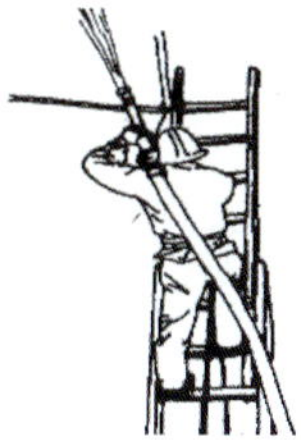

(c)肩射

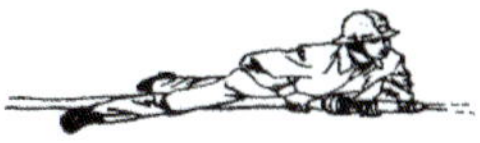

(d)卧射

图4-2 射水姿式

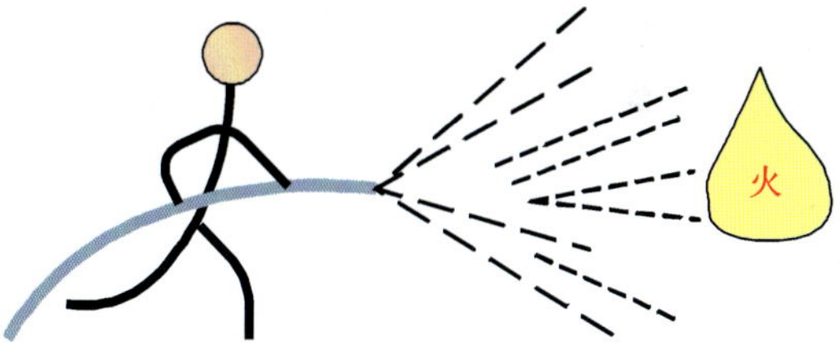

图4-3 雾状水自身防护灭火

2. 防护射水

在灭火行动中，为了减少火灾对消防人员的伤害，在进攻同时应防护自身，接近火点。

（1）自身防护射水，如图4-3所示。水花喷射形成的角度为60°~90°。

（2）进入掩护射水，如图4-4所示。

图4-4 掩护防护射水

3. 冷却射水

水花喷射形成的角度为15°,距一定距离,不断移动冷却点。对一般场所的冷却射水,用水幕隔断热源。冷却射水适合对金属结构进行冷却,冷却射水适合对高温高压容器和设备进行冷却。

4. 射水排热排烟

船舶上层建筑开口处的排热排烟,走廊的排热排烟,如图4–5所示。排热排烟中不能中断供水,防止烟和热气流反扑。室内适合多只雾状水流立体组合排烟,如图4–6所示。

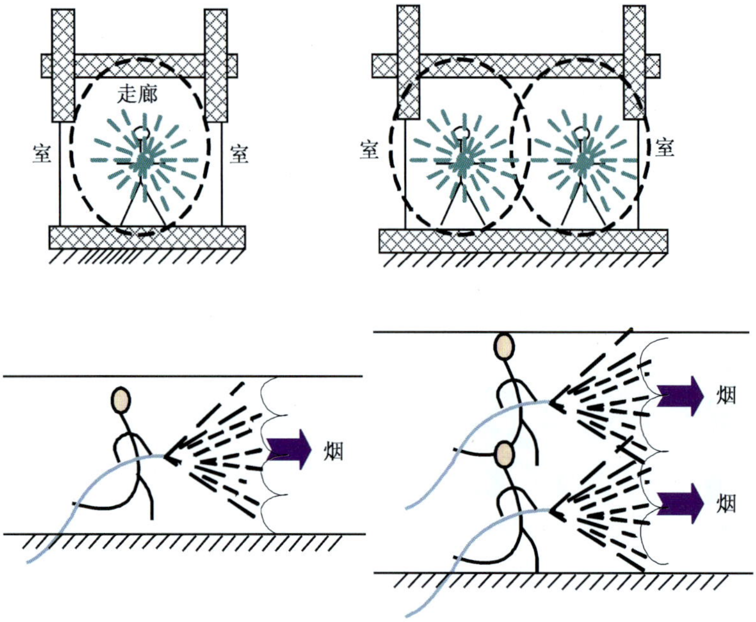

图4–5 在走廊进行排热排烟射水

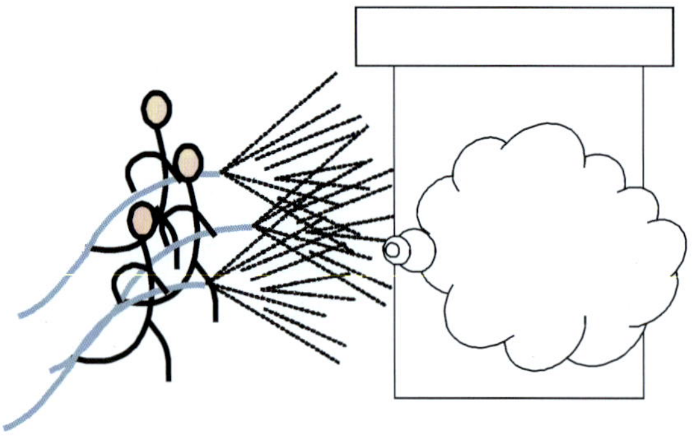

图4–6 多只喷雾枪三体组合排烟

5. 射水侦查

射水侦查,用于排除进攻路上的障碍,试探燃烧区上部建筑物结构的强度,寻找火点,判断燃烧油罐液位的高度。

（三）水灭火的技巧

1. 用水雾扑救油槽火

用细密的雾状水喷射灭火，由于雾状水的蒸发，能吸走燃烧中大量的热，使燃烧物迅速降温，并在火源上面形成一层蒸汽和水罩，把火源与空气隔开，当燃烧区域空气中的氧气被稀释到不能助燃的比例，就会使燃烧停止。

通常，经过雾化处理后的水滴颗粒越小越能取得好的灭火效果，因为越小的水滴越能被迅速蒸发。特别是在扑灭闪点较高的油类着火时比较有效。细密的雾状水滴将油液表面覆盖，吸热降温，减少油气蒸发，以减弱火势。对闪点不是很低、范围不是很大的油类火灾，使用水雾灭火是适宜的，见图4-7。

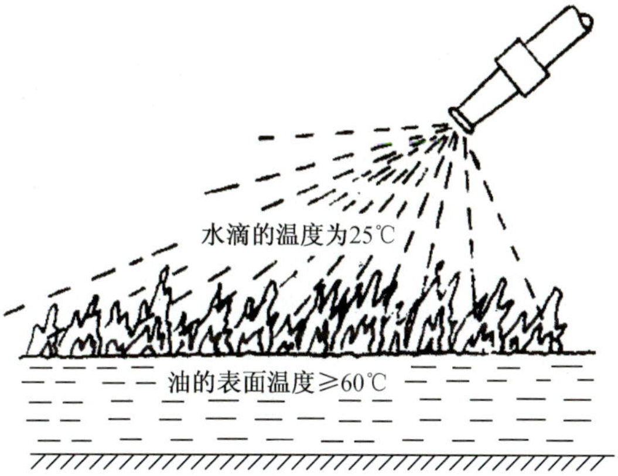

图4-7 用水雾扑救油类火

在使用水雾水枪时，能保护救火人员防止辐射热的损伤，使携带其他救火设备的消防人员，能接近火源施救或操作。当水雾结合泡沫灭火系统共同使用时，应当注意不要使水雾破坏泡沫覆盖层，而影响泡沫灭火效果。水雾还可以用来冷却火场的边界，对失火区域内的舱壁、甲板进行喷洒，能有助于防止火势向附近的可燃物蔓延，也可以防止舱室结构件被烤热而损坏。

2. 用直流、直流开花两用及水雾水枪灭A类火

采用直流水柱灭火是灭火中最常用的方式之一，直流水柱的出水口一端逐渐变细，其直径不到进水口或水带口直径的1/2，这不仅加大了出水口处的流速，而且也提高了射程。水枪与甲板成35°~40°仰角时，通常能获得最大水平射程，成75°仰角时能获得最大垂直射程。使用时，为了获得最佳的冷却效果，必须使水与正在燃烧的物体相接触，即应该向火的中心喷射水柱。射向火焰的水柱的主要作用是打碎燃烧物体，并且穿透到A类火的中心。

在船上，操作水枪的人员只有在确信水枪的位置定好之后，才能开启水枪，以便使水能射到火上。在某些情况下，在失火现场与操作水枪的人员之间可能会有障碍物，此时可将水柱通过舱壁或舱顶反射越过障碍物，也可以使用该方法把水柱分化成喷雾状水流，这种雾状水流能够吸收更多的热量。该方法还可以用来冷却阻止消防人员接近失火现场温度极高的通道。

采用水雾灭火时，呈雾状比同等数量的水呈直流水柱所吸收的热量要多得多。此外，雾状水流碰到火后，大部分变成蒸汽，也使造成自由液面水量减少，从而减轻了对船舶稳性的影响。在船上，用高速雾状水灭A类火时，能有效地降低水密舱、房间和货舱的热量。在有舱顶的舱室内，水枪应朝上与甲板平面成20°~30°角，把水雾喷到热量集中的舱顶，雾状水流能迅速地吸收热量，使消防人员得以进入或接近失火现场。高速雾状水流可以用来驱除通道内的烟气，还可以用来帮助正在前往失火现场的消防人员驱散他们前面的热和烟，也可以帮助援救被困在舱室的人员。如果确有可能，应打开通道的另一端，并且避免人员靠近。但是，如果该通道除了伸进水枪的那个入口外没有别的出口了，热和烟就会无路可

走，有可能透过或绕过雾状水反扑过来，危及手持水枪向失火现场前进的消防人员。因此，在这类通道里，应对准舱顶进行短喷射，以压住火焰，同时尽量减少火焰反扑的可能性，不然最好使用直流水柱。低速水雾对于扑灭那些难以或根本无法进入的舱室内的B类火是非常有效的。也可以为使用泡沫或高速水雾前往失火现场的消防人员构筑一道隔热屏障。低速水雾也可用来扑救小油柜的火，尤其对那些整个表面能够被喷管喷出的水雾所覆盖住的油柜。

通过旋转水枪外层结构调整出水缝隙或变换手柄位置，两用水枪能够产生直流水柱或者高速水雾。把水枪的手柄向后扳到底，喷头便会喷出直流水柱；把水枪的柄向后扳到一半，喷头便会喷出雾状水流；把手柄向前推到底，便能彻底地关闭喷头，使其停止任何形式的喷水。在使用任何水枪时，在水到达喷头前，它的手柄应该位于“关闭”的位置，水到达时水带会膨胀，操作水枪的人员会感到水的重量。在把手柄扳到开启的位置以前，应该把水带的空气从喷头内排放掉。排放水带空气的方法是将喷头稍向旁边转一下，然后慢慢地开启喷头，直到两股水喷出来为止。这时，把喷头对准目标。后备队员应向前靠近喷头的操作者，并且承担水带的一部分重量以及喷头所产生的反作用力。把喷头开到需要的位置，开始灭火。如果熟练人员操作，直流水柱和雾状水流，对于扑救A类火是非常有效的。雾状水流也可以有效地扑灭B类火。

（四）进入舱室内火场的方法

1. 从同一水平位置进入舱室内火场

(1)做好准备工作：消防员身着消防队员装备，布设好消防水带并供应消防水，水枪设在“水墙”喷射方式，准备开门绳索，如图4–8(a)、(b)、(c)所示。

(2)将开门绳索系在门把手一侧较低位置，如图4–8(c)所示。

(3)在有效控制下，将门慢慢开启，“水墙”封住开口，所有人员保持低姿，如图4–8(d)所示。

(4)门全部打开时，两支水枪以“水墙”封住门口，如图4–8(e)所示。

(5)寻找起火点，按掩护射水方法前进扑救火灾。

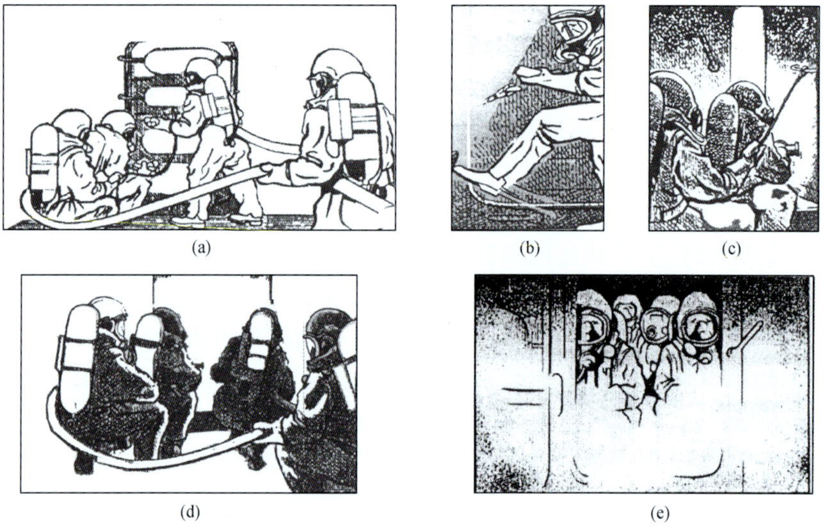

(a) (b) (c) (d) (e)

图4–8 进入舱室内火场的方法

2. 从上部进入舱室的方法

(1)做好准备工作：消防员身着消防队员装备，布设好两根消防水带并供应消防水，水枪设在“水墙”喷射方式并打开，如图4-9(a)所示。

(a) (b) (c) (d) (e) (f) (g) (h) (i) (j)

图4-9 从上部进入舱室的方法

(2)打开下舱入口舱盖，用“水墙”封住舱盖并固定好舱盖。

(3)将两根消防水带放入舱内，一根放置至一半舱内高度并四周摇荡，另一根降到刚接触舱底甲板或货物，如图4-9(b)、(c)所示。

(4)一人借助“水墙”掩护通过梯子降到舱底部，下降过程中，每次只下降一级阶梯，且用前臂抓握住梯子竖板。到达舱底部后，抓握住水枪，确定方向对准前方。向前移动一个身位，保持低姿射水，等待其他队员的到达。如图4-9(d)、(e)、(f)所示。

(5)第二个人准备好后下梯子，当肩膀与舱口围板平齐时，举起手臂，让消防水带从腋下穿过致使“水墙”在其背部。在下降一半高度以下，协助人员松水带，消防队员始终护住消防水带处于背部保护好自己。到达舱底时，抓握住水枪，确定方向对准前方，与第一名队员会合。如图4-9(g)、(h)所示。

(6)如果第三名队员加入，需在前两名队员掩护中下降，并处于两人之间或后面，一起行动按掩护射水方法向着火点进攻。如图4-9(i)、(j)所示。

3.从上部进入有油火舱室的方法

(1)做好准备工作：消防员身着消防队员装备，布设好两根消防水带并供应消防水和一组空气泡沫枪，水枪设在“水墙”喷射方式并打开。

(2)打开下舱入口舱盖，用“水墙”封住舱盖并固定好舱盖。

(3)开始向舱内注入泡沫隔离火场，使用“水墙”灭火。

(4)第一名消防人员下舱，当肩膀与舱口围板平齐时，举起手臂，让消防水带从腋下穿过致使“水墙”在其背部。在下降过程中，协助人员松水带，消防队员始终用胳膊护住消防水带处于背部保护好自己。到达舱底时，抓握住水枪，确定方向对准前方。向前移动一个身位，保持低姿射水，等待其他队员的到达。

(5)第二名按照相同方法携带泡沫枪下降到舱底，与第一名船员会合。如果第三名队员加入，需在前两名队员掩护中下降，保持与前两名队员联系，并处于两人之间或后面一起行动，按掩护射水方法向着火点进攻。操作时小心确保水枪喷出的水花不破坏空气泡沫层。

三 消防战术训练

(一)消防战术训练的目的

船舶开展消防战术训练的目的是使船舶消防指挥者能够熟练掌握船舶各部位火灾的规律、特点和扑救对策，提高其应变能力、组织能力以及指挥能力。同时，通过开展船舶消防战术训练，可以研究船舶火灾的性质、火灾发展变化的过程，研究扑救各部位火灾的战术理论和方法，并通过训练检验船舶应急计划和部署是否符合船舶实际情况，从而提出改进的合理化建议；另外，开展船舶消防战术训练，还可以训练船员个人和集体行动之间的协调性，培养船员良好的素质和团队精神、严格的组织纪律观念。

(二)船舶消防战术训练与消防技能训练之间的关系

船舶消防技能训练是基础，是开展战术训练的前提条件，战术训练又巩固和熟练了消防技能。两者相辅相成，相互促进。消防技能是经常使用的基础技能，综合运用于每一次火灾扑救的全过程。没有熟练的技术动作，就很难完成灭火任务，而船舶消防战术训练不是消防技能动作的简单重复，它具有灵活性、实战性、应变性。因此，消防战术训练既是掌握过硬的技术动作，又是对消防技能水平的巩固和提高。因为消防战术训练有一个特定的实际环境，置于假设或模拟的“对象火灾”之中，使规范性的动作得以灵活运用，从而更接近实际火场的需要。

(三)船舶消防战术训练应遵循的原则

1. 贯彻灭火指导思想和战术原则

贯彻“速战速决、集中力量彻底灭火”的指导思想和“先控制、后消灭”的战术原则,是成功扑救火灾的基本保证。

在船舶消防战术训练中,部署力量、展开战斗、采取措施等,都要充分体现这一指导思想和战术原则,尤其要正确理解和灵活运用各种有效的灭火方法,通过灭火方针的运用,使消防战术原则具体化为“看得见,摸得着”、通俗易懂的战术措施。

2. 理论联系实际

在船舶消防战术训练中,要以理论为指导,针对演练部位不同的船体结构、可燃物的性质、火灾特点及自然环境等客观情况,合情合理、恰如其分地设置“火情”,而不能离开客观条件,不切实际地设置难题,毫无根据地假设火情,因此要精讲细练。精讲,就是讲解简练,是以练为主,以讲为辅,讲的目的是为了促进练。无论是理论提示,还是要点分析、提问讲评,都要用简练的语言说明问题。细练,就是要严肃认真、精心组织。每次演练要有示范,有分解,有正误对比,按要求清清楚楚地做出每个动作,不能拖泥带水,粗枝大叶走过场。

3. 严格训练

船舶发生火灾时的组织难度很大,因此,必须要求船员在平时就养成严明的组织纪律和令行禁止的优良作风,才能在火灾发生时有条不紊地展开战斗,一丝不苟地完成任务。

(四)船舶消防战术训练的步骤

1. 理论学习

理论学习是开展船舶消防战术训练的基础,是指导船舶消防战术训练的依据。通过理论学习,主要是使船舶指挥者掌握指挥理论、灭火战术,同时使全体船员都了解船舶各类火灾的特点、规律和灭火措施等知识。

2. 熟悉情况

熟悉船舶防火重点区域的消防设备设施的布置;熟悉船舶防火重点区域内的主要火灾事故类型的对策和基本程序;熟悉船舶防火重点区域发生火灾的消防组织及灭火任务分工情况等。

3. 制定预案

制定船舶消防预案,是对灭火进程和针对不同火情采取不同灭火战术的设想。一般针对灾情可能发展的变化,从困难、复杂的情况出发,预先制定一至数个方案,其中以最大可能出现的情况作为基本方案。预案的内容包括火情判断、主要任务、基本战术、组织灭火力量及各种保障措施等。

4. 阶段训练

训练组织者应围绕干部船员指挥、船员听到警报后的应急行动、搜救被困人员、消防设施使用、协同作战、组织保障等内容,进行分阶段训练,在反复训练中,纠正出现的问题,提高船员的消防战术素养。

5. 连贯训练

训练组织者在训练前应公布训练的内容,包括灾情的发生、训练的目的和要求等,并在训练中不断模拟各种火情,以培养船舶消防指挥者的指挥能力,培养船员在复杂多变的火情面前,服从指挥、统一行动的能力。

(五)船舶消防战术训练的组织形式

1. 小组(单人)形式

根据应变部署的任务,小组长组织实施训练,提高小组的独立作战能力,其内容有:在不同处所内铺设水带;迅速供应消防水;设置水枪"阵地",进攻与掩护;救人与掩护;火情侦察;控制通风和隔离危险品等。

2. 全体船员形式

根据船上应急计划内容,假设不同船舶起火处所,全体船员进行消防的模拟演练,结合本船实际情况,研究有效的灭火战术措施,熟悉船舶上各队之间的配合行动,演练配合行动。可以假设不同的环境,如在白天、夜晚,在酷热天气、严寒天气,在风平浪静时、大风浪天气。

第四节 探火与救助

要点

探火行动对于在船舶发生火灾时了解火情,制定灭火对策以及救助火场被困人员有着重要的意义。但同时,在船舶火灾现场内,存有大量的烟雾,温度高,能见度低,这给探火人员进入火场探火和救助带来了危险。本节主要讲解探火人员在发生火灾时应采取的行动。

必备知识

一 探火队员的安全和准备工作

应尽可能选用熟悉火场内情况的探火队员。

进入火场探火的队员必须熟练使用空气呼吸器,穿着消防员装备。使用手持式照明灯和安全绳以及太平斧等设备,可携带无线对讲机通信设备。不能单独行动,必须二人一组。进入之前要对使用所有设备进行仔细检查,确认完好方可使用。戴好呼吸器后,进行呼吸通畅检验。

做好现场情况调查,包括询问火灾发现者,对火场情况作出充分的研究,确定好搜索线路和联络信号(无对讲机使用安全绳时)。

安排探火队员的协助人员,负责探火队员的安全保障工作。建立探火队员管理与控制卡,样板如下:

表4-1 探火队员管理与控制卡

A			B	C	D	E	F	G
呼吸器编号	姓名	任务	气瓶压力	设定返回时间	开始使用呼吸器时间	进入火场时间	开始撤回时间	撤回入口时间
No. 1	×××	进入机舱搜索救助被困人员	30 MPa	26	1 400	1 401	1 426	1 434
No. 2	×××	进入机舱搜索救助被困人员	19 MPa	26	1 400	1 401	1 426	1 433
1. 进入火场前,必须检查呼吸器 2. 返回时,探火队员报告指挥员;队长命令探火队员 3. 联络信号(拉安全绳): "一下"前进;"二下"停止;"三下"后退;"四下"紧急撤离(队长命令)				●在撤回时间内,探火队员未出现在入口处时,应立刻报告现场指挥 ●上述时间为大概时间,实际行动时间应考虑当时具体情况和任务 ●气瓶的压力必须在规定压力以上				

二 探火行动

(1)必须使用安全绳,它可以在烟雾中引导探火队员按撤离路线安全撤离。

(2)在火场中前行:曳步前行,就是将身体重心放在后脚,前脚掌沿地面(不要离开地面)试探向前,确认安全后再将后脚移到前脚位置(不要超过前脚),总是前脚前移。这样行动可探查到脚下障碍物和危险,如凸出地面的钉子、台阶、倒塌的物件等。探火队员的空手应保持在他的面部前30~40 cm,手背朝前,微微弯向自身,上下慢速移动确保头部和面部不能碰到障碍物。手背向前的好处是当你碰到尖锐物体、炽热或带电物体时,不是抓住而是立即闪开。在烟雾中,靠近地面的空气温度低,尽量低姿前行,手脚动作同前。由于底部烟雾少,能见度高,可以在远处发现被困人员或火源。下台阶时,应后退前行,防止面部受热烘烤,手更牢固地抓住固定物。

(3)确认通过舱门后,门不能突然关闭,使退路断绝。

(4)保持与同行者在一起,与外界保持联络。

如果在搜索中受困,千万不可惊慌喊叫,应马上告诉同伴或外面的协助人员,寻找安全地点,坐下或躺下休息,以节省气瓶内的空气,等候救助人员的抵达。当其抵达时,可拍手或敲击舱壁,指示方位。

三 救助受困的人员

进入火场寻找被困人员应采取以下方法:

(1)询问知情人。了解被困人员的基本情况、地点等,确定抢救被困人员的途径和方法。

(2)主动呼喊。灭火人员应向可能有被困人员的燃烧区喊话,唤起被困人员的反应,以便迅速抢救。

(3)查看。借助所带照明工具查看被困人员所能藏身的部位。

(4)细听。注意倾听被困人员的呼救声以及喘息、呻吟和敲击声等,辨别他们所处的位置。

(5)触摸。在喊话、查看、细听的同时,可手持探棒在可能有被困人员的地点、部位触摸搜寻。

(6)按下列顺序搜索每个舱室。门后,按顺时针或逆时针搜索舱壁四周(先危险地点,后安全地点),舱室中央(做数次横越搜索)。

当在火场搜索中发现受伤人员,可采用适当的搬运方法,将其救离现场。在搬运伤员之前,必须了解伤员的受伤类型和严重程度,选用最佳的搬运方法。其搬运方法在防火与灭火中介绍过,此处不重复。

四 火场中自救

在火灾事故中,人员伤亡不是全被火烧伤的,90%伤亡人员是因为缺氧窒息和吸入致命的一氧化碳和其他有害气体造成的。烟雾会从火场通过小的空隙渗透到其他舱室。

一旦船员发现被火困住后,应沉着冷静,不要慌乱,视当时处境决定用何种方法,若条件许可,可沿退路,边灭火,边后退。

根据本船实际情况,查看通道上的引导标志,避开火区,确定逃离火场的路线。应沿舱壁行走,且必须保持低姿行进。

如果在本人住舱内,应携带救生衣,万不得已时,才可从舷窗利用绳索逃生。

五 伤员的管理

在船舶消防过程中,消防人员可能遇到的危险有窒息、中毒、身体损伤和心脏病发作等。救护人员的主要职责就是保护伤员避免遭到其他伤害,改善威胁生命的环境,处理小伤并保持伤员稳定,直到得到医疗救助。救护人员的任务包括以下几个方面:

(1)转移伤员离开危险场所。

(2)在转移伤员之前,消除威胁生命的危险和固定受伤部位。

(3)转移伤员应采用防止受伤部位再受伤的方式。

(4)在伤员被转移时,做好基本生命保障。

(5)观察保护伤员直至医务人员来接收为止。

(6)遵照医嘱小心护理。

第五节 火灾中船舶通信与协调

要点

在船舶发生火灾时有效的通信有助于高效、协调地采取灭火行动和获得外界帮助。在船舶发生火灾时的通信对于扑灭火灾有着重要的意义。本节主要介绍船舶发生火灾时对内与对外通信的方法。

必备知识

一 对内通信

在火灾应急中，指挥员之间和各应急组的船内通话，主要使用船上电话和无线对讲机。使用船员工作语言。

(一)发话

(1)内容简明扼要，准确无误。发话前应对发话的内容进行整理，使用语句要求尽量短，去除不必要的内容，使受话人容易接受。同时，不要使用模棱两可的语句，如“大概、可能”等。

(2)语调平稳均匀，清楚流利。发话时声音不要忽高忽低，速度不宜过快，吐字清晰，正规流利。

(3)间隔分明，关键语句应当重复。讲话时要词、句分明，前后连贯，关键词语要重复，使受话者能明白。

(4)讲话时，话筒与嘴的距离约15 cm，话筒倾斜45°左右。使用对讲机讲话时必须按紧，讲完“OVER”后，应立即松开按键。在室外有大风时，应使话筒在背风面，以免影响发话的清晰度。

(5)戴呼吸器时，声音要大些，话筒靠近呼吸阀，语速要慢。

(二)受话

受话时应精力集中，认真收听。对关键语句要复诵。对不清楚或不明白的语句，应及时询问对方，避免发生误会。通话噪声或有干扰，应及时调整或转换频道。

二 对外通信

在船舶发生火灾和在救火过程出现其他险情时，及时利用船舶通信设备将船上的紧急情况通知有关各方，如管理公司、船东、租船人、代理；P & I (船东互保协会)；RCC/AMVER(搜救中心/船位报告系统)；附近船舶。

（一）应急通信内容

当险情出现后，马上与公司主管取得联系，船长向公司通信的内容要详细，供主管参考，及早采取相应的对策。

通信内容有如下几方面：

(1)船舶火灾状况，包括起火原因、时间(UTC/LT)、火灾位置、船首尾的吃水，预计火灾危险发展情况。

(2)船舶动力系统状况，包括“四机一炉”状况以及消防水和其他管系情况。

(3)船位和天气海况等，包括距浅滩的距离、流速与流向、预计船舶漂至浅滩的时间；天气和海况；天气预报。

(4)船舶采取的行动。人员——集合船上的应急组织；探火与救助前，探火队员的检查；执行船上应急的人员是否胜任，是否有充足的后援；是否需要外界的援助；是否已考虑到撤离通道和时机；人员弃船准备和对伤员救护。采取控制措施——隔绝火场；限制通风；切断燃油供应，从火场附近移走油漆、油、可燃物等；改变航向控制火的蔓延方向；冷却周围。消防设备——哪些灭火设备在使用；需要哪些设备；灭火设备是否充足；如何才能发挥最大效率。

(5) 对外通信情况。管理公司、船东、租船人、代理；P & I (船东互保协会)；RCC/AMVER(搜救中心/船位报告系统)；附近船舶。

(6)需要的援助。包括船员救助；医疗救援；救助设备；拖带作业等。

（二）与当地海事局和搜救中心联系

按照GMDSS所有设备中的有关遇险操作进行，船长和驾驶员应能熟练编辑遇险报文，能够发送给RCC，如果时间允许，与海事局和救助中心进行明语通信。同时，应接受搜救中心的指导。

（三）当地消防队通信

与当地消防队通信分两个部分。

1. 向消防队报警

有的港口规定，当发生火灾，先向当地海事部门报告，然后，由海事部门将报警内容转发给消防队，消防队马上出警，到达现场。也有通过码头装卸部门报警给消防队，消防队出警到达船上。当然，对于外籍船舶，必须通知代理后，由代理进行报警。原因是海事部门负责港口内的安全与监督，消防队只是消防专业队伍，其他安全事项必须由海事部门进行协调与组织，外籍船舶与消防队之间通信有语言障碍。同时，船上的通信网络很少能与陆地电话网连接，只有发达国家在船靠泊后，会在船上安装当地电话，在船上发生紧急情况时，可以利用它直接报警。

2. 当消防队到达船上与船舶之间的通信

消防队到达船上，应先了解船上有关情况(前面已介绍)。通信协调是最重要事项之一，目前，沿海港口和长航局消防队使用的无线通信设备的频率与海上船舶通信设备不一致，在协调上会出现一些问题。因此，消防队与海事部门之间的通信，有的需要通过船上的通信设备进行协调，消防队与船上的指挥人员通信也需要协调好。船长应保持与当地消防队现场指挥通信联络，互通信息，进行协作，使用语言要简练，关键语句要重复。在国外，应使用IMO标准航海应急用语，保证通信内容的正确性，避免发生混乱。

(四)使用应急通信设备时应注意

(1)如果EPIRB没被带上救生艇筏,能自动逃离难船浮起并发射遇险信号。

(2)必要时,船舶应使用任何合适的方式向他船示警。

(3)除本船处于险情外,绝对不能使用任何方式进行遇险警报通信。

第六节 船上的消防培训

要点

本节主要介绍船上消防培训的目的、一般要求、培训的内容和演习、培训手册,以及对船员培训的具体内容。

必备知识

一 船上消防培训的目的

船上消防培训的目的是为了通过对船上人员在紧急情况下按正确程序进行培训和演习的指导来减轻火灾的影响。为此,船员应具备处理火灾紧急情况,包括照顾乘客的必要知识和技能。

二 船上消防培训的一般要求

(1)船员应得到船上防火安全的指导及其所承担职责的指导。

(2)应建立负责灭火的小组。当船舶处于运营期间时,小组成员应具备在任何时候都能完成其职责的能力。

三 船上消防培训的内容和演习

(1) 应培训船员熟悉船舶的布置和可能需要其使用的任何灭火系统和设备的位置及操作。

(2)紧急逃生呼吸装置的使用训练应被视为船上培训的一部分。

(3)对被分配为负责灭火的船员应通过开展船上培训和演习进行定期评估,以发现其需要加以提高的方面,从而保证其灭火技能方面的适任性得以保持,并确保灭火组织处于就绪状态。

(4)船上使用船舶灭火系统和设备的训练应尽可能早进行,应不迟于船员上船的两周内。

(5)除有明确规定外,船上演习应每月举行一次。若有船员更换超过25%以上,应在该船离港后24 h内举行消防演习。举行应变演习的日期、消防演习的细节等应记载到航海日志内和SMS文件内。

四 船上的培训手册

(1)应在每一船员餐厅和娱乐室或在每一船员住室提供培训手册。

(2)培训手册应用船舶的工作语言写成。

(3)该培训手册,可能由数卷组成,应包含用易于理解的术语写成的应知和信息,可能时配以图解。该信息的任何部分都可以以声像形式提供,用以代替手册。

(4)培训手册应详细解释以下内容:①有关烟气的危害、电气危险、易燃液体和船上类似的常见危险、一般防火安全实践和预防手段。②关于灭火行为和灭火程序的一般性应知,包括报告火灾及使用手动报警按钮程序。③船舶各种警报的含义。④灭火系统和设备的操作和使用。⑤防火门的操作和使用。⑥挡火闸的操作和使用,脱险通道系统和设备。⑦防火控制图的有关内容。

五 对船员培训

在实施ISM管理中,船上培训是必不可少的内容,每个公司都有详细的计划,对船员的培训严格要求,达到公司的安全管理目标。

(一)上船时的培训

当新到船员在船上接班时,交接人应对接班人介绍包括有关应急设备的位置、应变中的任务与职责、集合站的位置等内容,接班人确认完全了解其相关内容后,接班人和交班人同时在船员熟悉检查表上签字,一式两份,一份张贴在船员房间内,另一份交给船长存档供PSC检查和ISM内审及外审之用。

(二)每月的培训

每月都有一个安全日,组织船员进行安全培训,其中包括消防内容和技能。

每月一次的消防演习,也是对船员知识和技能的培训和训练。每次演习中,设定失火位置不同,根据应急计划实施,这些位置包括机舱、厨房、船员住舱、货舱、油漆间等。

船上公共场所、驾驶台和机舱备有培训手册供船员学习。同时,有的公司,船上备有音像资料,定期组织船员观看和学习。

(三)对船员的考核

每季度对船员考核,由大副对支持级和操作级的船员进行有关的知识和技能考核,同时,也结合本季度船员在应急演习中的表现,按照公司的考核项目进行评分,并做好记录,每季度将考核成绩寄给公司。如果船员考核不合格,由船长向公司提出其解职申请,公司人事部同意后,此船员被解雇提前下船。当船员在船上服务期满后,由船长对每个船员的能力进行评估,提出意见,包括以后继续雇用、可以提升、不再雇用等评语。

第七节 船舶消防演习

要点

船舶通过消防演习来验证应急预案的可行性，检查船员的应急能力。消防演习对于船舶发生火灾时，正确、高效地采取应急措施，进行灭火有着重要的意义。本节主要介绍船舶消防演习的目的、基本要求、通用程序和要求，以及各处所的演习程序和要求。

必备知识

一 船舶消防演习的目的

船舶消防演习的目的在于验证船舶应变预案和应变部署的可行性，符合实际情况的程度。通过船舶消防演习可以达到如下效果：

(1)检查船员应对可能发生的船舶各部位火灾的应急能力，对个人应变任务的熟悉，以及在整个应急过程中船员之间的相互支援和协调程度。

(2)检验执行船舶应急预案中指挥人员的应急能力，包括现场人员组织、指挥、救援能力，以及船员对有关警报的响应能力和应急过程中有关指令的执行情况。

(3)可以证实应急预案的可行性，从而增强所承担应变任务的信心，对于每个船员，提高消防技能的能力。

(4)可以发现船舶应变预案和应变部署中存在的问题，为公司制定的应急预案提供反馈意见，进行有关细节的修正；同时，在演习中可以检查消防设备存在的问题和不足，以便尽快维护保养。

二 演习基本要求

除有明确规定外，船舶应每月至少进行一次消防演习。

参与演习人员应着装规范。每次演习应假设火灾场所、火灾种类和火灾蔓延趋势。根据船舶种类，相应成立消防队、技术队、救护队等，客船还应组成乘客疏散队。这些小组应具备在任何时候都能完成其职责的能力。

船舶处于营运期间的消防演习由船长任总指挥。机器处所的现场指挥由轮机长担任，其他处所的现场指挥由大副担任。拖船船队的总指挥由拖船船长担任，现场指挥由拖船大副或被拖船舶负责人担任。

船舶火警发出后，船员按应变部署携带规定的器材2 min内到指定地点集合，听从现场指挥的命令，实施各自的行动。

演习结束，应进行评估，内容包括：

(1)上次演习出现的问题纠正。

(2)本次演习发现的问题。

(3)下次演习如何提高。

在航海日志和消防演习记录中应有明确的记录：

(1)演习起止时间、船位和参加人员。

(2)假设的火灾部位。

(3)演习内容和全过程中：信号是否明确，动作是否规范，人员是否到位，演习程序是否符合本标准要求。

演习中使用过的器材、设备应立即放回原处并恢复到完好的操作状态，发现任何故障和缺陷，应尽快消除。

演习处所在6个月内的每次演习所选择的处所不能重复，并应覆盖所有科目和场所。

三 演习通用程序和要求

(一)火灾的发现与报警

驾驶台值班人员发现火灾报警控制板显示火灾信号；或发现火灾人员应大声呼叫某处所失火，并向驾驶台值班人员详细报告失火部位和情况；或某处所的值班人员发现火灾，应立即按动附近火灾报警按钮。

(二)发出全船火灾报警信号

驾驶台值班人员立即向总指挥报告，并发出全船火灾信号。

(三)全体船员的行动

船长接到火灾报告，应立即到驾驶台指挥火灾扑救。驾驶台值班人员按总指挥命令，关闭驾驶台所控制的通往火灾区域的通风，操纵船舶使着火部位处于下风。根据指令，将船舶移至安全地点，并做好如下记录：

(1)接到火灾报告的时间、船位。

(2)报告人、着火部位。

(3)火灾扑救的过程。

机舱值班人员按总指挥的命令做好主机备车、减速、停车准备工作，迅速启动消防泵或应急消防泵。

除固定值班人员外的人员按照应变部署规定携带消防、救护器材到指定地点集合。听从现场指挥的命令，并完成下列工作：

(1)消防队负责现场探火、灭火。

(2)技术队负责关闭现场通风、门、窗、舱口、风斗、手动防火门及防火挡板，切断燃油、电源，利用浸水毛毯堵住孔洞或进行破拆，搬开靠近火灾区域的易燃品。

(3)救援队组负责现场救护伤员，向现场提供救援所需的器材。

(4)疏散组负责引导旅客至安全处所。

(四)实施火灾扑救

(1)对火灾处所采取防止火势蔓延的控制措施。

(2)向报警者了解情况，进行火灾现场的外部观察。

(3)组织人员探火,查明火源和人员是否被困。

(4)根据现场了解和探火查明的情况,决定采取扑救措施。

现场指挥随时将现场情况向总指挥报告,总指挥根据现场情况报告决策扑救方案。

(五)演习完毕

由总指挥发出解除警报,信号为警报器或汽笛鸣放一长声。

四 各处所演习程序和要求

(一)机舱处所

现场指挥组织指挥机舱人员:

(1)利用机舱内的消防器材进行现场施救。

(2)铺设消防水带灭火。

机舱内的人员现场扑救无效,现场指挥立即报告总指挥:火势蔓延无法控制。总指挥根据现场指挥的报告,下达封舱命令,同时指定人员到固定式灭火系统控制站做好释放灭火剂的准备。

被指定到固定式灭火系统控制站做释放灭火剂准备的人员按要求做好释放准备,并将准备情况报告总指挥。

现场指挥根据总指挥下达的封舱命令,立即组织现场人员撤离,同时指定人员:

(1)戴好呼吸器,携带轮机日志及各类文件、资料撤离机舱。

(2)关闭油柜速闭阀,启动应急发电机。

(3)关闭水密门、防火门、通风筒、机舱顶部通风口。

(4)释放储气钢瓶压力容器安全阀。

探火员穿戴消防员装备进入机器处所,搜寻抢救被困人员。

各部位人员完成任务后向现场指挥报告情况。

现场指挥根据各部位人员的情况报告,清点人数,确认人员全部撤离机器处所,现场指挥清点人员,确认无人滞留火场。

现场指挥向总指挥报告封舱情况,人员已经全部撤离,请求使用固定式灭火系统。

总指挥根据现场指挥的报告,下达命令:

(1)开启固定式灭火系统,释放灭火剂。

(2)对机舱围壁进行冷却、监护。

现场指挥根据总指挥的命令,指定人员实施。现场指挥确认火势得到控制后,派人进入机器处所探火,并根据各组人员的情况报告,确认火灾扑灭,向总指挥报告火已扑灭。

总指挥命令发出解除消防演习信号。

(二)客船客区

客运部主任组织指挥客运工作人员:

(1)抢救起火部位被困旅客和伤员。

(2)稳定旅客情绪,指导旅客穿好救生衣。

(3)在通道口、楼道口、拐弯处引导旅客至安全处所。

(4)清点旅客人数。

(5)清理有关资料,做好转移准备。

各部位客运工作人员及时将实施情况向客运主任报告。总指挥根据客运主任的报告，向现场指挥下达灭火指令。

现场指挥根据总指挥的指令指挥各队人员：

(1)利用消防器材对现场进行隔离控制。

(2)切断现场电源，同时关闭门窗、防火门、水密门和通风系统。

(3)探火人员穿戴消防员装备进入失火部位搜寻抢救被困人员。

(4)铺设消防水带扑灭火灾。

(5)疏通排水孔，及时排水。

(6)穿戴消防员装备进入现场探火。

现场指挥根据各组人员的情况报告，确认火灾扑灭，向总指挥报告火已扑灭。总指挥命令发出解除消防演习信号。

(三)起居服务处所

现场指挥组织指挥各队人员：

(1)关闭火灾区域的门窗、防火门、通风系统，切断电源，关闭通往厨房的油路(油灶或气灶)。

(2)控制和撤离易燃物品；备好必要的灭火器材，铺设消防水带冷却与火场相邻的舱壁。

(3)进入火场，利用灭火器及消防水对起火部位进行扑救。

(4)穿戴消防员装备进入失火部位疏通排水孔，探明火源，搜寻被困人员。

各组人员应将实施情况及时报告现场指挥。如果在失火处所发现有被困或受伤人员，现场指挥应指定人员穿戴消防员装备，携带抢救器材进入失火处所将被困或受伤人员抢救至安全处所。

现场指挥根据各组人员的情况报告，确认火灾扑灭，向总指挥报告火已扑灭。总指挥命令发出解除消防演习信号。

(四)干货舱

现场指挥根据货物性质（化学品火灾现场人员必须按化学品要求穿戴防护用品)，组织各组人员正确选用手提式灭火器对着火部位进行扑救；铺设消防水带，做好喷射准备。

火势蔓延无法控制，现场指挥组织指挥各组人员：

(1)撤离现场。

(2)关闭失火货舱舱盖、货舱通风系统及电源。

(3)用消防水对失火货舱的甲板、舱壁进行冷却。各组人员将实施情况向现场指挥报告。

现场指挥根据各组人员的情况报告，及时向总指挥报告，并请求开启固定灭火系统。总指挥根据现场指挥的情况报告，指定人员做好开启固定式灭火系统的准备。被指定到固定式灭火系统控制站做释放灭火的人员应做好释放准备，并将准备情况报告总指挥。现场指挥派人确认失火货舱无泄漏孔洞。

总指挥根据火灾现场情况下达命令：启动固定式灭火系统，释放灭火剂；对货舱围壁进行冷却、监护；派人进入货舱探火。

现场指挥根据总指挥的命令组织实施，如果有受伤人员，现场指挥应指令救援队对伤员进行救护。

各队人员将灭火实施情况及时报告现场指挥，现场指挥根据各组人员的情况报告，确认火灾扑灭，向总指挥报告火已扑灭。

总指挥命令发出解除消防演习信号。

(五)液货舱

总指挥命令启动消防泵、水雾喷淋系统。指定人员做好开启固定式灭火系统的准备。被指定到固定式灭火系统控制站做释放灭火剂准备的人员做好释放准备，并将准备情况报告总指挥。

现场指挥根据货物性质(化学品火灾现场人员必须按化学品要求穿戴防护用品)组织各组人员：

1. 油舱

立即停泵，拆除输油管；关闭相关的阀门、透气阀；铺设消防水带、冷却甲板。

2. 液化气舱

开启应急截止阀；停止货泵/货物压缩机运转；关闭货物管道上的所有阀门、所有水密门、除封闭循环外的所有通风装置；穿戴消防员装备在水雾的保护下，关闭处于火场中可切断没漏气源的阀门；用足量的水冷却失火货舱及其附近区域，对漏出的液化气进行有控制的燃烧。

各队人员将实施情况及时报告现场指挥。

现场指挥根据各组人员的情况报告，及时向总指挥报告，请求开启固定灭火系统(液化气舱应确认液化气泄漏被制止后再开启)。

总指挥根据火情，命令启动固定灭火系统。固定灭火系统操作人员开启固定灭火系统。

现场指挥组织指挥各组人员实施：

(1)使用甲板泡沫炮或泡沫枪(干粉炮、枪)向着火区域实施灭火。

(2)有受伤人员，现场指挥应指令救护队对伤员进行救护。

各组人员及时将灭火实施情况报告现场指挥。

现场指挥根据各组人员的情况报告，确认火灾已被扑灭，向总指挥报告火已扑灭。总指挥命令发出解除消防演习信号。

(六)甲板区域

现场指挥根据货物性质，组织各组人员正确选用手提式灭火器对着火区域进行扑救，关闭着火区域货舱舱盖、通风系统及电源；铺设消防水带，对着火区域甲板、舱壁等进行冷却、灭火。

有受伤人员，现场指挥应指令救护队对伤员进行救护。

各队人员将灭火实施情况向现场指挥报告，现场指挥根据各组人员的情况报告，确认火灾扑灭，及时向总指挥报告。总指挥命令发出解除消防演习信号。

(七)物料间(油漆间)

现场指挥组织各组人员：关闭门、窗、通风系统、切断电源；控制和撤离易燃物品，备好必要的灭火器材，铺设消防水带，冷却相邻的舱壁；利用灭火器及消防水进行扑救。

各队人员将实施情况及时报告现场指挥。发现有被困或受伤人员，现场指挥应指派人员穿戴消防员装备,携带抢救器材将被困或受伤人员救至安全处所。

现场指挥根据各组人员的情况报告，及时向总指挥报告，并请求开启固定式灭火系统。总指挥根据现场指挥的情况报告,指定人员做好开启固定式灭火系统的准备。被指定到固定式灭火系统控制站做释放灭火剂准备的人员做好释放准备，并将准备情况报告总指挥。

现场指挥派人确认无泄漏孔洞。

总指挥根据火灾现场情况下达命令:启动固定式灭火系统,释放灭火剂;对相邻围壁进行冷却、监护。

现场指挥根据总指挥的命令组织实施:各组人员将灭火实施情况及时报告现场指挥。现场指挥根据各组人员的情况报告,确认火灾扑灭,向总指挥报告火已扑灭。总指挥命令发出解除消防演习信号。

第五章 控制和扑救船舶各部位火灾的战略与战术

第一节 船舶灭火基本战略

要点

对于一场火灾,人们都希望在最短时间内,以最快的速度、最少的消耗迅速扑灭,并能做到最大限度地减少火灾的损失。因此,把那些通用性强、对扑救火灾行之有效的灭火战术原则和战术方法统称基本战术。本节重点讲述船舶灭火的指导思想和战术原则。

必备知识

一 船舶灭火的指导思想

船舶灭火的指导思想是速战速决,集中人力,打歼灭战。这是指导灭火战斗的基本观点,也是指导各种灭火战斗的总体战略思想。

(一)速战速决

速战速决实质是体现一个“快”字,还有一个“准”字。以最快的速度,在最短的时间内,在准备充分的条件下,以迅速的行动和有效的措施制止火灾蔓延,与火势蔓延速度争时间、抢速度,达到“以快制快”。

(二)集中人力

集中人力是指在灭火战斗中把兵力集中调配到火场及其主要方面和地段。也就是说集中人力于火场的主要方面,以使灭火力量与火势的对比形成优势,保证有足够力量来控制火势,进而扑灭火灾。

集中人力的目的一是及时扑灭初期火灾,二是有效地控制中期火灾,为最终控制火势、消灭火灾创造条件。

(三)打歼灭战

歼灭战是灭火战术的基本要求,是灭火进攻战斗的基本原则。打歼灭战必须以先集中人力为前提,抓住有利战机,根据火场的具体情况,灵活运用战术,对火势实施有效控制,包围火点,速战速决,在短时间内夺取灭火的成功。

歼灭战是实现快速扑灭火灾的主要手段,选择火势蔓延最猛烈的区域进攻。周密的灭火应急预案、集中足够人力是确保实施歼灭战的重要条件。充分发挥协同作战的威力,以优势的人力,积极控制火势,迅速、全面、彻底地扑灭火灾。

二 灭火战术的原则

灭火战术原则是从灭火战斗活动规律中抽象出来的指导灭火战斗的准则,是灭火战斗行动的依据和指南。其原则是“先控制,后消灭;先探明火情,后采取行动”。

(一)先控制,后消灭

船舶火灾与其他火灾相比有着空间狭窄、机器设备集中、在海上难以得到外援等特点,船舶一旦发生火灾,往往火势迅猛,难以控制。根据船舶火灾事故的统计资料,90%的损失是由于对初期火灾缺乏控制而引起的。

“先控制”是指火灾发生后,最先发现或赶到的人员首先采取积极的措施,对发展的火势实施有效控制,防止蔓延扩大,为迅速消灭火灾创造有利条件。若盲目采取灭火行动,往往灭火不得要领,致使火灾扩大开来,导致无法扑救的严重后果。值得注意的是不能简单从字面上理解“先控制”,对于初期小火,在有足够灭火器材和人力条件下,可以一举扑灭的火灾,就在控制的同时一举扑灭之。对不同的火灾有不同的控制方法。一般地说,有直接控制火势,防止灾情扩大;有间接控制,如对火场周围进行冷却,防止热传导,切断通风,关闭门窗,防止油品沸溢,阻止可燃液体流散,防止飞火,防止复燃。排除或防止危险品发生爆炸等均在控制之列。控制是通过一系列战术、技术措施来实现控制目的。

“后消灭”就是在控制火势的同时,集中人力对着火目标展开全面进攻,逐一或全面彻底消灭火灾。后消灭不能理解为消极地等待控制之后,再组织进攻消灭火灾。消灭火灾是灭火战斗的最终目的,彻底扑灭火灾总是在控制之后最终完成的。后消灭是在控制的前提下主动向火进攻,在控制过程中开始进行消灭,直至达到全面彻底完成消灭火灾的目的。

“先控制,后消灭”包含着控制与消灭、被动与主动的辩证关系。先控制,后消灭从字面看,像是有先后之分,但在灭火战斗的实际应用过程中,二者是紧密相连的,不能截然分开。前者是扑灭火灾减少损失的有效手段,后者是前者的继续和发展。

(二)先探明火情,后采取行动

灭火行动实际上就是一场战斗,要想取得战斗的胜利,必须对“敌人”的情况做到心中有数,“知己知彼,百战不殆”就是这个道理。不探明火情,就匆忙采取灭火行动,是不会取得理想效果的。

先探明火情,就是运用适当方法对火灾区域、火灾性质、火灾规模进行调查研究,为采取正确的灭火行动提供丰富的材料。有的时候火势太大，人员根本无法接近，就不能机械地等待探明全部的火情，白白丧失扑救时机。正确的做法是尽可能多地获取火情资料，利用已掌握的材料，大胆作出判断，发出灭火行动命令。

后采取行动，实际上就是扑救的行动。在探明火情的前提下采取行动，坚决反对盲目的行动，特别是盲目射水，会影响船舶的稳性。

（三）战术原则的运用

“先控制，后消灭”与“先探明火情，后采取行动”是紧密相连的。应对一个具体火灾时，既要控制，也要探明火情，决不能人为地将它们割裂开来。采取灭火行动时，没有“控制”是不行的，没有“探明火情”也是不允许的。

充分调查研究，必须要熟悉掌握火场的各种情报信息，包括当时的船舶情况、火场实际情况、火场周围情况、航道水深和通航密度情况、海上风浪等。船舶指挥人员既事先心中有数，又充分掌握实际火场情报，便于正确决策。充分调查研究，正确认识客观，达到主客观一致，是贯彻战术的原则。

掌握好有利时机。任何火场都存在着控制火势、消灭火灾的有利时机。只有掌握这一时机，在恰当时间、空间，合理使用人力，才能运用好“先控制，后消灭”的战术原则，掌握灭火主动权。抓住有利战机是实现控制火势、消灭火灾的重要环节。

第二节　船舶灭火基本战术

要点

根据火的燃烧理论，结合船舶灭火的实际需要，总结出一些通用性强、具有普遍指导意义的方法，这就是船舶灭火的基本战术。这些基本战术有时可以单独使用，而在部分情况下则需综合运用才能达到灭火的目的。每一个基本战术都有其运用的时机、运用的要求和应该注意的问题，只有深刻理解其正确含义，才能在实际灭火时灵活运用，发挥有效的作用。

必备知识

一　封堵火势

这一战术在船舶灭火过程中应用十分广泛，封堵火势既是对火灾的初期控制，有时也是一种具体的灭火方法。其方法就是通过封闭所有通风孔，断绝燃烧所需要的氧气，使火灾窒息消灭。

封堵的时机是初期火灾，当到场的人员较少或无合适的灭火手段的情况下，最有效的灭火方法就是将所有通风孔关闭，使火灾窒息消灭。船上装有易燃货物如棉花、煤炭、黄麻等时，因人员和设备不足，开舱直接扑灭会使火灾扩大，也应采取封堵火势这一基本战术。机舱或其他舱室火灾迅猛，根本无法接近时，最好的办法也是采取封堵战术。

一旦决定采取封堵火势的战术，则要求务必彻底封闭所有与该舱室相连的通风孔，尤其船龄较大的船舶舱室密闭性差，必须仔细巡视，将可能通风之处用封舱胶布进行封闭，否则不但不能扑灭火灾，反而使火灾蓄势待发，隐藏着更大的危险。

封堵火势的过程中，为了增强灭火效果，往往与其他战术综合运用，这时需要特别注意的是要充分调查与研究，判断可行性和有无其他危险。

二 防护周围

防护周围，就是防止火从起源处蔓延出去。如果能达到此目的，火灾通常就能够加以控制，并且能减少损失。防护周围，首先必须将火势从6个方面有效地围住，用消防水对所有可能引起火灾蔓延的通风口和开口以及舱壁进行周围冷却，特别是对存有危险货物和重点保护区域的地点，更要重点防护。

这一战术虽然不是一种直接灭火的方法，但是却被作为一种辅助措施经常使用。如某船一舱失火，而它的邻近舱室装有危险货物，在扑救火灾的同时还必须用水喷洒与它相邻的舱壁，防止热传导造成危险品燃烧甚至爆炸。这一战术的运用时机是在火灾周围存在易燃易爆等危险货物时，为防止热传导对其造成危险而采取的一系列措施。具体地说，在油舱失火、机舱失火、装有危险货物等情况下，在进行灭火的同时，必须运用“防护周围”的战术作为辅助。有时为了防止火灾引燃其他货物而采取的移动货物，留出足够的隔离带，也属于这一战术的具体应用。

三 直接扑救

直接扑救是指灭火人员接近火区，将灭火剂直接喷射到着火点上使火熄灭的扑救方式。这种人与火焰面对面的搏斗，需要灭火者具有顽强的毅力和奋不顾身的精神。运用时机是在火灾已被控制住，且对火情已调查清楚，有充足的人员和装备的情况下，因为直接扑救法能收到最快的效果扑灭火势，并使火灾损失降低至最小限度。在火场面积大、温度高或浓烟不散的情况下，直接扑救需要消防队员在身着空气呼吸器、消防员装备，采取通风排烟措施和水枪掩护等情况下展开灭火。

对于封闭舱室的火灾，舱室内火场的温度及其周围的温度，一般可达760℃左右，如果此时直接打开防火门进入火灾现场，会使大量新鲜空气进入火区，产生“回火”现象，使火势迅速增大，十分危险。正确方式是对防火门周围进行充分冷却降温，当门周围温度低于55℃时，方可在消防水掩护下，将门打开一道缝，使用开花水枪对舱室顶部喷洒降温，再进入火场。

四 间接扑救

间接扑救大多用于舱室或封闭空间内发生的严重火情，在这类舱室内火势猛烈，火浪灼炽，毒烟弥漫，使灭火人员无法进入和接近；或者当着火舱室内存在气瓶、油桶即将爆炸的危险时，可采用间接扑救方式灭火。在这种情况下，要严密封闭门、舱口和通风系统，切断空气进入的通道及火灾可能蔓延的途径，然后启动固定CO_2灭火系统。使用CO_2做灭火剂的间接扑救，能收到更好的灭火效果。在施行间接扑救的同时，应组织力量用水枪对着火舱室外壁喷水冷却，避免灼热舱壁引燃邻室和发生二次火灾。

另外，也可从火区较远的合适地点打开一个或几个小口，插入喷雾水枪喷嘴，尽量将水雾连续向着火面覆盖，火焰及火区的高温将把水雾转变成蒸汽，使其产生冷却和窒息作用。这种灭火方法在火被严密封闭、水蒸气能够起到减少火区空间氧气浓度的条件下，才能达到预期的灭火效果，但在舱容大、可燃物多、火势已极为猛烈且舱壁强度相对较薄弱的情况下，采用上述扑救方法应十分谨慎，防止大量水蒸气的高压导致着火舱室爆炸的恶性事故发生。

第三节　船舶灭火中的指挥

要点

船舶灭火是一项非常复杂的工作，不仅需要船员掌握一定的消防技能，灭火指挥的环节也是灭火行动的关键。本节主要讲述指挥能力、指挥原则、指挥的形式和方式方法、指挥决策。

必备知识

一 火场指挥概述

船舶灭火是一项非常复杂的工作，不仅需要船员掌握一定的消防技能，灭火指挥的成败也是灭火行动的关键。良好的指挥可以使船舶利用有限的资源发挥最大的效用，减少伤亡和损失；糟糕的指挥将会使灭火行动成为一盘散沙，不仅不能有效地扑灭火灾，甚至会使船员、船舶的安全受到更大的威胁。

二 火场指挥者应具有的指挥能力

（一）冷静思考能力

主要是指面对火情的发展变化能够沉着冷静，及时查明和准确判断火情发展变化的能力。船舶火灾通常火势发展变化异常迅速、猛烈，热、烟、毒的危害性极大。有时火场情况难以预见，指挥人员要看清火情，就必须具备敏锐的观察思考能力。要随时掌握灭火信息，信息是灭火成败的关键，指挥人员只有时刻把握火场信息，才能运用科学的逻辑思维和辩证的思维方法，对火场情况作出准确的分析判断，有效地布置好兵力，掌握灭火战斗的主动权。

(二)快速决断能力

每一位指挥人员对于复杂的火场都应多谋善断,对于复杂火场,指挥人员必须运用所掌握的渊博知识,运筹帷幄,把握战机,做到查明情况快、做出判断快、决策快。“当断不断,必遭其乱”可以形容指挥人员在火场上果断决策的重要性,它直接关系到灭火的成败。

(三)现场应变能力

船舶火灾,火场情况复杂多变,指挥人员应具有较强的现场应变能力,以积极主动的战斗行动保持有利态势。当然,一个指挥人员的火场应变能力与他所掌握的专业知识及火场经验密切相关,每个指挥人员平常必须努力学习专业知识,善于收集和分析船舶案例,战时能够基于火场实际,审时度势,打破“常规”,采取及时、恰当的灭火行动方法,以达到快速灭火的目的。

(四)组织协调能力

火场就是战场,要想扑救成功,最大限度地减少损失,作为灭火行动的指挥者,必须有协调火场中各要素之间关系的能力,即船员编组、组与组之间的配合行动、消防器材设备的合理分配等,否则极易造成火场混乱。

(五)科学管理能力

主要是指正确实施火场管理的能力。现代灭火战斗由于参战的各种力量多,各种固定式、移动式消防器材装备、设施复杂,火场情况千变万化,给火场管理带来一系列问题。指挥人员应当运用科学的管理方法,通盘筹划,科学管理。

三 火场指挥原则

(一)兼顾全局,把握重点

灭火指挥在决定灭火措施时,必须在统一的应急计划下,树立灭火战斗的整体观念,坚决完成战斗任务。在兼顾全局的前提下,灭火指挥还必须着重关照好重点区域的灭火情况。在兼顾全局的过程中要抓住主要矛盾,应把注意力的重心始终放在那些对全局具有决定意义的重点环节上,如火场情况的发展、人员营救、人员和设备部署与运用、战术方法选定等。只有抓住重点问题,才能使问题迎刃而解,推动全局的发展。

(二)及时、正确下定决心,迅速、周密组织战斗

决心是指挥者对灭火作战目的和行动的基本决定,是组织指挥的基础,是灭火行动的依据,而决心的基本要求是及时正确。所谓及时,就是抓住战机;所谓正确,就是使主观指挥符合客观实际。及时、正确,两者是密切联系不可分割的。及时、正确的决心是靠正确理解任务和对各种情况作出正确判断的过程。下定决心可以根据搜集到的资料、积累的经验运用科学方法分析判断,形成几个方案,再从中优选。

下定决心后,即应组织战斗。组织战斗基本要求是迅速、周密。迅速是为了不失时机扑救火灾,力争在火灾初期予以消灭。周密组织在于应对扑救过程中出现的各种复杂情况,以保障决心的实现。提高组织灭火战斗的效率,应全面考虑到战斗全过程的各个阶段和各个方面,充分估计到可能出现的情况,做好应付各种困难复杂情况的多手准备。既要统筹全局,安排好各项工作,又要确保重点,集中时间和精力解决好对战斗全局起关键作用的问题。

(三)集中指挥

实行集中指挥,就是将灭火应急计划、船舶灭火力量,以及消防设备、设施全部整合起来,使其协调一致地去完成总的灭火战斗。在灭火行动过程中,现场指挥及船员应积极贯彻船舶总指挥的意图,坚决执行命令,严格遵守火场纪律,增强时间观念,按统一的部署行动,确保集中指挥的实现。

(四)实施坚定、灵活、不间断的指挥

坚定、灵活、不间断的指挥是灭火指挥的基本要求,也是灭火战斗指挥艺术的集中表现。有效的灭火行动,取决于有效的指挥和控制。

灭火指挥的坚定性。灭火指挥的坚定性,其实质就是坚决贯彻既定决策,以无可动摇的信心和毅力去完成灭火任务。现代船舶灭火,火场形势紧张、激烈、艰苦,特别是在恶性火灾面前,会对指挥人员产生巨大压力,火场指挥人员应勇于克服困难,坚定沉着保持战斗力。

灭火指挥的灵活性。灭火指挥的灵活性,就是在火场情况发生根本变化,原定的计划已经部分不符合或完全不符合客观实际时,不能呆板行事,使灭火主动权从自己手中丧失,要善于根据火场上变化的情况,当机立断,毅然改变计划,下定决心,快速反应,实施灵活指挥。

灭火指挥的不间断性。灭火指挥的不间断性就是对火场情况反复连续地实施实地调查、研究,全面掌握火场情况,切中火情发展的“脉搏”,善于预见灭火战斗的发展变化,对灭火战斗行动实施不间断指导,以加速灭火战斗进程,促使战斗向胜利方向发展。

四 火场指挥的形式和方式方法

(一)按照船舶火灾应急预案指挥灭火

若火场情况与船舶火灾应急预案相符或基本相符时,作战指挥可以按灭火应急预案的战斗部署进行,或可以参照灭火应急预案,结合火场现场实际进行指挥。

由于制定船舶火灾应急预案时经过事先大量调查研究、周密计算,甚至经过实地演练,几经修正,因此,按照船舶火灾应急预案指挥具有一定的优越性,具体体现在以下方面:

(1)灭火指挥人员能保证火场上灭火作战的整体性,减少或避免作战行动的盲目性。

(2)参与灭火的船员对船舶的特点等情况比较熟悉,任务明确,思想上和行动上事先有所准备,大大缩短了指挥和灭火行动的时间,能够赢得灭火主动权。

(3)根据应急预案提供的各种依据和提示,可帮助指挥人员应对火场上情况的突变,提高应变能力。

按照船舶火灾应急预案指挥灭火,并不意味着在火场上一定按照预案一成不变地处理,应以应急预案为依据,结合火场实际,审时度势,不断进行战斗部署的调整,以适应火场新的情况的发生。

(二)临场指挥

临场指挥是根据火灾现场的实际情况,临场确定灭火指挥决策和灭火行动方案的指挥形式。临场指挥适用于没有制定灭火应急预案的火灾现场,灭火应急预案所对应的火灾情况与火灾现场的实际情况不相符或相差甚远,按照灭火应急预案无法实施灭火行动的

现场;火场情况发生突变,部分情况与原预案不符,灭火战斗行动需要进行较大调整的火灾现场等。

临场指挥应从火灾现场实际情况出发,结合灭火战术原则,灵活运用战术方法,正确部署灭火力量。临场指挥应尽力合理分配灭火力量,加强各灭火力量之间的协调配合,发挥其最大的灭火作用。临场指挥应尽早抵达火场搜集情报,掌握信息,快速决策,提早下达指令,尽快使灭火人员在到达火场前就有思想准备和物资准备。要通过各种手段,始终保持与各灭火力量的联系,发现问题,及时纠正。

五 灭火指挥决策

决策的含义是选择决定策略,也就是对策略的决断。及时、果断、正确的决策是每一个指挥者在灭火战斗中最关键的素质、最重要的工作、最大量的活动,是灭火指挥的核心。

(一)决策的分类

灭火作战指挥中需要决策的问题很多,概括起来主要有三类:情报决策、组织决策和作战决策。

情报决策,即分析判断情报真相、衡量其价值的决策。进行情报决策首先要确定情报资料哪些是真实的,哪些可能是虚假的,同时对这些情报进行整理概括,并淘汰多余细节;其次,对情报质量进行评估,即从一个情况的各个特征中找出基本的、本质的特征,并与其他情况综合分析判断,得出正确结论。由于在火场上短时间内火场侦察、观察、询问所取得的情报往往误差较大,有不可靠和不确定性,为使情报决策真实可靠,在分析过程中应依靠经验判断、科学计算,"去粗取精,去伪存真,由此及彼,由表及里",进行情报决策。

组织决策,即为了达到预定的灭火战斗目的,对人员、消防装备器材、灭火设施等进行科学编组,使之发挥最佳作用的决策,如消防队、人员部署等是决策的主要内容。组织决策可以在灭火战斗之前进行(灭火作战计划),也可在战斗准备阶段和灭火战斗过程中进行,也可能在灭火战斗结束后才全部完成。组织决策可以是长久的,也可能是临时的。组织决策要以情报决策为前提。

作战决策,系指为了达到灭火目的,确定消防组及各种灭火力量所要采取的各种战斗措施及其保障活动的决策。主要包括确定灭火战斗行动的目标,明确火场主要突击方向,人力、装备器材的部署和使用方法,组织灭火战斗协同动作,组织各种保障等。作战决策是火场指挥活动中最重要,也是最复杂的决策。

(二)决策程序

在灭火战斗中,不论哪种决策,都要有一个科学的决策程序。一般概括为8个步骤。

(1)发现问题,即将目前情况和所期望的情况相比较,找出之间的差距,有了差距就能找出问题。

(2)确定目标。有了差距,就要追查产生差距的原因,通过调查研究,进行预测,弄清现状和未来,从而明确目标。

(3)价值准则。价值准则是为以后评价和选择方案判定一个明确的标准。例如,灭火战斗作战方案中,在具体执行时是以营救人员、控制火势,还是以向火场主要方面突击、控制火势、消灭火灾作为衡量方案优劣的标准。由于不同的火场标准不同,选择的方案就不相同。

(4)拟订方案,即充分发挥各级火场指挥的作用,拟订出尽可能多的战斗行动方案供优选。

(5)分析评估。当出现多个行动方案之后,必须再找出各种要限制因素,以便逐步减少可行方案的数目,最后留下几个可以进行详细比较的方案,以便进一步优化。

(6)方案选择。灭火指挥决策者通过对不同方案的分析对比,权衡利弊,从中选定一个方案。

(7)试验实证,是其重要的决策程序,当方案选定之后,只要有可能,就要进行局部试验,以鉴定方案的可行性和可靠性(制定灭火预案时,更应如此)。对一些不能进行实验的作战方案,要力求进行模拟仿真试验。

(8)最终实施。它是决策程序的最后阶段,在实施过程中,还必须加强信息反馈。采用追踪检查和决策修正的方法,以保证达到预定目标。

指挥官主要责任是严格地掌握决策程序和把精力集中在信息反馈上,在发现问题、确定目标、方案决断中起关键作用。

(三)决策技术类型

在灭火战斗中,根据决策对象的性质不同,决策技术的类型也有所不同。常见的有四种类型:确定型决策、风险型决策、非确定型决策、经验决策。

(1)确定型决策,即已知某种自然状态必然发生,决策者根据希望达到的目标,在两个或两个以上方案中选择最佳的方案。

(2)风险型决策(随机决策),即不知道哪一种自然状态必然发生,但每一种自然状态发生的概率是可以预先估计或由其他方法得到的。这样就可以通过一些数学方法进行计算得出正确决策。

(3) 非确定型决策是指存在两个以上不以决策者的意志为转移的自然状态发生的概率,而且也不可能知道每种自然状态发生的概率,因此往往不宜作出主观估计。非确定型决策又是灭火指挥过程中经常遇到的情况,一般有乐观值准则、悲观值准则、折中决策准则等决策准则。决策技术必须根据现代灭火战斗特点,运用运筹学理论,为灭火作战指挥决策提供大量的使作战行动数量化、最优化的方法,如用概率论、数理统计等方法去描述灭火作战中的大量偶然现象。

(4)经验决策。灭火战斗实践证明,传统的经验决策仍然是处理大量决策问题的有效手段。以往的灭火战斗中,就指挥员决策思维的本质特征来说,也不外乎确定型、风险型、非确定型三种情况。因为灭火作战的许多问题还很难用数学方法作出定量描述,情报决策或组织决策在灭火战斗中遇到的问题,目前还不可能采用数学方法解决,所以,在灭火战例中屡次被证明是成功的并经过一定理论概括的经验,至今仍有实践指导意义。因此,经验决策也是科学决策的一种,决策者在进行经验决策时,都必须确立见解,收集事实,检验事实。要注意排除先入为主、以感情代替原则和固有的成见等非理性思考,还要考虑试探性的解决方案,充分发挥集体智慧,广泛听取有识之士的意见,果断决策并付诸实施。

灭火战斗中,火场指挥员要成为一位明智的决策者,必须提高个人的素质和修养。要学习理论,勇于实践,既要学习前人和别人的经验,又要认真总结自己的成功的和失败的经验,不断更新和充实自己的知识,才能成为一名合格的指挥员。

第六章 船舶消防程序

第一节 海上灭火程序

要点

船舶在海上发生火灾，往往没有外援，即使有船舶前来救援也不易靠拢，况且海上还会遇到风浪等不利条件，更增大了灭火困难。灭火中，发布命令、具体动作的先后次序和时间，必须遵照正确的程序进行。只有通过规定程序的实施，才能保证灭火的各项工作有条不紊地进行。为使灭火行动迅速、正确、有效地发挥作用，就要根据具体情况和战术原则展开各项行动。

必备知识

一 发现火灾后的行动

发现火灾后应采取的最初步骤，即在实际灭火工作开始以前必须完成的行动，最重要的是立刻发出警报并报告火的位置。

(一)发现者的行动

1. 发出警报

发出警报可能有两种情况：发现者发出或失火自动探测系统发出。

发现火灾、烟雾或闻到物品烧焦味道等火灾迹象的船员，首先要保持镇静并立即发出警报，这一点是非常重要的。发现者发出警报可以通过按动手动火灾报警按钮或大声呼叫来实现,最好通过按动手动火灾报警按钮。由于船舶各处所相对封闭,船舶噪声大,加上惊慌失措的呼喊,夜间除值班人员外,其他船员都在休息,呼喊声的作用较小。如果延误警报的发出,通常会使火势由小变大,火势增强,并将会迅速蔓延。发现火灾时,不论火势多么小,除非确有把握,能正确地使用单个灭火器将火扑灭,在发出警报之前,不应有船员试图去灭火。否则不但不能扑灭火灾,还会由于耽误了报警,导致火灾扩大,贻误战机。

如果有两个或更多的人发现失火,只需一个人去发出警报,其他的人则应留下并努力去控制、扑灭火灾。对在船员居室和其他能够随手关闭的舱室发生的火灾,发现失火的船员在离开现场去报告之前,应随手关闭房门、舱门。

另外,对所有火灾,甚至自行熄灭的火灾都应报告。通过最后的调查可以揭示存在的缺陷和火灾隐患,便于及时消除,防止今后再发生此种火灾。

2. 报告失火位置

发出警报的船员必须确切指出失火位置,包括具体舱位和甲板层次,这一点是非常重要的。

(1)它可为船上消防队提供着火位置的所在。

(2)它将为消防队提供有关即将处理的火灾类型的资料。

(3)确切的位置可以指明是否要切断某些通风系统。

(4)它指明必须关闭哪些门和舱口,以隔绝火势。

3. 采取适当的预防措施

如果只能看到烟或闻到烧焦的味道,则火灾可能隐蔽在暗处,对可能存在火源的地方必须采取适当、有效的预防措施。例如在打开舱室或舱壁门检查火灾之前,应对门加以检查,发现油漆褪色起泡则表明火情就在门的后面。若发现有烟从门缝中冒出或从舱壁上一丝丝冒出时,应先用手摸摸舱壁或门,如果感到明显地比其他部位热,则其后面可能隐藏着火情。闻到烧焦气味浓度大的处所,有可能是电器过载造成的,应检查电器和电缆。

对于在封闭舱室内的火灾,在消防队和救援人员未就绪之前,千万不要打开通往此处所的门。因为在一个相对封闭的空间内燃烧,氧气不充足,火只能是阴燃。在缺氧情况下的火灾,一旦门被打开,大量新鲜空气进入房间内提供氧气,其结果通常是使火势爆炸性地扩大,引起爆燃。火焰和炽热的气体会通过打开的门冲出,在通道的各个方向蔓延扩大,以致无法施救。许多惨痛的火灾事故就是由此原因造成的。

报警后,若是着火点范围小,可立即使用附近的灭火器材先行扑救。若火势较大,个人无能力将火扑灭时,应尽可能坚守现场,监视火情发展,采取一切必要措施对火势进行控制,如关闭门窗及通风系统,疏散易燃易爆物品等。

(二)驾驶台的行动

驾驶台接到报警后,应第一时间用汽笛或警铃向全船发出消防警报,使全船所有人员明确火灾发生的位置。

关闭驾驶台所能遥控的通往火场处所的所有通风装置,特别是船员房间失火时,关闭空调系统是防止火灾进一步蔓延的首要做法。另外,通风的货舱失火,关闭货舱通风也是控制火势的有效手段。图6-1为驾驶台的行动流程。

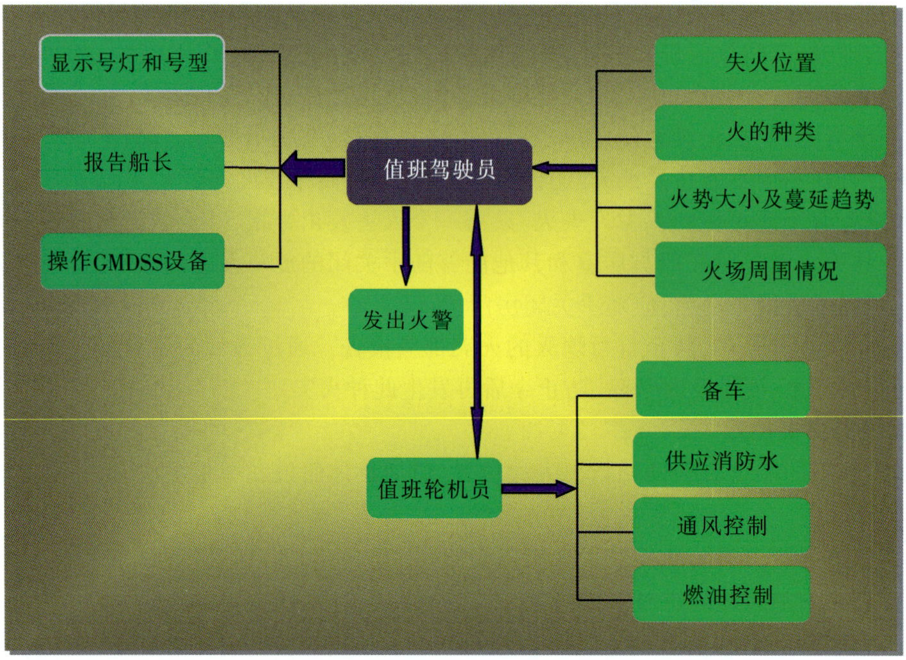

图6-1 驾驶台的灭火行动流程

采取有利于控制火势蔓延的航行方法:应通知机舱备车,采取减速、停车并操纵船舶使失火地点处于下风,有助于控制火势蔓延。

将船位输入GMDSS设备中的遇险或紧急通信报文中。夜间,打开甲板照明灯;白天,悬挂显示有关船舶动态的号型。

在适当时候将火灾发生的时间、地点、火的种类、发现者的姓名、当时的船位等内容详细记入航海日志。

(三)全体船员的行动

听到警报后,船长应立即上驾驶台,指挥全船的灭火行动。船长到达驾驶台后,值班驾驶员应将火灾等有关信息报告给船长,传达船长的命令。船长根据当时情况,迅速作出决策,及时向公司和最近的海事部门报告火灾情况,并请求指导和必要的援助,同时借助于一切可用的手段,向周围船舶表明本船的危险或请求援助,例如用各种遇险信号、通信方式等。

听到消防警报后,船员应2 min内奔赴指定的集合地点,按照消防部署表所指派的任务,穿戴好个人防护用品,携带灭火器材,使本人的各项工作能随时得以执行。此后,向本队负责人报告准备就绪。各队负责人应保证本队所有工作准备就绪,并向现场指挥(大副或轮机长)报告就绪,在现场指挥的统一指挥下展开扑救工作。

如果是机舱火灾,轮机长负责现场指挥。船舶其他部位火灾,大副负责现场指挥。现场指挥员到达现场后,应及时与驾驶台取得联系。此外,还要注意下列几点:

(1)机舱值班人员要确保应急消防泵启动,有关的通风和空调停止工作。

(2)大副要确保货物系统的安全。

(3)大厨要确保厨房用火的安全。

(4)驾驶台联络员要将便携式对讲机分发到所有队长手中。

(5)消防泵在5 min内出水。

二 船舶灭火组织实施

(一)查清火情，立即向驾驶台报告

调查火情就是判断火灾的情况。现场指挥员应尽快组织力量对火灾现场进行调查，收集火场周围情报，以下需要查清的事项，应迅速报告驾驶台：

(1)火灾的位置、类别(燃烧的是哪一种可燃物质)，火灾的范围、蔓延方向。

(2)在火场中是否有人受困，若有，人员数量、姓名、大约位置、抢救的通道情况。

(3)火场周围是否存有爆炸、毒害等物质，若有，其数量、存放形式、具体位置。

(4)火场内是否有带电的设备。

(5)火场的通道、开口及通风设施状况。

(二)火场情况侦察的方法

外部观察：通过人的感觉器官对外部火焰的高度、方向、周围温度、烟雾的颜色、流动方向和周围情况等进行侦察，以判断火场情况。

询问火灾发现者：在火灾被发现时，火灾较小，火灾发现者对当时情况有足够的了解，这样可以快速获得所需的信息。

内部侦察：对于舱室内火灾，在外部无法通过上述方法判明内部燃烧情况时，起火点情况不明，应组织人员穿戴消防装备进入火场进行探火与救助。组织人员探火是要具体实施的，且探火是一项难度大、又危险的任务。探火时，探火人员必须接受过专门训练，其他人员做好协助工作，具体操作请参考前面有关内容。

平时对失火处所、所载货物的了解情况：船员对于船舶各个位置情况和通道及物料存放都比较熟悉，对装载货物情况及其位置都了解，这样侦察到火灾的位置，基本上可判断火灾燃烧的性质。

利用感觉器官侦察的方法有：

看——察看火焰燃烧的情况、烟雾特征、火势蔓延的方向、舱室受火势威胁的情况，能见度低，可借助强光照明灯。

听——对困于火场内的人员，倾听他们的呼喊声和敲击声；对火灾燃烧和爆炸声位置，作出正确的判断。

喊——可主动呼喊寻找被困人员。

嗅——通过嗅觉辨别燃烧物质的种类和性质或尚未燃烧物质的种类和性质，对于有毒烟雾，不能采用此方法，以免中毒。

摸——用手摸，通过温度感觉来判断火源的位置。

图6-2是以机舱火灾为例的应急程序图。图6-3为机舱固定CO_2灭火系统使用程序流程。

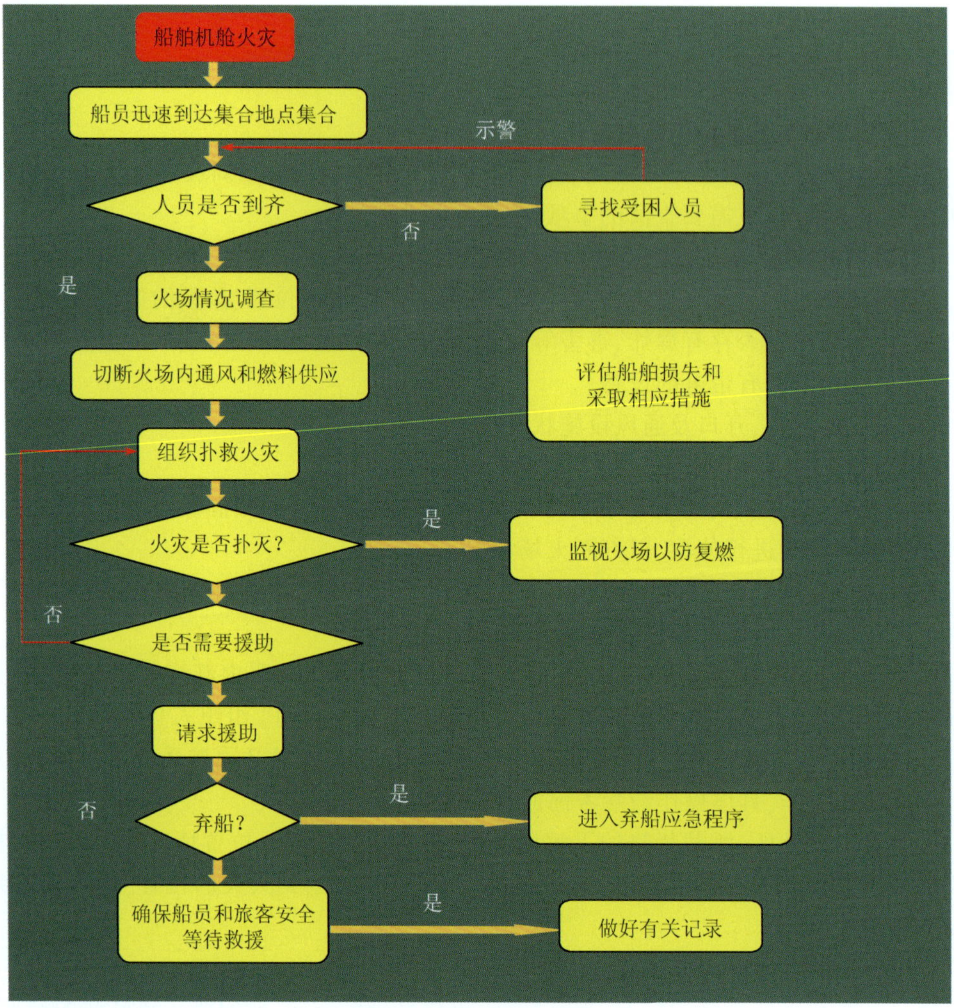

图6-2　机舱灭火应急程序图

利用消防水射流:喷射在燃烧的舱内构件上,检查构件的强度;在烟雾中或夜晚等能见度不良处,用直流水枪冲击前行通道的地面,通过声音辨别路面情况,防止掉入坑中。

(三)隔离火场,组织人力救助被困人员

如果有人被困火场,迅速组织人力,组织救援,牢记“救人第一”。具体操作请参考前面有关内容。

(四)确定火灾扑救方案

根据侦察的火灾情况,确定火灾扑救方案。

(1)根据火场情况,确定防止火灾蔓延的方案,进行火势控制和防护。

(2)确定合适的扑救方法。

(3)根据灭火任务和当时情况,确定所需要的人力,必要时,对应变部署的人员进行调整。

三　火势控制和防护

(一)通风控制

在未查明火情前,断绝通风;查明火情后,根据具体情况决定通风与否。主要根据是:

是否有利于控制火势，是否有利于扑灭火灾。

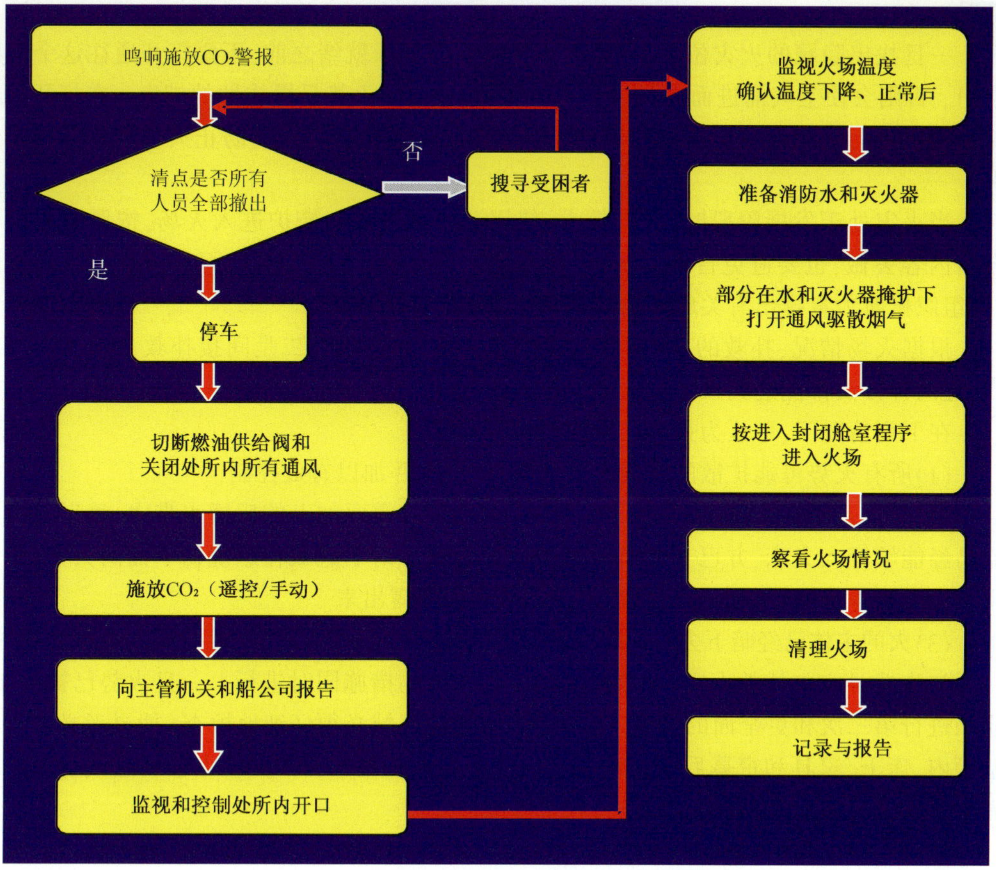

图6-3 机舱固定CO_2灭火系统使用程序流程

控制通风有两种情况，首先在未探明火情的情况下，必须严格控制通风，防止输入新鲜空气，加剧燃烧；其次如果已经探明火情，就要根据实际情况决定是否采取通风。

如果是封舱灭火，或没有足够的灭火力量到达前，应该断绝通风，关闭现场所能控制的通风口、孔、道、门，同时考虑受困人员的呼吸情况。有关通风控制内容见第二章第三节。

（二）防护

主要应做到以下几点：

(1)切断电源、油路。

(2)隔离危险品、贵重物品。

(3)冷却火场周围空间。

在查明火情后，应立即进行扑救，以便迅速取得控制，并防止和减少火势的蔓延。

（三）灭火行动的展开

灭火行动应尽快开始，以便迅速取得控制，并防止或减少火势蔓延到周围(周围是指船上与火灾区相连的四面和上下的区域)。根据火灾情况，正确选择灭火战术。它们运用的时机和具体方法都不同，只有正确选择，灵活运用，才能取得理想的效果。

船长决定灭火最合适的方法，所有人员按照驾驶台的命令执行灭火任务。

小的火灾由首先到达的几个船员就可扑灭，他们可能进行局部的估量，然后立即开始扑救。较大的火灾则需要协调进行扑救,有效地使用人力和设备,因此,需要更全面地估计情况。

一旦找出隐藏的火灾位置,在救助人员和水龙带未就绪之前,不要打开通往这个地区的门。否则会使空气涌进而助长火势,其结果常常是使火势呈爆炸性的扩大。在打开门之前要用水将门冷却, 人员要站在避开门口而与门框相对的一边, 防止火焰和热气冲出伤人。

当火灾处于发展阶段时,火势较大,使用消防水进攻与掩护进入火场,按照前面章节介绍内容去做,也要避免盲目射水,尽量使用水雾灭火,减少自由液面对船舶的影响。同时,组织机舱力量排出有关舱底内的积水。

根据火场情况,扑救的基本方法有两种:一是直接扑救,二是间接扑救。只要使用得当,这两种方法都能达到预计的灭火效果。

在下列情况下,可认为火势已被控制住:

(1)所有火势可能扩散的路线都已经堵截、包围并加以有效控制。

(2)灭火剂正在火床上释放,即从原有水带中(如需要加上的后援水带中)喷射出的水流已经能够穿入火床,并已开始有效地把火床冷却。对于隐藏在燃烧物下面的火灾,应该用防火工具等将燃烧着的物品翻过来使隐蔽的火暴露出来。

(3)火的主体已经暗下去。此时火已经不能产生足够的热而使附近的可燃物品卷进去。

初步搜寻应与扑救火灾、采取通风和防护周围的措施同时进行。一旦火势已被控制,应该进行第二次和更全面的搜寻。充满了烟和热的区域必须仔细地检查。搜寻者必须查看壁柜内、床下、家具和帘幕后面和地毯上面。必须立即把失去知觉的人移到空气清新的地方,如果已经停止呼吸必须立即进行人工呼吸。

通风在整个灭火过程中都是非常重要的,尤其在援救受困人员时,要根据具体情况采取适当的通风方式。

在执行以上程序时,全体船员要做好紧急救生和弃船准备工作。当火势蔓延到整个机舱,焚毁灭火动力、灭火管系,且火势蔓延到整个舱面建筑时,船员继续留在船上可能危及生命安全,船长可下达弃船命令。灭火转入救生或弃船时,船员应立即到达救生和弃船应变岗位。

四 火灾扑灭后的行动

(一)检查清理

火被基本扑灭以后应开始进行检查清理, 以便及时发现和扑灭隐藏着的火和灼热的余烬,并确定火是否已经蔓延到其他地方。

实际上检查和清理是两个步骤结合在一起的工作。

检查的地方不仅包括火场内部,还包括火场周围及可能蔓延到的地方。

进行检查是一项危险的工作。记录表明,以陆地为基地的消防队员在检查中受伤的要比在其他任何工作中受伤的更多。这是由于火被控制住以后,人们就松弛下来,从而导致某种程度的粗心大意而忽视人员安全。

(二)火已扑灭

在宣布火灾已被完全扑灭以前,现场指挥员向船长保证已做到以下几点,其中包括:

(1)彻底检查紧靠火场的区域,以确保:①所有火灾扩散的路径均已经检查,并且必要的地方已经打开。②通风已经完成,所有烟和可燃气体已被排出。③人不用呼吸器便可安全进入火区。这可以用安全灯或氧气指示器进行鉴定(虽然氧气浓度为16%就可维持生命,但是等到氧气恢复到21%将是明智的)。

(2)所有已燃物品已经彻底检查完毕。

(3)组织监视,防止重新燃烧。应指派一名船员(如果火灾范围很大,则多派几个)专门检查复燃,如果出现复燃则拉响警报。可以指派第二个船员巡视周围和可能扩散的途径。

(4)替换或恢复消防设备。已使用过的水带应换成干的水带,然后应将已使用过的水带冲洗干净,使之干燥并卷好以后储存起来(这对于除了机舱以外可在船上别的任何地方使用的无固定放置点的水带来说就尤为重要)。喷嘴应加以清洁并安装在干燥的皮龙上。不论是部分或全部放空的手提式灭火器都应重新装药或予以更换。应把整套器械存放起来以备下次应急时使用。应及时订购需补充的氧气瓶或滤毒罐。如果喷洒灭火系统使用过,则喷头(自动式)应予更换,使该系统恢复原状以备使用。启动过的系统必须重接,并照原样恢复以便再进行使用。

(5)损坏检查。应进行彻底检查,以确定火灾是否已将船体损坏,伴随火灾的高温会使甲板、舱壁和其他船舶结构部件翘曲或变得不安全。如果发生这种情况,应用撑柱临时支撑。为使船舶恢复正常所必需的其他修复工作,也应立即着手进行。任何必要的排水作业也应开始。

(6)应集合船上所有人员清点人数。

(三)撰写火灾事故报告

根据火灾产生的原因以及灭火中的措施进行总结,以避免类似事故复发。

灭火程序的具体内容可以是各种各样的,但是灭火过程的各个步骤是不容忽视的。必须依据各自的具体情况,制定出切实可行的应急预案。最重要的是要进行严格的训练,才能保证灭火行动的正确性、有效性、及时性和安全性。

第二节　港内灭火程序

要点

船舶停靠港内,由于外来人员多,对船上的规章制度不了解,装卸货繁忙,疏忽执行安全操作规程,这些都将成为失火的隐患,且船上发生火灾,往往又要借助陆地消防力量扑灭,火灾可能对港口设施、其他人员的财产和生命造成威胁。因此当船舶在港内停靠码头期间发生火灾时,除按海上灭火程序进行灭火外,还应针对港内失火的特点,在相应的程序上予以补充。本节重点讲述船舶在港内失火的灭火程序。

必备知识

交通运输部《运输船舶消防管理规定》第二十九条规定："船舶在港口靠泊或锚泊时发生火灾，要及时向公安消防队或海事部门报警。在消防队未到达前应积极自救。船舶火灾由海事部门负责总体指挥，公安消防队负责灭火指挥。公安消防队到达火场后，船方应提供船舶及火场情况，并积极协助灭火。"船舶在港内发生火灾后的灭火程序是与海上灭火程序不同的。

一 发生火灾后，应立即向港口消防队报警

船上，由于在灭火力量上远不如陆上消防队的强大和专业，船舶在依靠自力灭火的同时，应及时与港口消防队和海事部门联系，听从海事部门指导，请求足够多的消防力量将火灾扑灭。报警应以最快的方式，如泊位附近陆地的火警电话、高频呼叫和海事部门转发等。

二 在灭火过程中，船方还应进行以下工作

（一）与海事部门、港口公安保持随时联系

港口公安交通管理、海事部门和治安管理人员负责维持秩序，疏散车辆、船舶及人员，必要时可实行交通管制。

通知海事部门船舶的情况和船上发生火灾的情况，随时报告港口所需要的其他信息。

（二）船长仍对船舶灭火负有主要责任

在海事部门的认可下，船长应继续负责全面指挥消防作业，由港口消防队负责灭火的实施。船上船员应积极协助灭火，双方密切配合，共同努力将火扑灭。

由于陆地消防队对本船结构、消防设备、火灾情况不能充分了解，在作出灭火决断、灭火行动时，一定有不尽完善之处。此时船长应认识到无论何时，他对船舶的安全都负有责任，即使是所有的消防指挥都由港口消防队作出。船长应主动承担指挥灭火的重任。消防的具体实施中，也可能由于陆地消防队员对船舶情况不熟悉而贻误战机，扩大火势，甚至产生生命危险。船员应协助消防队员灭火。

（三）查清所有在船人员

在港内失火时，船上可能有装卸工、供应商等其他外来人员。他们的存在，不但对灭火无助，有时还妨碍灭火的正常进行，甚至造成意外的伤害。因此，应及时将他们转移下船。

船舶靠港后，非值班船员下地较多。事先船长应作好安排，特别是高级船员下地的安排，必须保证各项工作正常进行。失火后，除及时召回船员外，灭火作业组织应由在船的最高职务的船员承担。

另外，查清人员，便于灭火的正确实施，也可防止人身伤害的发生。

（四）随时做好离港的准备

停泊在港内或船坞内的燃烧船舶，船长应随时同港方保持联系，由港方通知船方，船舶对码头设备所产生的威胁，以及要求船方所采取的行动。

当要求船舶离港时，不论是依靠自力，还是拖船，船方都要随时做好离港的准备。当失火船舶严重威胁港口设施和附近船只时，应使船舶离开码头，开到开阔水域。如果自力无

法驶离码头，就应请拖船协助。此外，也可将船舶的停泊方向改变，利用风把火焰引到影响小的方向，而后再组织力量灭火，如果撤离有困难，则必须有足够的灭火力量来掩护受威胁的港口设施的安全。

当在锚地或接近锚地途中，船舶发生火灾，因为在海上，海港消防队难以接近船舶，在海事部门的调度指挥下，船舶已控制住火灾的情况下，可将船舶靠在安全的泊位，让陆地消防队借助码头，可以快速登上船舶参与灭火，也可快速疏散货物，缩短灭火时间。

三 火灾扑灭后

应结合消防队参与灭火的情况，进行检查、整理、分析问题、总结经验。

第三节　与岸方消防队的联系与协调

要点

本节介绍了船舶在港内失火时，如何与岸方联系，得到岸方的帮助。

必备知识

岸方消防队器材装备充足，队员消防素质优良，是帮助船舶灭火的有力外援，但是岸上消防队对船舶结构特点和火灾的性质不很了解，在一定程度上影响了帮助船舶灭火的效果。因此，船舶在码头装卸货期间发生火灾时，应及时向岸方消防队报警，以争取得到外援力量，同时船员还应积极配合消防队，共同扑灭火灾。

(1)当消防队到达现场后，应积极协助消防队了解火情。一般情况下，船方要向消防队报告下列内容：①船内是否有人受到火灾威胁。②火源的部位及燃烧物质的性质、数量、火势范围、蔓延方向。③固定灭火系统是否完好，使用效果如何。④燃烧舱室和附近舱室有无爆炸物品及其数量，易燃液体是否受火势威胁，以及其他有助于火势蔓延的物质。⑤燃烧区域的舱壁、间隔舱和甲板的状态，进攻通道受火势影响的程度。在消防队员进行探明火情时，船员应积极协助制定安全措施，必要时还应派熟悉船舶情况的船员做向导。

(2)在制定灭火战术时，船员往往主要承担协助任务，所以船员应根据分工各负其责，严禁惊慌逃跑。

(3)由于消防队员对船舶内部情况不熟悉，所以在选择进攻路线时应有船方予以积极协助。有时为了灭火的需要，消防队员要进行破拆，此时船长要积极提出自己的意见，以免造成不必要的损失。

(4)扑救船舶火灾比较复杂，火场指挥要注意组织好协同作战，在有岸方消防队协助灭火时，船长仍然是船舶灭火的总指挥。一方面，船长要积极协助消防队做好灭火过程中的协调工作，另一方面，消防队在采取具体灭火行动方案时应征求船长的意见。

第七章 船舶灭火中的危险与应对措施

第一节 人员面临的危险

要点

本节列举了人员在灭火过程中所遇到的或将面临的危险，对在灭火的过程中，高温的灼伤和使用CO_2及其他液化气体所造成的低温冻伤，在对船舶载有的化学品实施灭火的过程中，如果化学品和燃烧时产生的有毒有害物质对人体造成伤害，以及对人体易造成伤害的部位的施救进行描述。

必备知识

一 烧（灼）伤和烫伤

烧（灼）伤和烫伤是指由火焰和蒸气等单纯高温所造成的机体局部皮肤组织细胞损害，以及机体的各种反应(见图7-1和图7-2)。热是能量传递的一种形态，它也是使火灾扩大的主要原因之一。从生理角度来看，高热对人体的伤害除灼伤外，还有脱水、全身衰竭及呼吸道黏膜受伤肿胀，从而阻碍呼吸道的畅通直至窒息等。

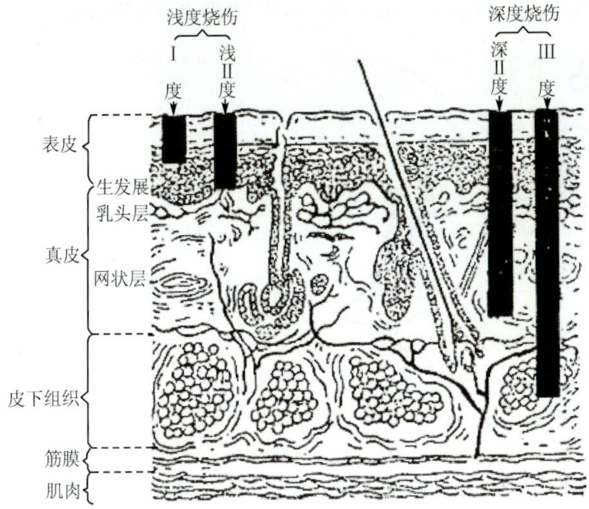

图7-1 人体皮肤的结构

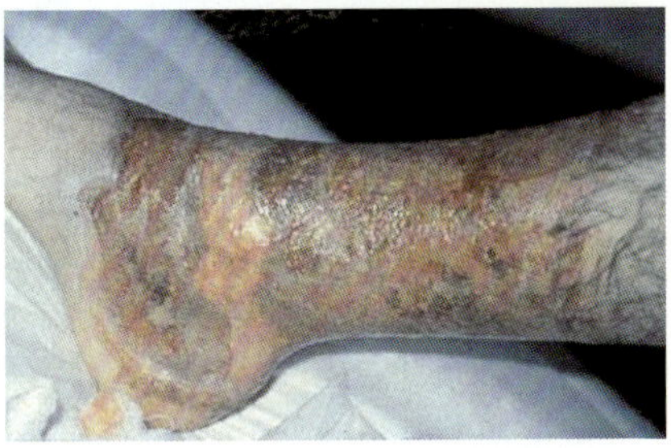

图7-2 烫伤的皮肤

(一)烧伤的面积估算

(1)手掌法：一个手掌(手指并拢)面积为全身体表面积的1%计算。

(2)九分法：将全身体表面积分为11个9%+会阴部1%=100%。成人的头颈部分为9%，每个上肢为9%，躯干前后(不包括臀部)各占13%，阴部1%，每个下肢加臀部为23%。

(二)烧伤深度估算

(1)三度四分法。Ⅰ度、浅Ⅱ度、深Ⅱ度、Ⅲ度。烧伤深度计算法口诀：Ⅰ度红斑、Ⅱ度水泡、Ⅲ度焦痂。

(2)烧伤程度。轻度——总面积在10%以下的Ⅰ、Ⅱ度。中度——总面积在11%~30%之间或Ⅲ度在10%以下，无并发症。重度——总面积在31%以上或总面积不到31%，但有下列情况之一的：全身情况严重，有休克者；严重损伤或合并化学中毒；呼吸道烧伤。

(三)对烧伤病人的现场急救

(1)灭火：尽量帮助伤员脱去着火或热浸渍的衣服。

(2)迅速脱离现场：对立即危及伤员生命的一些情况，如大出血、窒息、开放性气胸等应迅速处理和抢救。

(3)简单估计烧伤面积和深度，注意有无呼吸道烧伤、合并伤或合并中毒等。

(4)对面积不大的肢体烧伤可用冷水或冰水浸泡1/2~1 h，可减轻损伤与疼痛。

(5)镇静止痛：一般可用哌替啶或吗啡，但有颅脑损伤或呼吸功能障碍者忌用。

(6)创面处理：可用烧伤制式敷料或三角巾、急救包进行包扎，但不要涂甲紫一类有色的外用药，以免影响对深度的估计。对较大面积的烧伤，可不包扎，而用干净衣服、被单等手边材料遮盖保护创面，以减轻疼痛，避免污染和再损伤，便于移动。

二 化学性灼伤

在扑救火灾的过程当中，某些化学品如接触人体的皮肤、眼睛或者黏膜时，便会产生化学性灼伤。

(一)皮肤接触化学品的前期处置方法

立即脱掉污染的衣服和鞋袜，马上用大量的水冲洗掉皮肤上的化学品，持续用大量清水冲洗至少10 min(见图7–3)。如果在皮肤上仍残留有化学品,需再继续冲洗10 min。

图7–3 被化学灼伤的处理

(二)眼睛接触化学品的处置方法

尽可能快地用大量清洁淡水(没有淡水也可以用清洁的海水)冲洗眼睛(见图7–4)。强行掰开伤者眼睑(如图7–5用洗眼壶冲洗眼睛),小心细致地连续冲洗至少15 min,必要时可延长冲洗时间,以确保化学品被完全冲洗干净。

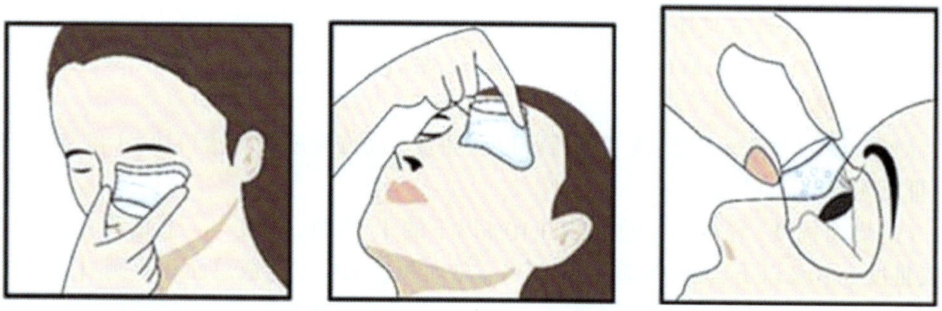

(a) (b) (c)

图7–4 洗眼步骤

(a)脸朝下将洗眼杯扣压在眼睛上;(b)抬头后仰,使得眼睛充分浸泡在洗眼液中;(c)用清水洗净杯子,同法洗另一只眼睛,经眨眼3~6次,然后将溶液倒掉

图7–5 洗眼壶

三 中毒

毒害性物品与人体接触时,可能仅对接触处发生局部作用,也可能因被接触处吸收而造成全身作用。例如可能对局部皮肤刺激,也可能通过皮肤吸收产生全身中毒症状。但是

如果仅接触眼睛时，很少会出现全身症状。消防过程中，最常见的就是由呼吸道吸入有毒气体，导致中毒。逃生方法如图7–6所示。

呼吸道吸入有毒气体的治疗：

首先应迅将伤员从污染的空气环境中转移到无污染的新鲜空气环境中，检查伤员是否有呼吸，然后按以下方法抢救和治疗。

（一）伤员无呼吸

(1)立即进行人工呼吸。

(2)若无脉搏，则在进行人工呼吸的同时进行心脏按压。

（二）伤员有呼吸但神志不清

(1)置神志不清的病人于侧卧姿势。

(2)查看病人口腔中是否有使呼吸停止的任何障碍物。

(3)将舌头向前拉。

(4)吸出或揩出多余的分泌物。

(5)从喉后部清除任何呕吐物。

(6)取出所有义齿。

(7)插入格德尔导气管以防止舌头堵塞上部气道，应使之留在原位直到病人重新恢复意识。

(8)若伤员出现发绀和呼吸困难，应予以输氧治疗。

(9)给病人保暖。

(10)不要给神志不清的病人口服任何东西。

(11)不要使用酒类、吗啡或任何兴奋剂。

(12)对神志不清病人的进一步治疗见《国际船用医疗指南》。

图7–6 在烟雾中的逃生

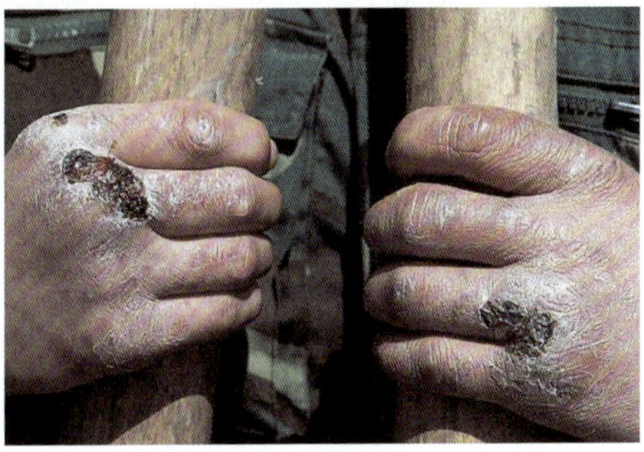

图7–7 冻伤的手

（三）伤员在呼吸且神志清醒

(1)将病人置于半卧位的抢救姿势，并使其保暖。

(2)必要时进行输氧治疗。

若伤员是神志清楚但呼吸有困难，则可以按以下方法治疗：

如果采取了以上这些措施，病人的呼吸仍没有改善，那么可能已经产生窒息或者肺水肿。如病情迅速恶化，用无线电征求医嘱。

如果病人呼吸困难，或脸、手、嘴唇发青超过15~20 min，他可能会有下列并发之一：窒息、肺水肿、支气管炎和肺炎、循环性虚脱等。这时必须用无线电征求医嘱，并设法得到医疗救助。

四 冻伤

在扑救火灾的同时，如果液化气泄漏，则有可能造成船员冻伤。如果皮肤已被冻伤(图7-7)，对冻伤者的处置动作应缓慢并避免弯曲其关节，具体急救措施和注意事项如下：

(1)尽快使冻伤者脱离寒冷环境，进入室内，迅速脱去寒冷潮湿或束缚冻伤部位、影响血液循环的衣服鞋袜(如衣服、鞋袜不易脱落时不要勉强，以免造成皮肤撕裂，可待融化后再脱)。

(2)立即将受冻部位浸浴于40~46℃之间的恒温热水里复温(冻僵者可进行全身浸泡)，但严禁烘烤。水温超过46℃或烘烤会损坏受冻肌体的组织。

(3)解冻复温时间需要15~60 min。开始时，冻伤的肌体不觉得痛，似蜡状，待苍白的颜色随着慢慢复温解冻，转为淡蓝色，且感到疼痛，这是复温，需要继续进行，直至淡蓝色的皮肤转为粉红色或红色为止。

第二节　船舶火灾中的危险燃烧产物及干馏

要点

本节主要讲述船舶火灾中燃烧产物的分类和干馏的产生，化学物质的聚合与分解对人体的伤害，在灭火过程中的防范措施，被困人员的自救方法。

必备知识

一 燃烧产物

众所周知，燃烧是可燃物质的一种剧烈的氧化放热反应，物质燃烧时产生大量的热量、火焰、烟雾现象，以及各类气态生成物。

图7-8 杂物燃烧

(一)一般燃烧

烟是由于可燃物质燃烧时产生大量的极细小的悬浮状未完全燃烧的游离碳粒子（其粒径一般为0.01~10 μm）、灰、尘及可燃物的其他燃烧分解产物如氮、CO_2、CO等气体聚集而成，且和热空气一起流动。有些物质燃烧时产生的烟特别多，液体可燃物(如石油产品)燃烧时，通常产生大量浓黑的烟，食油、焦油、油漆、食糖、橡胶以及许多塑料等燃烧时一般也会冒出大量的浓烟；而且不同物质其烟的颜色也不尽相同，如木头燃烧时会产生灰黑色的烟，树脂则产生黑色的烟，纸张、草类燃烧会冒黄白色的烟，毛发、皮革燃烧时发出黄色的烟，磷燃烧会产生白色的烟。

(二)干馏

固体或有机物在隔绝空气或空气不足的条件下加热分解的反应过程。干馏的结果是生成各种气体、蒸气以及固体残渣，也就是易燃物质或可燃物质在缺氧的条件下发生不完全燃烧的过程。火场内部有大量的一氧化碳等有毒气体产生。

干馏危害的表现：

(1)有毒气体对进入区域人员构成威胁时，会导致中毒或窒息。

(2)高温气体对进入区域人员构成威胁，造成呼吸系统黏膜受热肿胀而窒息。

(3)易燃有害气体遇到新鲜空气，温度达到燃点后，会重新燃烧，产生新的火灾，造成更大的损失。

(4)烟越黑一氧化碳浓度越高。

研究证明：毛巾折四折，可以过滤60%的烟气，保护呼吸道黏膜免受灼伤。

减轻干馏的注意事项：

用水冷却密闭舱室的外部；在水幕掩护下，躬身进入密闭处所的入口；用直流水枪向着火舱室的顶部喷水。

二 化学物质燃烧

在船舶建筑和舱室内的结构、设备中，如隔热隔声绝缘层、防水层、甲板敷料、油漆涂料、装饰材料、饰面层、装饰品、织物和地毯、门和家具贴面、密封及吸振件等，多为高分子合成聚合材料。由于它们中绝大多数易燃，一旦发生火灾会产生大量的烟和毒性气体。这些烟和毒性气体对人体极其有害，国内外的统计资料表明，它们是造成火灾中人员伤亡的重要原因，火灾中80%以上的人员死亡是直接或间接因为吸入烟和毒性气体所引起。因此，必须严加重视，千万不可麻痹大意。

一般的高分子材料同木材一样，主要是碳水化合物，含有碳、氢、氧3种元素，燃烧时都会产生烟、CO和CO_2。如果供氧量充分，产生的烟和一氧化碳比较少，产生的CO_2比较多；如果供氧不足，则会产生大量的烟和一氧化碳。火灾条件下的燃烧过程供氧都不充分，会出现干馏现象，会有大量的烟和一氧化碳及其他有害气体生成，如含氯的材料(聚氯乙烯)从300℃开始到火灾全盛期的高温，都会产生氯化氢；含氮的材料在400~500℃下产生氰化氢，温度越高，供氧越少，产生的氰化氢越多；含硫的橡胶，燃烧时会产生硫化氢和二氧化硫。在火灾条件发生不完全燃烧情况下，一些热分解产物也可能合成新物质，如聚氯乙烯的燃烧产物中所含的苯。

还有一些高分子材料燃烧分解时也能产生有毒气体，如聚氨酯燃烧分解时还会生成氧化氮(NO);羊毛、绢、人造丝等燃烧还产生甲酸、乙酸;木材、纸还含有丙烯醛;橡胶燃烧分解时会产生氧化硫(SO);氟塑料、卤素添加剂会生成卤化氢;人造纤维、酚醛塑料、聚酯等则有醛类产生;尿醛塑料、三聚氰胺塑料燃烧分解会生成氨;聚乙烯燃烧还会产生苯;酚醛塑料能生成苯酚。

第三节　化学反应

要点

在船舶火灾的燃烧或灭火过程中都存在着许多化学反应。某些化学反应可以抑制燃烧,有益于灭火;也有一些化学反应可以产生大量的热而导致自燃;有些化学反应则会产生有毒气体和大量的烟;还有些化学反应能帮助燃烧,使火势失去控制,让灭火工作变得更加困难,甚至导致发生爆炸等剧烈反应。在防火、灭火过程中,必须要了解这些化学反应,才能够兴利除弊,达到防火、灭火的目的,为船舶的安全营运服务。化学反应中,除有毒气体和烟及热量产生外,还有在灭火过程中水与有些货物接触[如:碳化钙CaC_2遇水产生乙炔,$CaC_2+2H_2O=Ca(OH)_2+C_2H_2$,$Al_4C_3+12H_2O=4Al(OH)_3+3CH_4$,$MgC_2+2H_2O=Mg(OH)_2+C_2H_2$],或包装损坏,货物与空气及与其他货物相互接触时,发生剧烈反应,同时放出大量的热,引起自燃甚至爆炸。

必备知识

一　自燃

所谓自燃,就是可燃物质受热升温,在没有明火作用的条件下,发生自行着火燃烧的现象。自燃可分为以下两种。

(一)受热自燃

指可燃物质由外部加热,温度升高达到自燃点时而自行燃烧前的现象。由于火场周围温度高,即使用水进行周围冷却,也会使一些低自燃点的物质达到其自燃点,发生自行燃烧。低燃点物质有黄磷、烷基铝、铝铁熔剂、硝酸纤维制品、有机过氧化物等。

(二)蓄热自燃(本身自燃)

可燃物质在没有外来热源的影响下,由于本身的物理作用、化学反应或生物效能产生了热量,这些热量的积聚造成温度升高至自燃点而发生自行燃烧的现象。常见的这类物质有煤、植物、涂油植物等。煤自燃是由自身吸附作用及煤中含有大量的硫、黄铁矿的氧化作用、泥煤中的大量微生物繁殖产生热、通风不好等因素作用而形成。植物自燃的原因是在一定的湿度条件下,微生物繁殖产生热从而使植物温度升高,发热会使植物中的纤维素缓慢氧化而自燃。涂油植物的自燃原因是植物油中含有不饱和的脂肪酸甘油醋，其在低温下就容易氧化而放热，不饱和的脂肪酸甘油醋含量越高，自燃能力就越强。因此对沾油的废纸和废布等存放要小心。可燃物质自燃点的高低受各种因素的影响，为了防止其自燃，可以在储存和运输过程中采取通风、降温、隔热、避光等相应的安全措施，以防止发生受热自燃。若已发生火灾，要用水冷却火区周围的可燃物质，将可燃物质撤离火灾现场，以防止受热辐射、热对流和热传导的作用而引起自燃。

二 燃烧

（一）轻金属的燃烧及与水反应

主要是碱金属和有些碱土金属及其合金，如锂、钠、钾、钙、钠汞齐、钾钠合金等。它们与水剧烈反应，生成氢气，放出大量热，使氢气在局部高温的环境下发生自燃，并使未来得及反应的金属燃烧。（$2Na+2H_2O=2NaOH+H_2\uparrow+Q1$，$2Mg+O_2=2MgO$、$3Mg+N_2=Mg_3N_2$（点燃），与水的反应：$Mg+2H_2O=Mg(OH)_2+H_2\uparrow+Q$）

（二）金属粉末

主要有锌粉、铝粉、镁粉、铝镁粉等。纯铝粉、镁粉与水反应，同时生成氢氧化铝或氢氧化镁，在金属表面形成保护膜，阻止反应继续进行下去，氢氧化铝和氢氧化镁与水进一步作用生成偏铝酸镁，偏铝酸镁溶于水，破坏了形成氢氧化铝和氢氧化镁的保护层，使铝镁粉与水不断剧烈反应，放出氢气和大量热，引起自燃和爆炸。

图7-9 金属镁的燃烧

图7-10 爆炸

三 易燃气体的燃烧及爆炸

所谓爆炸是指物质氧化或分解反应的速度急剧增加，并在极短时间内放出大量能量的一种破坏力极大的现象。爆炸时，温度与压力急剧升高，并产生爆破或冲击波等破坏作用。可燃气体、可燃液体的蒸气在空气中的体积分数太低或太高都不会发生爆炸。不同的可燃物质的爆炸极限各不相同。如果可燃气体或蒸气在空气中的浓度低于爆炸下限时，遇明火既不会燃烧也不会发生爆炸；如果可燃气体和蒸气在空气中的浓度高于爆炸上限时，遇明火虽然不会发生爆炸，但有可能会发生燃烧。

第四节 水灭火对船舶稳性的影响

要点

本节主要讲述稳性的基本知识，自由液面对稳性的影响，大量用水灭火会造成船舶重心改变，以及防止用水过量造成船舶倾覆的措施。

必备知识

稳性是船舶受倾侧力矩作用偏离其初始平衡位置，当倾侧力矩消除后，能自行恢复到初始平衡位置的能力。当船舶稳性不足、船舶受倾斜力矩的作用大于稳性所提供的恢复力矩时，就可能导致船舶的倾覆。

一 自由液面对船舶稳性的影响

当船舶发生火灾时，对于某些特殊的情况，船上不得不使用大量的水来进行灭火，这样将会产生自由液面，造成船舶稳性下降，给船舶带来危险。一旦船舶发生横倾，水将向一侧移动，不但使船舶重心升高，而且也产生了一个横倾力矩使船舶继续横倾，直到船舶的恢复力矩等于船舶的横倾力矩时为止。

作为船长和大副，应充分留意到保证船舶安全的最小稳性，在灭火过程中采取正确的灭火战术，尽量减少盲目过量射水。

二 大量用水灭火会造成船舶重心改变

首先，大量使用水灭火会形成自由液面，当船上存在自由液面时，如果船舶发生横倾，则液体的重心将发生纵移或横移，不但使船舶的初稳性高度降低，而且在重力的作用下也会产生相当大的倾侧力矩，船舶就有倾覆的危险。

其次，大量使用水来灭火，会造成船舶重心发生变化。对于大型船舶，大量用水还可能对船舶的纵向强度产生影响。

三 防止用水过量造成船舶倾覆的措施

(一)减少盲目射水

在扑救过程中，消防人员应尽量抵近燃烧区域灭火，将水流准确地射到火源上，并尽量不在死角处或向船下吊射灭火剂，以提高灭火效能，并可避免舱内积水过多。

(二)及时进行排水

启动船上的舱底水泵向舷外排水。若是机舱失火，排水泵无法使用时，应调用其他排水设备进行排水。

(三)往压载水舱灌水

船体发生倾斜时,应向相反方向一侧的压载舱内泵水,以便船体恢复平衡或减少倾斜角度。

(四)系紧艏艉缆

码头上扑救船舶火灾,当船体开始倾斜时,须用艏艉钢丝缆绳将船系固在码头上,以防船体发生左右摆动,以致倾覆。

(五)加固笨重物体

船舶甲板上、货舱内载有重量很大的物体时,应采用硬物加以塞垫、绳索捆绑拴牢的方法,防止这些重物的滑动。船靠码头时,可用装卸设备将其卸下,以防止在船体发生倾斜时,这些重物也随之移动,进一步加剧船体倾斜,造成船舶倾覆。

调用浮吊救助靠泊在码头上的船舶发生火灾,在扑救的过程中若船体发生倾斜,为防止倾覆,可调用港口的浮吊前来救助。

第五节 锅炉烟道及水管锅炉失火

要点

本节重点讲述锅炉烟道失火、水管锅炉失火,包括炉水预热器、空气加热器,或发生在排烟管道、废气锅炉等处的火灾。

必备知识

一 锅炉烟道失火

在船上,有时会发生烟道失火。所谓烟道失火主要是指发生在锅炉的烟道、炉水预热器、空气加热器,或者发生在排烟管道、废气锅炉等处的火灾。

锅炉中的燃料燃烧产生烟和废气, 主要是由许多极小的悬浮状物质未完全燃烧的游离碳离子组成的。这些碳离子经过烟道时会产生积聚的现象,特别是在经过炉水预热器和空气加热器等的尾部加热面时,由于空间较小,压力较大,因此烟在通过的过程中很容易发生积聚。另外,锅炉中的有些燃料未经充分燃烧而随烟和废气一起排出,也会积聚在烟道内。通常情况下,这些积聚物在烟道内的炭沉积物不会发生燃烧引起火灾,但是烟和废气的温度很高,当它们经过烟道时就会把热量传递给这些沉积物,一旦空气加热器发生泄漏,这些高温的可燃物质就会因为遇到空气而发生燃烧,形成烟道失火。这些都是我们熟悉的船舶锅炉火灾。对于这些火灾，我们的主要扑救方法是首先停油、停风，再用蒸汽将火扑灭。这是利用隔绝的原理，利用水蒸气隔绝空气中的氧气从而达到灭火的目的。

一般说来，一旦发生烟道失火，扑救起来比较困难，而且也非常危险。这是因为烟道中有许多地方很难到达，特别是在高处，将很难对火进行扑救。由于烟道的空间狭小，温度又高，就更增加了扑救的困难。如果烟道失火时，炉水预热器的检修门是开着的，那么就会有爆炸的可能性。这里我们要讲的是另外一种极端的情况：当炉水预热器水管中的温度达到700℃时，水管中的铁将在水蒸气中燃烧（$3Fe+4H_2O \xlongequal{\triangle} Fe_3O_4+4H_2\uparrow+Q$），生成四氧化三铁（$Fe_3O_4$），同时放出大量的氢气，产生大量的热量支持燃烧持续进行。这种铁在水蒸气中的燃烧可不需要氧气的支持而独立进行。当遇到空气中氧气的时候，氢氧气体混合就会产生爆炸。因此，发生这类的火灾时具有很大的危险性，扑救起来应当特别的注意。

根据IMO的建议，当船舶发生烟道失火时，应采取下列扑救方法：

（1）应关闭锅炉和主机，关闭烟道的风门，防止空气的进入。特别应注意的是，要关闭炉水预热器的门，否则会有爆炸的可能。

（2）用海水冷却锅炉和烟道的外表和火场的周围，并保持其温度逐渐下降。

（3）关闭调节阀和锅炉换气阀，以防空气进入着火部位。

（4）保护着火区下面的主要的电子设备。首先，应将锅炉舱内与灭火无关的电源关闭；其次，可以对其中的某些设备用防火、防水材料覆盖，以防止被水损坏。

（5）继续冷却，直到确认打开炉水预热器进行检查和全面清理至完全安全为止。

二 水管锅炉的火灾

在水管锅炉的使用过程中，如果发生火灾，也可能发生铁在水蒸气中燃烧的这种极端的现象，这是因为：

（1）由于种种原因，致使关闭锅炉的时间过分延迟，导致锅炉缺水。在水面以上的水管长时间受热，引起燃烧。

（2）在停靠一个港口之后，未对炉膛内的烟灰进行控制和处理。

当锅炉发生失火后，在温度达到700℃之前，最好的灭火的方法是：

（1）如果管道已经着火。应立即直接通过燃烧孔或相当的地方用直流水柱向火源处注射最大数量的水。

（2）用水对烟道和空气箱保持冷却。

（3）应避免用水雾喷嘴、泡沫灭火机和CO_2直接灭火。

应特别注意的是：用大量的水来灭火这种方法只适用于铁在水蒸气中燃烧这种特殊的情况。

第八章 船舶火灾的扑救

第一节 船舶各部位火灾的扑救

要点

船舶结构各不相同,机舱、货舱、生活区结构各异,其可燃物的特点也不相同,因此船舶不同部位发生火灾的特点也是不同的。本节着重讲述船舶不同部位发生火灾的特点和扑救方法。

必备知识

一 机舱火灾的扑救

船舶火灾统计资料表明,机舱是火灾发生率最高的处所。

(一)机舱底部起火

1. 初期阶段

舱底某个部位刚开始燃烧,面积不大,消防人员可顺机舱扶梯迅速下到机舱底部,用手提灭火器(泡沫、干粉)或雾状水枪射流灭火。当机舱梯道被烟火封锁下不去时,可以从机舱后部艉轴隧进入机舱。

2. 发展阶段

当整个机舱底部一片火海,火势开始向机舱上方蔓延时,可采取如下灭火步骤:

(1)封舱准备。迅速撤出机舱内人员,并尽快关闭机舱通风机、出入口、通风孔、舱篷天窗和烟囱的百叶窗等一切可能透气的孔口,以减少机舱内的空气流通,为封舱灭火创造条件。如果机舱内充满浓烟，消防人员不能在舱内实施关闭那些通风透气的孔口时，可操纵装在机舱外部的关闭设备将通风机和天窗等关闭。

(2)封舱灭火。开启固定灭火装置，向机舱内释放高倍泡沫或二氧化碳灭火剂，进行封舱灭火。在封舱期间，要监视舱内温度是否在降低，封堵因无法关紧通风口和防火门上的冒烟缝隙，防止因二氧化碳泄漏影响灭火效果。

(3)附加灭火。如果采用船上固定灭火系统未能扑灭机舱火焰时，可使用陆上消防队的2~4具高倍泡沫发生器进行补充扑救。将发生器设置在机舱两侧出入口处，同时向机舱内灌注高倍泡沫。高倍泡沫淹没整个机舱底部的需要量，最好能达到1 m/min以上的厚度。

(4)冷却保护。在与机舱毗连的船楼舱室和天篷窗口等处，应布置消防人员用喷雾水枪进行冷却保护，防止因热传导和热对流等引起新的燃烧。

(二)机舱中部、上部起火

1. 初期阶段

应用手提舟车式、推车式灭火器灭火，也可从机舱下部用泡沫或喷雾水枪向上喷射灭火。为防止火势向下蔓延，可继续使用舱内通风设备和通风孔口，保持空气流通，使火势向上蔓延。

2. 发展阶段

当火势无法控制，并向下蔓延时，可采取隔绝空气、开启固定灭火系统封舱灭火的方法。

(三)烟道火灾

所谓烟道火灾主要是机舱内的主机、副机等设备的排气管道，炉水预热器和废气锅炉等处的火灾。其产生原因：燃料在设备燃烧中产生的烟和废气，因多种原因，存有许多极小的悬浮状未完全燃烧的游离碳，他们经过烟道时会积聚在烟道壁上，并长时间积累而未及时清理，炭积物不断增多，遇高温和火源发生燃烧。

由于火处在烟道内部，空间小而温度高，在机舱高处不容易到达，扑救困难。有资料记载，因温度高，引起铁的熔化和燃烧，遇水产生氢气，事态特别严重。

灭火方法和步骤是：

(1)应关闭主机和锅炉，关闭烟道的风门，防止空气进入。特别应注意的是，要关闭炉水预热器的门，否则会有爆炸的可能。

(2)关闭设备的调节阀和锅炉换气阀，以防止空气进入着火部位。

(3)保护起火区域下面的主要电气设备。关闭与控制火灾无关的电源，用防火、防水材料覆盖上面，以免被水损坏。

(4)用水冷却锅炉和烟道的外表面和火场周围，并保持其温度逐渐下降。

(5)继续冷却，直到确认打开炉水预热器或扫气箱进行检查和全面清理至安全为止。

对于水管锅炉本身失火，可能发生铁在水蒸气中燃烧的这种极端现象。在温度未到700℃时，最好的灭火方法是：

(1)如果管道已经着火，应立即直接通过燃烧孔或类似开口的地方用直流水柱向火源处注射最大数量的水。

(2)用水对空气箱和烟道保持冷却。

(3)应避免用水雾喷嘴、泡沫、CO_2灭火剂直接扑救。

应特别注意的是，用大量的水来灭火这种方法只适用于铁在水蒸气中燃烧的这种特殊情况。

(四)曲轴箱的火灾

因机械故障和操作不当等原因导致主机曲轴箱的温度急剧升高，机油温度显著上升，如果操作不当就会造成曲轴箱爆炸、燃烧事故。

当机油温度显著上升时，切勿立即停车，否则柴油机机体及曲轴箱内的温度不能下降反而升高，导致瞬间发生爆炸。应立即降低车速，让主机在低速下缓慢运转几分钟，使烟气从曲轴通风管等处缓慢排出，以此降低柴油机整体的温度。轮机人员不要站在道门前或急于停车打开道门，避免发生危险。

如果因咬缸(或其他原因)而使机器骤停，并伴有大量烟气冒出，可将油门回到零位，打开示功阀，使用压缩空气谨慎冲车，并可用机油注油泵向气缸内注油，从内部冷却。必要时，向冷却水系统缓慢地注入清水，从外部减低机体的温度，必须小心操作防止温度降低过快，使缸咬得更紧。当温度降低到60℃以下后，小心打开道门。

如发生道门弹出事故，大量烟雾冒出时，采取紧急停车。打开天窗和顶部的门排烟，不要开启风机排烟，避免触点火花点燃油气而引起火灾。如果有火焰产生，使用二氧化碳灭火为佳。

(五)扫气箱着火

扫气箱着火表现为排气温度升高、排气冒黑烟、柴油机转速下降、扫气温度高、扫气箱过热甚至表面变色、油漆脱落，以及增压器会发生喘振等，当打开扫气箱放残旋塞检查时，会有烟雾和火花喷出。

扫气箱着火的原因，一是扫气箱内积聚有可供燃烧的物质，燃烧产物经气缸和扫气口漏入，以及过多的气缸油或没燃烧的燃油沉积在扫气箱内蒸发而成很容易着火的油气混合物。二是高温火源，由于燃气下窜或扫气压力过低，废气倒流入扫气箱而造成温度过高。

扫气箱着火时的应急处理措施：

(1)降低柴油机的转速，切断着火气缸的燃油供应，适当加大着火气缸的滑油注油量。

(2)火势不严重，可待积油烧完为止；火势严重，应立即停车，采取灭火措施，用转车机盘车。

(3)采取灭火措施时，应考虑用蒸汽进行箱内灭火，如果火势很猛，可用CO_2灭火，必要时也可用热水喷射扫气箱外壳以降低其温度。

(4)火扑灭后，一般情况下过5~15 min后，可重新恢复被切断燃油供应的气缸的供油，启动柴油机，缓慢加速，并将气缸注油量调至正常。

(六)机舱灭火时的进攻路线

消防人员应根据机舱起火部位所在的层次，选择最近、最有利的进攻路线。可选择的路线主要有：

(1)船楼内各层甲板走道通往机舱的左右舷出入口。

(2)机舱顶篷的窗口。

(3)烟囱上部的出入口。

(4)艉部的艉轴隧逃生孔。

(七)扑救火灾时的注意事项

1. 机舱火灾初期

(1)要操纵设置在机舱内外的关闭装置,迅速关闭燃油舱柜和油管路上的截止阀,停止燃油泵的运转,断绝油料来源。

(2)油舱、油柜和油管路有破漏处时,要立即进行封堵。一时不能封堵时,也要设法阻止漏油向四处喷射,防止火势扩大。

(3)用泡沫枪和喷雾水枪对油舱、油柜、油管路进行覆盖或冷却,以防受热爆炸。

(4)压缩空气瓶受到高温威胁时,最好放掉钢瓶内的压缩空气,以防受热膨胀爆炸。

2. 紧急撤离

(1)机舱内起火后烟雾很浓,很可能看不清通道和梯口。1 000总吨以上的船舶,机舱内均有2个相互远离的脱险通道,当找到梯道后,如果从各层甲板上的两舷舱门撤不出去时,可沿梯道一直往上攀登,从烟囱顶部的出入口撤出机舱。

(2)机舱上部被火封锁时,可从机舱底部主机后面的艉轴隧逃生孔钻出机舱,进入艉舱,沿直梯撤出。

(3)在机舱内受伤的人员无法从上部撤离时,可进入艉轴隧中躲避,等候营救。

(4)当船上固定灭火系统控制室向机舱释放灭火剂之前,机舱内会事先发出明显的声、光警报,舱内人员接到警报后应迅速撤离,以免窒息。

二 干货舱火灾的扑救

随着国内外贸易的发展,船舶货运量也与日俱增。因此,各类船舶的干货运任务必然日益繁重,船舶干货舱火灾的发生率也有随之上升的趋势。

(一)火灾的特点

干货舱内的货物常常是火灾的根源。

1. 舱内阴燃,火源不明,明火扑灭后可能复燃

(1)干货舱起火往往发生在货物装舱完毕后的一段时间里,或由于装舱时留下火种,或由于化学危险物品混装引起化学反应,或由于某些物质受热自燃等,因而发生燃烧,造成火灾。

(2)干货舱舱容很大,装货较多,摆放紧密。货物装满后,层层加盖,空气不流通。货物起火时,只能在严重缺氧条件下缓慢阴燃,产生大量烟雾排不出去,在舱内弥漫,不开舱根本无从知道确切的起火部位。但开舱又会导致新鲜空气进入而增加阴燃强度,引起明火表面燃烧,反倒扩大火灾势态。

(3)因为棉、麻、玉米、鱼粉等具有阴燃的特性,所以,明火被扑灭后,表面已经浇湿的堆垛、捆包,在一定的时间后仍有再次燃烧的可能。

棉、麻、玉米、鱼粉等都属于危险的自燃货物,例如,伦敦保险公司研究了船舶运输时鱼粉自燃的原因。其自燃因素中主要取决于鱼粉内的脂肪含量与水分,因此,现在保险公司坚决地要求在装货时提交鱼粉的温度和鱼粉含水量报告。在运输鱼粉时对其堆垛的方法和通风给予特别注意,但是即使采取了这些措施,火灾仍时有发生。

2. 温度升高,引起燃烧

货舱燃烧初期因供氧不足而缓慢进行,但能逐渐扩展,沿着邻近的可燃物质,顺着烟

气的流动方向发展。

(1)燃烧产生的烟雾和一氧化碳逐渐增多,但由于舱盖紧闭,散不出去,舱内热量聚蓄,火源附近的温度可升高到900℃以上。

(2)由于起火货舱内燃烧发展的结果,其高温经钢质舱壁和中间甲板的热传导,引起毗邻货舱木质隔板和货物的燃烧而发生了第二批火源, 甚至由于隔热不够好的结构受热作用,火势还有可能引燃上甲板上部毗邻的起居和服务处所的可燃材料,从而导致火灾在上层建筑内蔓延。这和机舱起火向毗邻舱室蔓延有类似情况。

(3)易燃易爆物品起火爆炸。货船经常装运易燃易爆等危险物品,有时在装卸或运输这些货物的过程中,会由于碰撞、摩擦、高温、化学反应、电火花等多种因素而引起燃烧乃至爆炸,并产生大量的有毒气体。有些物品在燃烧时分解出可燃气体,也可能发生爆炸,使消防人员扑救困难,对船舶安全威胁极大。

(4)扑救难度大,时间长。货舱起火后,因货物摆放紧密,大中型船舶又有几层载货甲板,释放的灭火剂不能有效地作用于火源。如果开舱灭火,外部空气进舱后,火焰会迅速升腾,更加难以扑救;如果火源在舱底,则需先将第二、第三甲板上的货物卸出舱外,然后才能实施灭火。因此,扑救船舶火灾往往需要很长时间,灭毁的货物和设备较多,造成的经济损失很大。

(二)扑救火灾的措施

货舱内的火灾其燃烧是在甲板下进行的,而消防设备和消火栓却安装在甲板上面。为了扑救货舱内的火灾,消防人员不得不进行从上向下的冲击,亦即迎着灼热燃烧产物的上升气流下舱。高温和烟不仅妨碍侦察工作的进行,而且还妨碍直接在火源处用水或泡沫组织灭火。

为此,扑救货舱火灾。主要采取3种灭火方法,即封舱灭火、开舱灭火和灌舱灭火。封舱灭火常用于航行途中的船舶;开舱灭火常用于停泊在港口、码头装卸货物或检修的船舶;灌舱灭火既有用于停泊的船舶,也有用于航行中的船舶,但考虑到这种灭火方法的严重后果,不能轻易使用。

要注意监视和保护与起火货舱相毗连的舱室, 将未起火的舱室与起火货舱壁紧挨着的可燃货物或物质迅速疏散,并设置水枪予以保护。

1. 灌舱灭火

(1)实施灌舱灭火必须事先征得该船船长、港口当局和有关上级领导的同意,消防指挥员不能擅自决定。

(2)实施全船沉没的地点应由港口水上安全监督部门指定,不能沉没在港口的航道上和主要码头边。

(3)全船沉没之前,要将船上人员、文件和贵重物品撤离。

(4)对装有具有放射性、毒害性、遇水爆炸等危害性质的货物的货舱和船舶不能采用灌舱灭火的方法,以免造成更大的损失和危害。

2. 要防止缆绳绷断伤人

在用钢丝缆绳系泊固定货船时,要防止因货舱内积水过多,使船舶下沉和倾斜,导致缆绳绷断而造成人员伤亡。

3. 要防止因货舱和甲板积水过多而导致全船沉没和倾覆

在非采取沉船灭火的情况下，也常需喷注大量的水，以致船内和甲板上积水过多，而又排放不力，引起全船沉没和倾覆，造成更大的损失。

4. 要特别注意货舱内的货物性质

正确选用灭火剂，以防止引起爆炸、扩大燃烧和毒害，造成火灾突变，加剧火灾的复杂性。

5. 进舱灭火的消防人员要采取的措施

进舱灭火的消防人员要采取必要的防护措施，并携带照明、通信工具，经常保持各灭火小组及与灭火指挥部之间的联系。

6. 对易水渍损害货物的处理

对易水渍损害货物，如粮食、纸张、一些怕水渍的杂货和贵重物品的火灾，要控制灭火的水量，除熊熊燃烧的货物外，一般不用直射的强水流冲击，并及时对已积水的舱进行排水，积极组织对未燃货物的疏散，以最大限度地减少水渍损失。

三 上层建筑和甲板室内火灾的扑救

在上层建筑和甲板室内，除客船置有大量的客舱外，对所有运输船舶来说，其驾驶台均在其中，成为全船的指挥中心；同时，还有一定数量的供船员生活和工作的舱室。据有关统计表明，对于货船发生在上层建筑和甲板室范围内的火灾的比例并不大，而且常常是与它们毗邻的货舱或机器处所内火灾发展的结果。由于防火隔热不力的舱壁和甲板结构受热，引燃可燃物质，而在起居处所内很快形成第二个起火源，而且这些火灾的后果常常是灾难性最大的。航行时一旦上层建筑起火被烧毁，船就失去了驾驶、导航和通信联络的能力，船员们也失去了生活的保障，后果将十分严重。

(一)火灾的特点

通常，上层建筑和甲板室内的火灾发生、发展的规律基本与客舱内的火灾相似。毗邻它们的走道、设有围壁的梯道、敞开着的门窗、通风管道，以及天花板、舷侧衬板后面所形成的拔风的、且难以接近观察的空间和在围蔽处所的结构内，为了通过构件、管线、电缆等做得不够严密的开口，这些便成为上层建筑区域内火灾蔓延的典型路线。

上层建筑和甲板区域内的火灾特点概括如下：

(1)火势向上蔓延。上层建筑的下层舱室起火后，火势会顺着建筑内的过道和上下扶梯向上层甲板建筑蔓延。

(2)难以发现火源。上层建筑和甲板室起火后，烟雾将弥漫整个建筑区域，消防人员不易发现火源和火势蔓延方向。

(3)会威胁到机舱。通常，机舱位于上层建筑中间，当上层建筑起火后，尽管机舱篷的围壁和机舱顶部的甲板均有防火隔热措施，但因火焰和热传导的存在仍有可能促使机舱内的可燃物质起火，对机舱威胁很大。

(二)扑救火灾的措施

船舶上层建筑发生火灾后，具有陆上建筑火灾的特点，向上部和水平方向蔓延的速度很快；而且船舶建筑内每层甲板面积有限，故舱室内火灾的荷载大，发生火灾后，其火焰和热辐射将严重阻碍消防人员在上层建筑内的灭火战斗行动。

扑救时可采取以下措施：

1. 控制火势向上部蔓延

(1)上层建筑火势初期阶段。起火初期，消防人员应迅速关闭通风孔和门窗，当火势威胁到上部驾驶甲板时，应在驾驶甲板上设置水枪阵地，用强大直射水流喷射甲板与围壁，以保护驾驶台不被燃烧。

(2)上层建筑火势发展或猛烈阶段。当火焰已经封锁住通往各层甲板舱室的通道和扶梯时，对于停靠在码头上的起火船舶，可利用各种消防登高设备、举高喷射装置及码头上的起吊设备进行扑救。①利用码头上的装卸吊机，在吊钩上挂一个吊头，消防人员连接好水带、水枪，站在吊头内，由吊机将手持水枪的消防人员提升到空中并抵近起火船的上层建筑，实施高处灭火。②利用云梯消防车或举高喷射消防车上的大口径水炮(枪)直接向燃烧区喷射水流灭火。③船靠码头时，临水一侧上层建筑的火焰，可用消防船上的登高平台或举高喷射装置上的大口径水炮灭火。如果上层建筑火势凶猛，而有人被困在舱室内或外部甲板上无法脱逃时，也可利用码头上的装卸吊机或云梯消防车及时进行营救。

2. 阻截火势向机舱蔓延

(1)上层建筑起火向机舱蔓延时，消防人员应在火势向机舱蔓延的通道上和舱室内设置水枪阵地；关闭机舱在各层甲板上的出入口舱门，阻截火势向机舱蔓延。

(2)当上层建筑内火势凶猛，并已将各层甲板和建筑内的梯道封锁时，消防人员可从艉轴隧进入机舱内，用水枪冷却机舱舱壁和机舱篷围壁。

(3)开启固定灭火系统保护机舱。开启固定灭火系统的步骤如下：①关闭机舱内所有储油舱柜上的截止阀，切断电源，停止各种机器设备的工作。②机舱内的所有人员应迅速从艉轴隧撤出。③开启固定灭火系统。有些船上的固定灭火系统是在上层建筑的二层甲板的站室内，当站室受到火势威胁时，站室内的灭火剂储气钢瓶将有发生爆炸的危险。如果及时将灭火剂放出，既能起到保护机舱免遭火灾的作用，又可消除可能爆炸的危险。

(三)扑救火灾时的注意事项

1. 疏散仪器设备

火势在上层建筑内由下向上蔓延，并对驾驶台构成威胁时，消防人员应在控制火势向驾驶甲板蔓延的同时，尽可能地迅速疏散驾驶甲板上各个舱室内可移动的仪器设备、文件资料、枪支弹药、贵重物品和电台等。

2. 进攻与撤退的要求和安全

(1)进入正在制造、拆卸或维修中的上层建筑内灭火(或侦察)的消防人员(由于船上的结构和设备可能不够完善，甲板上和舱室内比较杂乱)，在烟雾弥漫的舱室内和过道上行进时，要用脚或水枪射流试探甲板虚实缓步前进，以防跌入未盖好的孔口或梯道，造成人身伤亡。

(2)当火势凶猛，撤退路线被火封锁时，可沿上层建筑前后两端或两舷寻找通道撤离。

四 厨房内的火灾扑救

厨房发生火灾多数是由于锅内食用油温度过高或炉灶上方集油罩遇到明火造成的。

厨房内工作人员发现火情后，发出警报后，同时采取紧急灭火措施，如立即用就近的防火毯、手提灭火器等灭火器材灭火。若灭火器材不能有效控制火情，应立即关闭厨房的电源、机械通风、自然通风装置，关闭防火门，转移火场易燃物，防止火灾蔓延，等待救援赶到时再按应变部署组织灭火。

切断厨房电源、通风，关闭所有厨房门窗。消防员携带灭火器和消防水带进入火场灭火，如果船舶厨房有通向后甲板的门，消防员应尽量从该门进入火场，避免从通向生活区走廊的门进入，防止火势蔓延到生活区里。有的船舶厨房外边设置了固定式专用灭火设备，消防员可将阀门打开，向厨房里释放。

五 货油舱火灾的扑救

货油舱是油船的主要载货处所，现在油船均属于艉机型船。这样可以更有利于船体结构的连续性，保证货油舱的利用率，减少轴系长度和重量以及功率的损失，特别是对保证油密和防火防爆有利。

油船的货油舱所装载的货油主要分原油和成品油两大类，相应的油船也即为原油船和成品油船。原油船或单一成品油船的货油舱，一般有十几个；同时运载几种不同油品的油船，其货油舱常有20~30个。一个货油舱的容积，可以从几十立方米到二三千立方米。

根据有关资料对逐年因不同起火处所引起的船舶火灾数的统计，油船货油舱内的火灾并不算多(不超过船舶火灾总数的10%)，但它们大多数会导致巨大的损失，甚至全船覆没。

毫无疑问，在货油舱里存在不同等级的可燃液体，它们的蒸气是油舱和整艘船燃烧与爆炸的主要因素。

(一)火灾的特点

就油船火灾事故而言，多是货油舱爆炸燃烧所致。近年来结构得到改善的超级油船越来越多，其航速较高，同时它们装卸作业的停港时间也有所缩短，消防设备变得越来越可靠，但是运输大量石油仍然有巨大的的危险性。

1. 先爆炸，后燃烧

原油和石油产品具有很强的挥发性，所以在货油舱内及其他有关处所存在着大量的易燃、易爆的气态产物。油舱内的蒸气中，通常含有8%~21%的空气、10%的甲烷、14%~18%的乙烷、27%~36%的丙烷、14%~17%的丁烷、6%~8%的异戊烷、1%~4%的已烷，其中主要是丙烷、丁烷和空气。在大量存在这种货油时，灭火常常变得非常复杂甚至无效。

油蒸气在石油温度提高和石油发生移动的情况下就会被分离出来，而且它们的比重比空气大，极容易积聚在低洼处及油管弯头部位和油舱底部，并且能在一定条件下形成具有爆炸危险的燃气空气混合气体。

需要特别注意的是，在装油开始、卸油以后和空舱压载三个环节，火灾爆炸的危险性最为严重。这是因为，装油开始阶段，油舱内存在着油蒸气与空气混合的爆炸气体，在卸油时，随着油品的排出，舱内空间增加，舱外新鲜空气“乘虚”而入，与油蒸气形成爆炸性混合物；在空舱时，舱内的爆炸性气体更多，比满舱还要危险。在压载过程中，舱内的油蒸气处于过浓和过稀之间，而排气口的气体浓度则一直处于爆炸极限范围以内，一遇火种就会发生爆炸。

(1)当货油舱是空舱或仅装很少量的油时，可燃的油蒸气在空气中一般会达到爆炸极限浓度范围，发生爆炸时威力强大，能使货油舱破裂甚至船体折断，并引起燃烧。

(2)当货油舱内油品已经装满或快要装满时,可燃的油蒸气在空气中的浓度一般会超过爆炸浓度上限,在靠近舱口的地方,有可能发生弱的局部爆炸,使船体振动,而后发生燃烧。

(3)货油舱内装轻油时比重油产生的爆炸威力大。

2. 爆炸使火势扩大

货油舱内和油船上火灾的蔓延实际上完全取决于所运输的石油产品的性质和这些船舶的结构特点。然而,伴随爆炸的火灾蔓延十分迅速,且最为危险。所有的含闪点温度低的易挥发馏分的原油产品都能够形成有爆炸危险的混合气。

货油舱在发生爆炸以后,会被掀开或导致舱壁和舷侧板的破裂,因而油品乘势流出货油舱,淌到水面上,形成大面积燃烧,强度增大。由于船舶舷外水面上的石油产品的燃烧,一般在海上风速为5~6 m/s 时,火焰的传播速度为0.6 m/s,造成流淌火灾。这样不仅会增加起火船舶自身火灾的范围,而且也可能会殃及附近的其他船只或沿岸各种设施,致使火灾严重地恶化或使人员的疏散成为不可能。

另外,在强力爆炸波的作用下,在与第一次爆炸地点相毗邻的舱内,甚至相距较远的舱内可能会发生重复的爆炸和火灾。这是由于货油舱的密封性不好(如存在观察孔、金属网、玻璃、敞开的膨胀筒等)、分隔舱壁被加热等才会造成这种情况。

3. 产生沸溢或喷溅

如果货油舱内装的是含水分较多的重油,发生爆炸燃烧时,有可能出现重的沸溢或喷溅,造成火势扩大蔓延,并给人员生命造成极大危险。

(1)沸溢

货油舱发生火灾时,重油表层火焰产生的高温,加热了液面。由于重油是有"热波特性",即热的作用下使油面温度升至沸点以上,并通过液体的热对流和钢质舱壁的热传递作用,热量不断下传,使受热而温升的液层越来越厚,形成高温层。由于油品含有水分或灭火时向着火的油舱内喷射了水,加之重油具有较高的沸点(如超过100℃)和较大的黏度,而重油中的水分受热沸腾汽化并被油薄膜包围形成油泡沫冲出油表层,便会引起油的翻滚,产生沸腾,使油溢出——终成沸溢。

一般在起火30 min或1 h后,断续向舱内射水和泡沫,仍未能将火扑灭,则将会导致油舱提前出现沸溢。

含水1%的原油,一般在起火后45~60 min就会出现沸溢。一般而言,油品含水量大,传热速度快,沸溢出现早;反之,则出现晚。不同含水量的原油传热速度见表8-1。

表8-1 不同含水量的原油传热速度

原油中含水量(%)	向液面下传热速度(mm/min)
3.8	5.92
0.7	5
0.45	4.7
0.175	4.38
0.1	3.62
微量	3.06

沸溢时，油品流出舱外，溢出距离可达几十米，面积可达几千平方米；若淌入船舶所在的航行水域，则会随波逐流，形成大面积燃烧，并且往往在一次火灾中，火被扑灭之前，沸溢现象可能重复发生多次。

(2)喷溅

之所以会发会喷溅，除具有形成沸溢的条件外，在油舱底部要有水垫层存在。油品较薄，油舱起火后由于热波向下传递，水垫层被加热到汽化温度(100℃)时，水变成水蒸气，体积膨胀，冲破油层夹着燃烧中的重油从舱的裂口中喷出，引起水面上或油船上层建筑燃烧。

油舱从起火到喷溅的间隔时间t，可按下式计算：

$$t=\delta(\nu_1+\nu_2)$$

式中：t——喷溅时间(h)；

δ——油层厚度(m)；

ν_1——燃烧速度(m/h)；

ν_2——油品油温传递速度(m/h)。

上述表明，油层越薄，燃烧速度和油品温度传递速度越快，则越能在起火后较短的时间内发生喷溅。喷溅的时间一般晚于沸溢时间，常常是先发生沸溢，间隔一段时间才发生喷溅。

油品发生喷溅具有很大危害性，喷溅时油品与火突然腾空而起，向外喷出，形成空中燃烧，有时火柱高达70~80 m，顺风方向喷射可达100 m以上，燃烧面积可以超过1万平方米。火焰卷下，向四周扩散，可导致除起火船自身以外附近船只，甚至岸边建筑设施及其可燃物的燃烧和人员的伤亡，而且在一次火灾中，喷溅现象也可能重复发生几次。

鉴于沸溢和喷溅所造成的危害，在扑救货油舱及油船火灾过程中要随时注意到新沸溢、喷溅火情，做到尽量避免这种现象的发生；一旦发生也要最大限度地减少因此而造成的损失。一般在发生沸溢、喷溅几分钟前常有下列征兆：①油面呈蠕动、涌涨现象，出现油泡沫2~4次。②火焰增大，发亮，变白。③烟色由浓变淡。④产生激烈的“嘶嘶”声。若出现上述情况，应立即做好应对沸溢、喷溅的准备。

4. 热辐射强

货油舱火灾的热辐射强度较大，并有以下特点：

(1)与燃烧时间成正比。货油舱火灾的热辐射强度与发生火灾的时间长短成正比。燃烧的时间越长，火焰的温度越高，其热辐射就越强。为控制热辐射强度，应及早控制火势，竭力将火灾消灭在初期阶段。

(2)货油舱火灾的热辐射强度与距离有关。距离燃烧舱越近，其热辐射强度越大。为避免热辐射的伤害，消防船(车)及消防人员等所处的有利战斗位置要视失火船的火灾具体情况而定。

5. 火焰时起时伏

重油在燃烧过程中，火焰会出现时起时状的现象。这是由重油的燃烧性质决定的，因为重油成分中有重质和轻质的不同馏分，当重油表层的轻质成分迅速蒸发燃烧时，火焰就呈现“起”的状态；当重油表层的轻质成分被烧掉，下层的轻质成分还未来得及蒸发上来时，就进入“伏”的状态。扑救时可利用“伏”的有利时机，向燃烧的货油舱发起猛攻。

6. 顺舱内管道蔓延

货油舱内有许多作用不同的管道，而且相互连通，尤其是位于货油舱顶部的溢流管，当发生火灾时，火焰会顺着管道烧进邻舱，导致邻舱爆炸燃烧。

（二）扑救火灾的措施

消防人员在具体扑救过程中，则应根据燃烧油舱的情况，采取如下相应的灭火措施：

1. 货油舱爆炸敞开燃烧

（1）冷却保护

冷却是控制火势、防止破口扩大和邻舱起火的一种有效方法。集中各种大口径水炮（枪），对燃烧货油舱和与之毗连的货油舱喷射大量的水进行冷却，以防止油舱破裂口进一步扩大，或引进邻舱起火，同时也为下一步灭火创造条件。冷却水的强度一般为0.6~0.8 L/(s·m²)，即每秒钟需用冷却水量至少为0.6(L)×(油舱周长)。

冷却的方法是：冷却水要射到船侧顶部板或甲板上，使水从上往下流，以起到全面冷却的作用；冷却水喷洒要均匀，不能留有空白处，以免船体温差过大，引起更大的船体变形或破裂。

对于邻近油船（如与燃烧船距离小于燃烧船船宽1.5~2倍的），也要同时进行冷却或迅速撤离至安全区域。

（2）用大量灭火剂灭火

向燃烧货油舱发起总攻，是灭火的关键时刻，一定要掌握好有利时机，要在火场指挥员的统一号令下，各个阵地同时发动攻击，一举将火扑灭。切忌各行其是，零星进攻，否则，既浪费人力物力，又达不到灭火的目的。

扑救油舱火灾的具体方法，要因火情制宜，首先要确保灭火器材和灭火剂的使用。

若起火船上甲板货油舱区域的固定泡沫炮或干粉尚未被摧毁，则可先用该船上的消防炮灭火，一般至少可喷射20~30 min。

组织外援力量灭火。水上或陆上消防队到达火场后，在对油船进行冷却的同时，要做好进攻灭火的一切准备工作，备足泡沫液，一般要带一次灭火需要量的6倍。进攻时会遇到高温和浓烟的阻隔，要组织喷雾水枪交叉进行掩护，因此要做好进攻时水枪掩护的准备。灭火人员要穿好隔热服，或披湿棉被、穿戴好防护面具等防护装备。

到场的灭火力量应配备足够的泡沫液，通过集中使用各种泡沫炮、泡沫枪和泡沫管等设备一起向燃烧货油舱喷注泡沫灭火。

使用泡沫炮灭火时，炮位与着火油船的距离不得小于25 m，炮的仰角一般保持40°。不间歇地喷射，直至火熄灭后还要继续喷射到不再复燃为止。采用泡沫灭火时，其泡沫供给强度，当油品闪点<60℃时为0.8~1.0 L/(s·m²)，油品闪点≥60℃时为0.6~0.8 L/(s·m²)。

当消防力量较弱，或灭火人员缺乏经验时，要适当提高泡沫供给强度使用干粉扑救货油舱火灾也有较好的效果，而且干粉与泡沫联用灭火，其效果更佳。

2. 货油舱口呈火炬状燃烧

油品通过货油舱船口、裂口、透气口、溢流管口等处呈火炬形的燃烧时，可采取下列灭火方法：

（1）开启油船上固定灭火系统。现代油船货油舱内均有二氧化碳或泡沫固定灭火系统。货油舱起火后，如果没有因爆炸使船体结构破裂，可首先开启固定灭火系统进行灭火。

(2)覆盖舱口灭火。即使用覆盖物(如浸湿的棉被、麻袋、草袋、石棉毡等),盖住舱口,使油蒸气与空气隔绝,窒息灭火。采取这种方法灭火时,须首先用水枪对货油舱口外围甲板进行冷却,灭火人员要穿隔热服,在雾状水枪射流掩护下,从上风方向接近货油舱口。覆盖要严密,避免留下空隙。

(3)水封舱口灭火。根据火焰高度和直径大小,首先用水枪冷却货油舱口外围甲板,然后组织数支喷雾水枪部署在不同的方向,同时交叉朝舱口平射,用水流将火焰和尚未燃烧的油蒸气分隔,造成可燃气体瞬间供应中断,并隔绝舱口处空气,使燃烧窒息。

3. 利用风向控制火势蔓延

油船在航行中起火,在有风的情况下,如果条件允许,可采用下列方法控制火势的蔓延速度:

(1)上层建筑仅在艉部的油船,最前部的货油舱起火,风向使火势朝艉楼上层建筑方向蔓延时,应将船头调转180°,以使火势不向艉部蔓延。

(2)上层建筑仅在艉部的油船,若船舶中部的货油舱起火,风向可能使火势朝后或朝前蔓延时,应将船头调转90°,使船体横对风向停泊,以减小火势对艉部上层建筑和毗连货油舱的威胁,减缓火势蔓延速度。

(3)在中部和艉部均有上层建筑的油船,无论哪个部位的货油舱起火,都应将船体横对风向停泊,以使火势主要朝着横向蔓延。

4. 油船停泊在码头处起火时的应急措施

(1)拆除输油管路。油船停靠码头装卸货油时起火,应迅速将与码头连通的输油管路、蒸汽加热管等拆除。

(2)关闭管道阀门和舱盖,为防止火焰和热辐射引起货油舱起火、爆炸,应及时关闭管道阀门和舱盖,对货油舱透气管也要采取隔断措施。

(3)转移船舶。①油船停靠的码头附近若有储油罐、炼油厂、城市等,应将油船迅速驶离该码头。②当起火油船失去动力时,应迅速用拖船将它拖离油码头。③油船附近的船只也应迅速驶离起火油船,以防止油船发生爆炸,或因沸溢、喷溅导致货油流出,形成大面积火灾而造成更加严重的损失和后果。

5. 防止沸溢和喷溅

由前述已知,货油舱内载运的重油起火时,有可能发生沸溢和喷溅。扑救时必须做到以下几点:

(1)加强冷却。用大排量的水炮(枪)射水冷却货油舱主甲板和舷侧板,以降低舱内货油温度,但须注意不能使水进入货油舱内。

(2)集中喷射泡沫。灭火时应将泡沫集中连续地喷射到货油舱内,一举将火扑灭。不能以较小的剂量,断断续续地喷射,以防止喷射进舱的少量泡沫被猛烈的火焰破坏,这样不但不能灭火,反倒会使泡沫中的水进入货油中,引起沸溢或喷溅加快出现。

(3)排出舱内积水或水垫层。灭火时要设法排出舱内积水或水垫层,以减少造成沸溢和喷溅的条件。

(4)利用火焰“伏”的有利时机,抓紧灭火。由于重油在燃烧过程中其火焰会出现时起时伏的现象,扑救时应充分利用“伏”的有利时机,用大量泡沫强攻灭火。

6. 沉船灭火

当货油舱火灾已无法扑灭，且火势威胁到全船，有发生爆炸、形成大面积火灾、影响其他船舶航行安全、大幅度污染水域或会产生其他重大危险等严重危害时，如果沉船灭火可以最大限度地减少危害和损失，应采取灌舱沉船的方法灭火。

7. 扑救水面油火

货油舱发生爆炸、沸溢或喷溅后，大量货油会外溢出舱，漂浮在水面上形成大面积流动燃烧，成为流淌火灾，给港口或其他船只造成严重威胁。这时，要先灭流淌火，后灭油船火。

扑救流淌火灾时应采取以下措施：

(1)铺设拦油浮漂(围油栏)。用消防船和其他船员拖拉铺设陆地上或消防船上配备的拦油浮漂，把水面上漂浮的油拦挡在安全水域。

(2)释放化学药剂。用消防船从四面八方包抄并释放化学药剂(如乳化剂等)，使石油凝集或沉入水中，防止油品到处漂流扩大火势蔓延。

(3)用消防炮(枪)拦阻堵截火势。当燃烧的油火向下游漂流时，应派消防船前往拦截，利用消防炮(枪)喷射泡沫或强水流冲击灭火。

(4)用木(竹)排等拦油。在没有拦油浮漂和化学药剂的地方，也可用木(竹)排或其他漂浮物体设置拦油屏障，以阻止货油任意漫流扩散。

第二节 客船火灾的扑救

要点

客船若发生火灾，要从密布的各层船舱内迅速撤出全部旅客是个特别复杂的问题。因此，船舶在设计制造时应作重点考虑，同时，在管理上应有紧急疏散预防方案，以免发生火灾时，造成不应有的伤亡。本节介绍了客船火灾的特点和扑救方法。

必备知识

一 客船火灾的特点

客船上客舱区的起居和服务处所的失火危险因素取决于船舶建筑结构和上述处所的特点，它们的隔热和围蔽方式、可燃材料装备的数量和性质等。

客舱火灾的特点主要有：

(一)顺着风向蔓延

船在航行中客舱起火，因受风向的影响，火势会顺着风向向客船的其他部位和上层建筑蔓延，对机舱等要害部位威胁极大。

（二）容易流入新鲜空气，燃烧剧烈

客舱起居或服务处所内的火灾通常发生在一个舱内（舱室、客厅、储藏室等），而且有时是潜伏地发展着。燃烧（有焰的或阴燃的）主要依靠舱容内的或沿通风系统进入空气中的氧，并且燃烧产物充满着舱室，加热着舱壁、家具和设备的装饰材料。打开门窗扑救过程中，会因新鲜空气的流入而导致已预热的材料或材料热力分解的产物的燃烧更加剧烈。

（三）顺着通风管蔓延

燃烧过程基本上是依靠客舱内的空气进行的，通常，燃烧1 μg的固体可燃材料不少于4~6 m^3的空气。由于通风系统的工作又可能促使燃烧活跃，尽管客舱内设有的一些通风管，在其穿过主竖区舱壁的部分均有自动关闭的挡火闸，并且在舱壁的每一面都有手动关闭挡火闸的手柄，但往往因为设备失灵或船员疏忽而未予关闭，客舱起火后，火势将会在通风管的抽拔作用下顺着通风管蔓延，而且由于热传导和热气流作用会引燃通风管所经过的可燃物质。尤其是在排送鼓风机未停机的情况下，火势蔓延更快，且通道口容易被烟雾和火焰封锁。

（四）旅客难以疏散

客舱的起居和服务处所内失火后，人们滞留在走道内和邻近的处所内是很危险的。在5~10层的甲板上有多达数以百计的舱室，因此，疏散客船上的旅客就显得特别复杂。加之，客船一旦失火，旅客容易受惊而争相逃命，又由于船上的扶梯和通道有限，很易造成阻塞；或者被火焰和烟雾围困在危险区内，无法逃生而造成伤亡。

例如，1979年9月19日0420时，江苏省运河航运公司“804号”客船在由镇江开往淮阴的途中，因一名旅客违章携带易燃液体——玻璃纤维接头胶水，不慎酿成火灾，引燃舱内坐椅等设施和旅客随身携带的行李物品，火势迅速蔓延扩大。不幸的是，船员在发现起火时，既没有及时进行灭火，也没有引导旅客疏散。结果，旅客被困于舱内无法逃生，有43人被活活烧死，4人被淹死，31人被烧伤；601袋邮件、57件货物、价值19万元的客船和旅客的行李物品全部被烧毁。

（五）产生有毒烟气

由于客舱内部装修和船用家具等主要是由木材和泡沫塑料等材料制成的，如以布做基层的聚氯乙烯人造革和纸层塑料制成的合成饰面，用泡沫塑料制成的天花板和围壁的隔热层，以及由塑料贴面细木工板制成的柜壁、台面和柜门等。这些材料在发生火灾时会产生大量的热和烟，这些烟可以通过电梯围井沿其他甲板蔓延，而造成从中央防火区等处所疏散旅客时的困难。不仅如此，这些烟雾中含有多种有害气体，如一氧化碳、二氧化碳、氰化氢等，将危害人员的生命安全。据统计，客船火灾所造成的人员伤亡，有半数以上是死于烟气中毒。

（六）促使火灾发展的因素多

除前述火灾特点和可以导致火灾蔓延的因素以外，还有下列情况也能在很大程度上导致客舱火灾的蔓延。

（1）过道上特别是天花板上有较多的可燃材料。

（2）设有把过道沿水平方向分隔成几部分和设有把甲板层沿垂直方向分隔成几部分的耐火和阻火的舱壁或门。

(3)设有从过道至舱室的阻火门或者门是开着的。

(4)存在有可燃的或不严密的分隔舱壁和过道舱壁。

这样,在火灾发展的情况下,过道、透气围井和个别梯道路线便成了独特的“排烟管”,造成旅客的疏散和携带灭火器的消防人员的进入困难。

由于火灾的发展,发生在客舱内的火势蔓延到与其毗邻控制站或驾驶台,将导致船舶操纵设备的破坏。

二 扑救火灾的措施

(一)利用客船上的消防设施

消防人员在灭火时,可先启动机舱消防泵,利用船上的消火栓、水龙带和水枪等消防设施进行灭火。如机舱消防泵失灵不能出水时,应启动船上的应急消防泵。若应急消防泵因故障也不能启动,则应将陆上消防队的水带与船上的消防总管上的国际通岸接口连接,利用消防车泵加压出水灭火(如客船泊于码头边)。

(二)运用扑救接层火灾的战术

扑救客船火灾应重点保护驾驶台和机舱。在燃烧舱室的四周和上、下层舱室内部署灭火力量,用雾状水流冷却舱壁和甲板,以防止热传导引起邻舱燃烧。海洋客船上均有固定展示的防火布置图,在采取灭火对策前,如果能清楚地了解船上的防火布置,将有利于灭火展开。

(1)若火势已在几层客舱形成立体燃烧时,应首先救人,并实施“上堵下攻,四面包围”的战术方法。

(2)火场灭火指挥部应设在船下能通观起火客船的地方,最好设在消防船或小型机动船上,以便火场指挥人员能机动地观察客船的燃烧情况,及时准确地指挥灭火战斗。

(3)当客船火势形成大面积燃烧时,应划分若干战斗段(或片),部署灭火力量实施穿插分割,以逐层逐舱地消灭火势。

(三)利用风向控制火势蔓延

当客船行进途中发生火灾,在可能的情况下,应利用风向控制火势的蔓延方向和速度。

图8-1为利用风向控制火势蔓延方向的示意图,其具体方法是:

(1)火在客舱的前部燃烧,而风向是由前向后刮,这时可立即将船头调转180°,停泊在水中。利用风向改变火势蔓延方向,同时达到减缓火势向船尾方向蔓延的速度和船上人员得以安全疏散的目的。

(2)火在客舱的后部燃烧,而风向是由后向前刮时,仍采用上述的调头停船的方法来改变火势蔓延方向。

(3)火在客舱的中部燃烧,而风以与船长一致的方向刮时,则应立即将船头向左(或右)调转90°,使火势沿船体横向蔓延,以减缓纵向蔓延速度和范围。

(四)掩护和引导旅客疏散

舱内载有旅客时,在扑救火灾过程中,掩护和引导旅客安全疏散是消防人员的首要任务。

(1)当客船上有大量旅客面临被大火围困的危险境地,需要紧急疏散时,抢救旅客脱险是火场战斗的宗旨,应把主要兵力用于掩护和引导旅客安全疏散;同时,也需部署一部分兵力堵截火势,以最大限度地减少旅客的伤亡。

(2)消防人员登船后,应利用船上的扩音设备或手提扩音喇叭向旅客喊话,以安定他们的情绪,同时引导他们向安全的地方疏散,并避免因拥挤、恐慌造成交通堵塞,造成彼此践踏或伤亡。

(3)船上的工作人员和消防人员应及时打开客舱和通道的出口,使旅客能及时疏散到舱外安全的地方。

(4)用大喷射量的水枪(炮)堵截火势向有旅客聚集的方向蔓延,并用喷雾水枪消除火焰或热辐射对疏散通道的封锁,以掩护旅客安全通过。

(5)及时关闭通风系统。如前所述,在大、中型客船上通风管系分布很广,且火焰或热气流会顺着这些管系向客船上的其他舱室扩展而引起新的着火源。船上的工作人员和消防人员应及时关闭通风机、通风筒和一切通风管道上的挡火闸,以防止火焰或热气流沿着通风系统蔓延而形成立体或大面积燃烧。

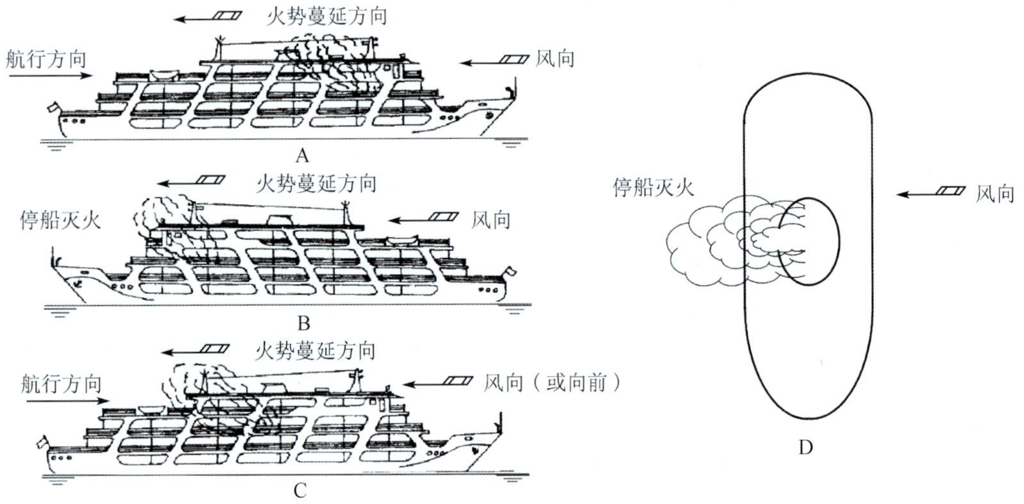

图8-1 利用风向控制火势蔓延方向的示意图

三 扑救火灾时的注意事项

(一)疏散旅客

(1)水上疏散旅客。消防人员登船后,要协助船员迅速放下救生艇、救生筏,让旅客穿好救生衣,套上救生圈等,不到万分危急时,不要让旅客跳水逃生。特别要注意做好老弱病残妇幼的救助和优先登筏上艇的组织工作。

(2)码头上疏散旅客。要利用船上所有可以使用的通道,打开第二、第三甲板的舷门和各层甲板舱室、通道的门,让旅客安全迅速地疏散下船上岸。对有些一时打不开的门、窗,消防人员可用破拆工具强行打开。

(3)根据火势确定疏散顺序。①下甲板舱室内发生火灾时,要首先疏散下甲板舱室的旅客,并安排专人维持秩序,防止因上甲板舱室内的旅客仓皇逃生而堵塞通道,使下甲板舱室内的旅客被困舱内,无法脱险。②上甲板舱室发生火灾时,应首先疏散受火势威胁最严重的旅客。

(二)做好自救准备

在客船上灭火的消防人员,要穿好救生衣和采取必要的防护措施,以防深入烟雾弥漫的高温舱室扑救时灼伤身体和烟气中毒;或当火势猛烈、无法控制时,船上既没有撤退的安全地带,船下又没有救生船只,且情况紧急,业已危及到自身安全时,可跳入水中进行自救。

第三节 油船和液化气船的火灾应急

要点

油船和液化气船作为危险品船,其内装载了大量的易燃易爆货物,发生火灾时,一旦处理不善,将会造成更大的损失。本节根据油船、液化气船的特点,主要介绍扑救油船和液化气船火灾时应注意的问题。

必备知识

一 油船的火灾应急

(一)灭火程序

在火灾初期,应按照海上灭火的一般程序施救,但特别注意:

货油舱发生火灾,一般先爆炸,后燃烧。爆炸易使货油舱破裂,并使船上的固定灭火系统遭到破坏。在港内其火灾的扑救主要依靠水上和陆上消防队来完成。注意火情和客观条件的侦察,如摸清起火船所处的水域、航道、港口和码头情况;起火船的吨位大小,货油舱数量,建筑特点,起火的时间、部位和舱数,货油舱实际装载情况(如液面高度、油品种类等)。如果装载的是重油,要弄清油品内含水情况,判断是否有沸溢、喷溅的可能,预测沸溢、喷溅可能发生的时间及造成危害的可能范围等。

油船停靠的油码头附近若有大型储油罐、炼油厂、城市等,应将油船迅速驶离该码头;当起火油船失去动力时,应迅速用拖船将它拖离油码头;油船附近的船只也应迅速驶离起火油船,以防止油船发生爆炸,或因沸溢、喷溅导致货油流出,形成大面积火灾而造成更加严重的损失和后果。

(二)扑救火灾时的注意事项

1. 选择安全的位置

在扑救货油舱火灾时,其位置应尽量处在上风或侧风方向,特别是要尽可能避开起火货油舱舷侧板的正方,以防止因货油舱爆炸而被摧毁,导致船上的人员伤亡。

2. 密切注视燃烧情况

扑救重油货油舱火灾时，要时刻注意观察液面变化和燃烧情况，以便及时发现沸溢或喷溅征兆，特别是货油舱燃烧时出现以下征兆，即表示有可能随即发生爆炸危险：

(1)火焰颜色由深变浅，并发亮，油品燃烧速度加快。

(2)烟雾由浓黑变淡。

(3)船体剧烈颤抖，有的已膨胀变形。

(4)货油舱口发出"嘶嘶"的响声。

这时，火场指挥人员要立即命令所有参加扑救的人员迅速撤离危险区，以免造成死亡。

3. 严防毒气伤害

石油燃烧时会分解出一部分对人体有害的毒性气体，人员在下风方向施救时，须采取必要的防护措施。

4. 严密监视水面流动散油

由于油船发生爆炸、沸溢或喷溅后，大量散油漂浮在水面上形成流动燃烧，火场指挥员要派出专人负责监视水面上的散油流动燃烧情况。

二 液化气船的安全作业及应急措施

(一)液化气货物的分类

人们常说的液化气是指主要成分为丙烷(C_3H_8)、丁烷(C_4H_{10})、丙烯(C_3H_6)和丁烯(C_4H_8)的液化石油气LPG和主要成分为甲烷(CH_4)的液化天然气LNG。

(二)液化气危险特性

(1)易燃易爆性。液化气属于易燃气体，其特点是：闪点极低，燃烧范围较宽，火焰温度在2 000℃以上，而且引燃所需的点火能量极低，约0.1 mJ，相当于一根大头针从一米高处落到水泥地上所产生的能量。在燃烧的同时很有可能会伴随着爆炸的发生。当气态的烃化物与有氧气体按一定比例混合形成爆炸性气体之后，就有可能发生爆炸。甲烷、乙烷、丙烷和丁烷的爆炸范围分别为4.9%~15.4%、2.5%~15%、2.1%~9.5%和1.9%~8.5%。这个爆炸范围要比车用汽油(1.58%~6.48%)大得多，而且，液化气的爆炸极限的上限还会随着压力的升高有明显的提高，使爆炸范围增大，尤其危险的是液化气爆炸会产生"爆轰"(爆震)现象，产生的冲击波碰壁后，压力增加一倍，能造成巨大的破坏。

(2)易挥发性。以甲烷、乙烷、丙烷、丁烷为例，其沸点分别为-161.5℃、-88.6℃、-42.1℃及-0.5℃，所以只能在较低的温度、一定的压力下以液态存在。液化气容器或管道的任何一点细小的不密闭缺陷就会造成液化气的泄漏，成为突发事故的隐患。

(3)热膨胀性与热外溢。液化气具有较大的热膨胀系数，以液态的丙烷为例，假设在-40℃时的体积为1，在温度上升至0℃时其体积膨胀至1.094，体积增大了9.4%；温升至40℃时其体积将膨胀至1.236，体积增大了23.6%。对于一个装满液化气的密闭容器来讲，它将难以承受这种由液体热膨胀而产生的压力。另外，在新装液化气注入储存容器之后，由于与容器中仍存在的密度不同的残留液化气没有很好地混合，故而冷而轻的液化气在上层，热而重的在下层，热量以热波的形式自下而上传递，导致了储存容器内压力迅速升高，上层的液化气体积膨胀并大量蒸发，造成大量液化气外排。这种现象被称为"热外溢"，也是造成液化气事故的一个重要原因。

(4)低温和毒性。液化气对人的危害主要来自其低温和可能造成的缺氧。低温会引起皮肤冻伤。人体暴露在0℃以下的环境中,持续一段时间后,会造成永久性的伤害。人体循环组织的伤害也会在温度低于–27℃时发生,若温度更低时人就会死亡。液化气的毒性主要指液化气会造成窒息,另外吸入液化石油气还会对人的中枢神经产生缓慢的麻醉作用,轻者使人有疲乏的感觉,中度时会产生"醉酒"现象,严重者则会导致呼吸和心脏跳动停止。

(5)静电。液化气都是经过加工处理的纯净的石油产品,具有较低的电导率,一般在10^{-10}~10^{-12} s/m之间。液化气船产生静电的途径比较多,液化气在管路中流动,因摩擦产生静电;液化气在流经过滤器的滤网时,接触面积的增大,会产生静电;空舱装货时冲击产生静电;水洗舱时产生大量的静电荷;由于自由液面的晃动而产生的静电等。通过一定条件下的实验表明,液化石油气常温下的最小静电点火能量为0.31 mJ±0.05 mJ,而静电火花的能量要比这个数值大得多。因此,静电对于液化气船来说是个比较危险的着火源。

(三)液化气装卸作业中的安全保障措施

1. 惰化

一般来说,液货舱内发生起火或爆炸的主要原因在于舱内具有一定数量的混合可燃气体和氧气,达到了燃烧或爆炸极限的下限,遇到点火所需的能量而发生燃烧或爆炸。因此可以采用两种基本方法来防止火灾或爆炸事故的发生:一种是在舱内消除火种,控制点火能量;另外一种是控制舱内的气体状态,使之不能形成可燃的烃气与氧气的混合物。

在液货舱中,若要把氧含量控制在不可能发生燃烧的限度以下,通常用惰性气体置换空气中的氧气,一般采用的是氮气、二氧化碳或者水蒸气进行液货舱的惰化。在装货前应对货舱和工作管路进行惰化,在卸货前应对工作管路进行惰化。每次惰气置换后应作气体分析。

为达到并保持较低的含氧量要求,操作程序基本上可以分成以下两种。

(1)稀释——这是一种混合过程。通过将惰性气体通入液货舱,对舱内空气进行稀释,使氧气含量得到大幅度的下降。从理论上讲,在充入一个舱容的惰性气体并与舱内空气充分混合后,氧气的含量便会减少到原有量的1/e(e=自然对数的底,约等于2.718)。

(2)置换——这是一种逐层挤推的过程。要求在进舱的惰性气体和舱内空气之间有一个稳定的水平界面。舱内的空气应当通过合理布置的管系挤推出去。从理论上讲,在充入一个舱容的惰气后,舱内的氧含量应降至零。

2. 干燥

由于液化气船液货舱在营运的过程中温度极低,惰化之后,必须完全排除液货舱和管路中凝结的水和水蒸气,避免在装货时温度急剧变化导致液化气体的大量蒸发汽化并产生过高的应力。LNG船舶一般采用冷却干燥法,即将低温LNG的气体由液货舱上方引入,由于甲烷比重轻,会在舱顶形成一个气层,随着LNG的喷入量的增加,气层加厚,从上而下把舱内的水蒸气排除而达到干燥的目的。

3. 预冷

为避免装货初期的压力急剧上升以及对货舱材料产生过度的热应力而使舱壁破裂,必须对液货舱和管路进行预冷以降低它们的温度。装货系统应以缓慢的速度通入低温液货,使液货舱和管路在正式装货前达到并保持足够的低温。例如:LNG船的预冷工作要达到舱壁的内衬和绝热层的温度接近-162℃。同样,在卸货时也应对工作管路预冷。

4. 防静电

防止静电的产生可以用以下几点来实现:初始装卸货时应缓慢进行,流速控制在1 m/s以内;装卸货时应根据管径控制流速与泵和压缩机的转数,使流速约为3 m/s;选用粗孔过滤器;禁止用化纤布或丝绸抹擦舱壁;若有必要,可采用接地线。

(四)发生火灾时的应急措施

在正常的操作当中,液化气船舶发生起火爆炸的可能性要小于油船,之所以会发生火灾爆炸事故,是由于工作管路或者装卸货系统的结合处发生泄漏,或者管路或液货舱发生了破裂,产生了大量的液化气体,才导致了燃烧和爆炸。

一旦发生了液化气泄漏,首先,应立即停止所有货泵和压缩设备的运转,关闭所有阀门,断绝液化气的来源,这样才为扑灭大规模的液化气火灾提供了可能和保障。这一点可以通过液化气船舶的紧急速闭系统来完成,同时通过报警系统通知全船进入紧急状态。其次,迅速关闭所有通风管道、通风口以及甲板上的开口,断绝火场的新鲜空气的来源的同时,防止泄漏的液化气体进入居住处所或其他封闭的舱室引起更大的火灾。再次,接近外泄现场的人员应立即用消防水龙冲刷冷却甲板,同时用船上的大型干粉灭火系统进行火灾的扑救。

应当注意的是,在未断绝液化气来源前,尽量不要进行灭火工作,即使在短时间内扑灭了小型的火灾,由于液化气仍在继续泄漏,遇到适宜条件可能再发生燃烧爆炸,造成的后果就更加严重。

第四节　危险货物火灾的扑救

要点

本节主要介绍船舶运输中危险货物,如易燃固体、易燃液体、自燃物品、遇水燃烧物、氧化剂的扑救、压缩气和液化气、发生火灾时的扑救方法。

必备知识

船上的危险货物发生火灾,除了按前面章节介绍的程序外,应注意到化学危险品的火灾灾情严重,难以扑救,对消防措施有颇多的特殊要求。由于各类化学危险品燃烧特点及燃烧产物不同,消防措施也有所不同,严格按照《国际海运危险货物规则》(IMDG CODE)内的危险品火灾扑救要求扑救。船上配有《国际海运危险货物规则》和《固体散装货物安全操作规则》(BC CODE)图书资料,可从中查找相关信息。

一 易燃固体的扑救

在常温下，以固态形式存在，燃点较低，遇火受热、撞击、摩擦或接触氧化剂能引起燃烧的物质，称易燃固体，如赤磷、硫黄、松香、樟脑、镁粉等。其中燃点越低分散程度越大的易燃固体危险性越大，尤其是粉状的易燃物与空气中的氧混合达到一定比例遇明火会产生爆炸。

易燃固体燃烧迅猛，扑救困难。发生火灾时可用雾状水、沙土、二氧化碳或干粉灭火剂灭火。

二 易燃液体的扑救

易燃液体品种繁多，有化工原料、燃油、有机溶剂、添料、黏合剂等。易燃液体一般都比重小，沸点低，易燃，易挥发和易流动扩散。易燃液体挥发的蒸气与空气中氧混合达一定比例遇明火就会产生爆炸。

易燃液体的火灾发展迅猛，常伴随爆炸，难以扑救。扑救易燃液体火灾有如下规律：对比水轻又不溶于水的烃基化合物如燃油、醚类、苯和苯系物的火灾可用干粉，火势初起可用二氧化碳扑救，但不可用水，否则会扩大火灾。对不溶于水比重又大于水的，如二硫化碳等可用水扑救，因为水能覆盖在这类物质之上将火熄灭。

能溶于水的易燃物如甲醇、丙酮等发生火灾时可用雾状水、化学泡沫、干粉，也可用1301、1211等卤代烷系列灭火剂扑救。

三 自燃物品的扑救

自燃物品化学性质活泼，燃点低，易氧化，氧化分解时能放出大量的热，当热达到自身燃点时即自行燃烧。如白磷的燃点为34℃，在空气中极易自燃，硝化纤维素的燃点为120~160℃，在存放较久、通风不善、大量堆放的条件下也可能发生自燃。

自燃物品起火时除三乙基铝不能用水扑救外，其余均可用大量水来扑救，也可用沙土、二氧化碳及干粉灭火剂。

四 遇水燃烧物的扑救

按其特性可分如下几类：

(1)活泼金属如锂、钠、钾等与水接触发生化学反应产生易燃的氢气。

(2)金属氢化物如氢化锂、氢化钠、氧化钙等与水接触也发生氢气。

(3)金属碳化物如电石与水接触产生易燃的乙炔气。

(4)连二亚硫酸钠(保险粉)遇水后产生易燃的氢气、硫化氢和二氧化硫。

遇水燃烧物除了与水作用外，遇上酸和氧化剂时也反应剧烈，有更大的危险性。

遇水燃烧物遇水会发生燃烧乃至爆炸，所以扑救它们引发的火灾绝对禁止用水和含水的物质如泡沫灭火剂，可用干沙、干粉、石粉灭火。

五 氧化剂的扑救

氧化剂主要特征是具有强氧化性和不稳定性，当其与还原剂、酸、有机物接触时立即发生反应引起燃烧。我们日常所见到的火柴头在火柴盒外侧摩擦时火柴头立即燃烧，原因就是火柴头上主要成分是赤磷,而火柴盒外侧涂有一层氧化剂氯酸钾,经摩擦后氯酸钾将赤磷氧化发生燃烧。许多氧化剂极不稳定,当受到摩擦、振动、碰撞就会分解,放出大量的氧和热,若接触易燃物就会燃烧或爆炸。

扑救这类火灾禁止用水、泡沫、二氧化碳,可用干沙、干土、干粉等来灭火。

六 压缩气和液化气的扑救

所有的压缩和液化气体必须装在特制的耐压气瓶中。一般气瓶的工作压力都在150 kg/cm^{2}以上,所以发生火灾后气体受热膨胀压力增加,若气体压力超过气瓶承受压力时就有爆炸的可能。一个普通氧气瓶的爆炸威力相当于5吨TNT炸药,如果爆炸,后果将是非常严重的。

压缩气和液化气发生火灾时应迅速扑救,来不及时须将未着火的气瓶及时抢救至安全地带。无法移动时可用雾状水喷洒气瓶使其降温,防止气体升温体积膨胀而爆炸,同时用二氧化碳等灭火。

消防人员在扑救这类火灾时还要注意防毒,因为许多高压气瓶内气体有毒。

第九章 火灾原因调查及火灾事故报告

第一节 船舶火灾原因调查概述

要点

船舶火灾原因调查对于查明火灾事故发生的原因，查明事故当事人的责任，在火灾事故中吸取教训有着重大的意义。通过对事故有关因素的分析、对事故细节的研究可以避免发生类似的事故。本节主要介绍火灾调查相关人员的权利和义务及火灾调查的基本程序。

必备知识

无论在任何地区、任何单位（船舶的任何部位）发生了火灾，都要坚持“三不放过”原则，即事故的原因没有调查清楚不能放过，事故责任者和群众没有受到教育不能放过，受灾船舶及所在单位没有落实防范措施不能放过。如果不查清楚事故的原因，就不能从火灾事故当中吸取教训，难以采取针对性的整改措施，来防止类似事故的发生，也无法分清事故的性质，失去了对事故责任者处理的依据，责任者和职工群众也就不可能受到应有的安全教育。

为消除事故隐患，防止类似事故的重复发生，海事机关应对船舶火灾事故进行调查和处理。

一 船舶火灾调查的目的和性质

船舶火灾事故调查是为查明火灾事故发生的原因、经过、造成损害的程度、范围、确定事故的性质和判明火灾事故当事人的责任而依法进行的一系列活动。进行船舶火灾调查，首先要运用现场勘查、拍照和摄像、查询访问、技术检验等手段搜集证据，然后分析包括人为因素在内的与事故有关的所有因素，研究船舶火灾事故发生的各个细节，查明事故原因，判明并依法追究事故责任者的经济甚至刑事责任。

船舶火灾调查是海事机关依法对船舶火灾事故进行调查的一系列活动，属行政管理行为，具有一定政策性；但在具体的事故调查过程中，不仅取证、分析需要运用不同的技术手段，而且对事故原因的认定主要是技术认定，因此船舶火灾调查也具有一定的技术性；同时，调查船舶火灾事故应及时有效、尽快查明，体现了调查工作的时效性。

二 船舶火灾调查的组织及权利和义务

船舶火灾事故的调查必须在统一组织、统一指挥、专人承办下，严肃认真地进行。事故发生后，海事机关应迅速地组织火灾联合调查组，由海事机关负责，公安消防监督部门和受灾船舶单位的安全管理负责人作为调查官协同调查，涉及重大技术问题时，可邀请专业技术人员参加。

(一)海事机关的权利和义务

(1)若调查需要，可以责令船舶驶抵指定地点接受调查。

(2)可以邀请有关机关和社会组织参加事故调查。

(3)船舶、设施发生交通事故手续未清，有权禁止其离港。

(4)当事故责任确定后，给予事故责任人行政处罚，或建议有关单位对事故责任人予以行政处理，涉及刑事责任的，移送司法机关追究其刑事责任。

(5)对隐匿、谎报案件或抗拒查询的当事方给予行政处罚。

(6)在查明事故原因，判明事故责任后，责令有关船舶、设施的所有人、经营人加强对所属船舶、设施的安全管理。对拒不加强安全管理或在限期内达不到安全要求的，责令其停航、停止作业，并可采取其他必要的强制性处置措施。

海事机关在行使上述权利时，特别是责令船舶驶往指定地点、滞留船舶及禁止船舶离港等可能严重影响各有关方的利益时，应该慎重考虑。

(二)调查官的权利

(1)询问有关人员。

(2)要求被调查人员提供书面材料和证明。

(3)查阅航海日志、轮机日志、车钟记录簿、报务日志、航向记录、海图、船舶资料、航行设备仪器的性能资料及其他调查所必需的原始文书资料，复印或复制上述资料，并要求当事人签字确认。

(4)检查船舶、设施及有关设备的证书、人员证书和核实事故发生前船舶的适航状态、设施的技术状态。

(5)检查船舶、设施及其货物的损害情况及人员伤亡情况。

(6)勘察事故现场，搜集有关物证。

(7)要求当事方申请检验部门检验或召集鉴定人进行技术鉴定。

(8)可以使用录音、照相、录像等设备和其他法律允许的调查手段。

(三)调查官的义务

(1)在执行事故调查任务时，应向被调查人员出示执法证。

(2)调查应公正、客观、及时、全面。

(3)按法律的授权和规定的程序，使用合法的手段和方式进行船舶火灾事故调查处理工作。

(4)客观、真实地编写水上交通事故调查报告书。

(四)参与调查人员的纪律

参与船舶火灾调查的成员有下列情形之一或以上者，应回避参与调查：

(1)参与调查者是此次火灾事故当事人或此次火灾事故当事人的近亲属时。

(2)参与调查者本人或其近亲属与此次火灾事故有利害关系时。

(3)参与调查者与此次火灾事故当事人有其他关系，可能会影响到公正处理这次火灾事故时。

三 船舶火灾调查的基本程序

(一)调查的准备工作

进行船舶火灾调查之前，应做好一切准备工作，包括船舶火灾联合调查组的组成、保护火场、询问起火范围、准备勘查器材等。参与调查的人员，还应携带本人的执法证或授权证明书等身份证明。

(二)证据的搜集工作

船舶火灾事故调查中的证据，一般指船舶火灾事故的调查材料，是证明船舶火灾事故真实情况的一切事实。

调查中搜集的证据应包括：

(1)船舶火灾或爆炸发生的部位，如机舱、货舱、住舱或其他处所。

(2)失火处所存在或存放了哪些易燃、易爆品，包括失火处所及其周围建造材料的属性。

(3)火的来源。包括了解事发前正在进行或进行过的操作，如装货、卸货、修理、明火作业等。是否有人违反了操作规程，如吸烟、动火、用电等。事故处所的电器设备情况，是否存在静电问题等。

(4)发生火警的过程，采取了哪些措施，效果如何。

(5)船上消防设备如灭火器、消火栓、消防总管、消防泵的配备及使用情况。

(6)失火处所通风是否关闭。

(7)船舶的详细状况，如船龄、船况、防火结构等。

(8)船员应急部署的执行情况。

(9)岸上消防队的应急情况。

(10)其他有关情况。

船舶火灾事故的证据搜集工作由现场勘查、召集并询问证人、搜集书证和视听材料、获取检验及鉴定意见等环节构成。

1. 现场勘查

现场勘查包括环境勘查、初步勘查和细项勘察，是调查人员对发生船舶火灾事故的现场进行勘视、检测、绘图、拍照、摄像等活动。目的是核实船舶、设施及其货物的损害情况、人员伤亡的情况，以及船舶的适航状况、设施的技术状况和寻找火灾事故发生过程中可能留下的痕迹等。为了勘查准确并避免争议，应由当事人陪同进行现场勘查，勘查记录则由当事人和勘查人员共同签字确认。

2. 召集并询问证人

调查人员应尽快召集证人，并向证人出示执法证或有效身份证明，讲解调查的性质和目的，调查所依据的法律以及他所拥有的权限。同时，应向证人说明其权利与义务，并要求所有证人不要相互议论所发生的事情。如果在查询之前来不及召集证人，则应在每一位证人到场时分别以同样的方式向其讲解。

(1)查询要求。查询时，每次应单独查询一名证人并将他与等候的证人们分开。查询时应禁止旁听，除调查人员、作证人员以及应邀为调查人员的顾问的人员外，其他人员一律不得在场。

(2)查询人员的态度。事故调查并不是针对某人，而是针对事故本身进行的，因此在查询证人时，调查人员应尽可能采用"询问"而不采用"审问"的方式，以一种合作、中立的姿态与证人接触，应显示出相当的灵活性，使证人保持轻松自然，并鼓励他们自由地、无拘束地讲话。

调查人员必须客观地、无偏见地进行查询，在获得全部证据之前要虚心听取各方面的意见，不要急于或草率地做出结论。因此，应该防止在调查初期形成任何观点，避免主观地去发掘和集中那些孤立的，似乎可以佐证调查人员观点的证据。

(3)查询的方法：①查询应从证人的经历和资格开始，如果需要，每个证人都应出示他持有的职务证书、船员服务簿或其他可能持有的证明文件。查询可以按预先准备好的提纲进行，但调查人员仍应自始至终注意发掘所暴露出来的线索，并密切注意证词间可能出现的矛盾。②调查人员应避免根据自己了解的事故情况或推测的事故情节对被询问人采用诱导式提问，即提问那些只需用"是"或"不是"等简单肯定或否定方式来回答的问题。因为这类提问近乎暗示证人如何回答，而不是启发他们回忆。③如果调查人员对事件发生的先后顺序已有全面的了解，则可以有意不按事件发生的顺序提出问题，使证人难以提供虚假的证词。④谈话时证人提供的证词的准确程度，可以通过用不同用语问相同问题的方法加以验证，这样反复问答足以打乱证人头脑中编好的事件顺序，也可暴露证词间的矛盾。对于证词中不能自圆其说的矛盾，应要求被查询人予以解释。⑤若有必要，可以再度查询已经查询过的证人，但应该在查询过全部证人后进行，这样可以减少重复调查的次数。

(4)查询记录。查询证人应制作查询笔录。查询笔录应客观、全面地记载被询问人讲述的内容，特别是有关事故的重要情节应当按照原话或原意记载清楚。查询证人应使用"水上交通事故查询笔录"标准格式，查询结束时应将笔录交给被询问人阅读，并告之若笔录记载有遗漏或错误的，他们有权要求补充或修改，但必须在更改处签名或按指印。记录的每一页均应有调查人和被调查人的签名并加注日期。

3. 书证和视听材料的搜集

书证和视听材料使用文字记载或用符号、声音、图像等表达的反映船舶及其机器、设备的性能与技术状况，船舶航行、停泊的动态和作业情况，以及船舶火灾事故发生经过的证据。船舶火灾调查中应搜集的文书资料包括：

(1)船舶的基本资料，如船舶概况、船舶入级证书或船舶检验证书、登记证书、船舶最低安全配员证书、ISM规则要求的证书等。

(2)航海日志、轮机日志、车钟记录、报务日志、航行记录、测深记录、夜航命令簿、罗经差记录等原始记录。

(3)航行设备、仪器的性能、技术参数的原始文书资料。

(4)相关海图和有关航海出版物,以及最近发布的航海通告和无线电航行警告。

(5)公司常规命令或操作手册、安全手册。

(6)船位报告记录、航行计划。

(7)船舶布置图、船舶原始建造资料。

(8)船舶稳性资料、船舶操作特性资料、货物配载图、装货作业记录等资料。

(9)航次维护计划、修理申请记录、机器设备操作和维护手册。

(10)潮汐表或事故发生水域的海面高度记录。

(11)天气预报或水上交通事故发生区域当时的气象记录。

(12)船舶交通管理中心有关的信息记录,包括磁带。

搜集的书证和视听材料可以是原件,也可以抄录、复印、拍照,所有资料应让当事人签字认定并加盖船章。

4. 获取检验及鉴定意见

检验和鉴定意见是指由国家船级社、检验检疫、技术监督以及公安消防等检验或鉴定部门进行检验或鉴定并做出的检验或鉴定结论性意见。

检验报告和鉴定意见对于证明事故损害的范围和程度,证明事故的部分事实或情节,分析事故的技术原因或因素,以及认定事故原因均起着非常重要的作用。

调查人员可以要求船长、设施负责人申请当地或船舶第一到达港的检验、鉴定部门进行检验或鉴定,必要时,亦可委托有关单位或部门进行该项检验或鉴定,以便获得以下检验或鉴定意见:

(1)船舶发生火灾、爆炸事故,应有公安消防鉴定部门或有关部门的火灾原因鉴定书副本。

(2)如果事故造成货物发生损害的,应有检验检疫部门出具的检验报告副本。

(3)如果事故造成船舶或设施发生损害的,应有船舶检验部门出具的检验报告副本。

(4)如果事故所涉及的范围超出了调查官所学的专业,或遇到一些需要运用科学技术或工艺上的专门知识才能正确判断的问题,还应求助于具有合适专业知识的专家学者,由专家学者进行分析研究,提出结论性意见或作出技术鉴定。

(三)证据的审查判断

证据是反映客观事实的事物,但由于种种原因,调查人员搜集到的证据并非都能反映客观事实,例如航海日志、轮机日志、车钟记录等也可能出现与事实不相符的情况,证人证词更具有主观性。因此,需要对证据进行审查判断,鉴别真伪,找出它们与事故事实之间的客观联系。

1. 审查判断证据时,应首先考虑

(1)有关人员是否出于某种不良动机提供了虚假的证据。

(2)有关人员是否因生理上、认识上的原因提供了不准确的证据。

(3)是否因环境的特点或情况的变化造成证据不能准确地反映事故事实。

(4)传来证据在传述中有无错误。

(5)是否因调查人员工作上的原因造成证据的差错等。

2. 其次,应对全部证据进行综合分析

由于任何一个证据都不能自我核实,因此,除对证据本身进行分析外,更重要的是将它与其他证据对照,进行综合分析,如对于当事人和有关人员的陈述,可以用VTS的记录、航向记录、航海日志、现场勘察记录、物证等进行对照分析,以及必要的计算和技术检验或鉴定报告,验证其真实性和准确性。

3. 认真分析和解决证据中的各种矛盾,采用的证据必须能与其他相关证据相印证

在搜集到的各种证据中,某个证据本身以及某些证据之间,不可避免地存在各种矛盾。如果某个证据本身有矛盾而没有得到解决,这样的证据就不能作为认定事实的根据;如果证据与证据之间存在矛盾而未予解决,就无法判明哪个可靠,哪个不可靠,从而也不能用做认定事实的依据;如果证据与事故事实之间存在矛盾而没有解决,所认定的事实就没有说服力,站不住脚。

调查官在取得全部证据并考虑全部因素之前,不应得出有关事故事实的任何最后结论。

(四)火灾原因分析及责任认定

火灾原因分析认定是火灾调查的最后一个步骤,一般是在调查访问、现场勘查、物证鉴定分析和模拟试验等一系列工作的基础上,依据证据,对能够证明火灾原因的因素和条件进行科学分析和推理,进而确定船舶火灾原因的结论过程。

第二节　船舶火灾事故报告与调查报告

要点

船舶发生火灾事故后,船长应如实将火灾情况记录形成一个书面报告,报给海事部门及其相关机构,并接受海事部门的调查与处理。本节主要介绍火灾事故报告与调查报告的内容和格式。

必备知识

一　船舶火灾事故报告

船舶火灾事故报告的格式与内容有六个部分:船舶概况、火灾事故经过、事故的原因与分析、损失情况、责任与教训、结尾(签字)。还有需要说明的,可以通过附件,这包括文字说明、语音录音、照片以及录像资料等。

二 船舶火灾事故调查报告

在完成火灾调查、原因分析和责任认定后,应编写船舶火灾事故调查报告。调查报告的内容取决于事故的性质及调查的深度。在许多情况下,事故比较简单,其原因很快就可以调查清楚,从中不能得出新的教训,因而也无需提出新的建议。在这种情况下,调查报告可以简单扼要;相反,有些事故,甚至是相当小的事故,如果从事故中可以吸取有价值的教训,则不论事故严重程度如何,都应全面、详细地剖析。

船舶火灾调查报告应以标准格式撰写,包括标题部分和报告内容部分。其标题要求鲜明醒目,要反映出受调查船舶发生火灾事故的轻重程度,如"XXX"轮火灾的调查报告。调查报告的正文是全报告的重点,调查报告的内容则分为几个部分。

(一)船舶情况介绍

船舶火灾调查报告的摘要置于每份调查报告的第一部分。简要说明船舶的情况,其中包括船舶概况、基本结构、救生和消防情况,以及旅客数量和货物装载情况、船公司情况、安全管理运行情况。

(二)火灾事故经过和损失情况

本航次情况,火灾发生的具体时间、起火点、蔓延过程及范围,报警时间,船员采取的扑救行动和灭火措施,海事部门的组织与救助情况,港口消防队的灭火行动和灭火措施,人员伤亡情况,烧毁的主要物件及数量等损失情况,以及社会影响情况。

(三)火灾事故原因及责任分析

查明火灾事故的确切原因,判明火灾的性质(包括破坏事故、责任事故或自燃事故),并分清事故的责任。

(四)处理意见

按有关法律法规规定,提出对有关火灾事故的责任者的处理意见、事故教训和救助经验,以及安全管理的建议等。

整个调查报告内容,根据事故大小,篇幅不一,少则几页,多则几百页。有关报告的内容及格式见案例分析。

第三节 案例分析

要点

本节通过几个案例来说明火灾调查报告的内容及格式。

必备知识

2004年11月16日1330时,×××有限责任公司所属滚装客货船"××"轮在大连港三山岛附近海域突发火灾。在各有关单位的大力支持和配合下,成功救起了遇险的全部291名旅客和49名船员，并将失火船及时拖离港口主航道至安全水域，确保难船不爆不沉，也未造成海域污染，使事故造成的损失减少到最低限度。

事故发生后，交通部立即成立了联合调查组，调查组对事故现场进行了认真勘验，对事故发生原因进行了全面调查，调查情况如下：

一 船舶情况

（一）“××”轮船舶资料

“××”轮船舶资料见表9-1。

表9-1 “××”轮船舶资料

船舶种类：滚装客货船	总长：115.63 m
船宽：21.00 m	型深：6.00 m
总吨：8 575.00	净吨：4 459.00
满载吃水：4.510 m	空载吃水：2.950 m
满载排水量：6 173.40 t	空载排水量：3 623.1 t
建造地点：日本冈山县仓敷市佐野安船厂	建造日期：1990年3月26日
主机类型：BPC2-6L柴油机双主机、双桨（CPP）、双舵	
额定功率：4 410×2 kW	额定转速：520 r/min
发电机组：3台柴油发电机组	首侧推：1台
船舶所有人：×××有限公司	航区：近海

船舶基本结构：

“××”轮设有两层汽车甲板，C甲板为上层汽车甲板，其两舷侧开敞；D甲板为下层汽车甲板，全封闭结构，并前后设有艏艉门。C、D甲板之间设有液压升降斜坡道，供车辆上下。C甲板以上的B、A甲板为旅客舱室。驾驶甲板上设有驾驶台及部分船员居住舱室。

D甲板以下为船舶机舱处所等。

根据该船的总布置图（略）显示，该船基本结构为（自上而下）：

（1）驾驶甲板。

（2）A甲板——旅客处所。

（3）B甲板——旅客处所。

（4）C甲板——上层汽车处所。

（5）D甲板——下层汽车处所。

（6）D甲板以下——机器处所等。

（二）船舶消防设备

1. 水灭火系统

（1）该船有消防泵3台（见表9-2）：

表9-2 消防泵技术参数

型号	排量（m^3/h）	压头（MPa）	配置位置
HLY-25M	25.00	0.63	主机间
RU-140J	50.00	0.63	主机间
RU-200J	60.00	0.63	主机间

(2)该船有应急消防泵1台(见表9-3):

表9-3 消应急防泵技术参数

型号	排量(m^3/h)	压头(MPa)	配置位置
	100.00	0.40	舵机间

注:2000年初次检验时按1992年技术法规要求,考虑到3台消防泵已安置在主机间,加设此泵于舵机间,由人工就地启动柴油机驱动。

(3)水雾喷淋泵1台:排量270 m^3/h。

2. 固定灭火系统

(1)压力水雾喷淋灭火系统(水驱动)

保护处所:车辆舱。

C层甲板汽车舱设有5个分区, 由五个控制阀分别控制;D层甲板汽车舱设有7个分区,由7个控制阀分别控制。

控制装置:水雾喷淋泵在驾驶台、水雾喷淋控制阀站设有遥控装置,机舱设有就地控制装置。

消防泵在驾驶台设有遥控装置,机舱设有就地控制装置。

驾驶台的遥控电气回路经C层甲板汽车舱布置。

(2)固定式1301卤化物灭火系统(气体驱动)

保护处所:主机舱及柴油发电机处所。

全船共13只1301卤化物存储瓶配置于保护处所,释放控制站设于驾驶台。

3. 其他灭火器材

手提式泡沫灭火器86个,舟车式泡沫灭火器4个(130 L容量的1个,45 L容量的3个),消防员装备2套。

4. 固定式探火/失火报警系统

感温式探火报警系统用于车辆舱(仅D层车辆甲板)、客房、舵机间、集控室、机舱的失火探测。

感烟式探火报警系统用于保护客舱走廊、机舱。

探火报警系统报警盘安装于驾驶台。

手动报警按钮分布于C层甲板车辆舱、客舱走廊、船员走廊、机舱、驾驶台。

2004年11月12日,中国船级社大连国内船舶检验中心对“××”轮进行了换证检验和坞内检验。查明该船安全设备、船舶结构、机械及电气设备和无线电通信导航设备均符合相应的法规/规程的要求,认定该船处于适航状态,签发了“海上客船适航证书”。

(三)船舶救生系统

封闭式机动救生艇左右舷各1艘,定员25人,为重力倒臂式降落装置。

开敞式机动救助艇1艘,定员6人,设置于艇甲板左舷前部。

气胀式救生筏共27个,每筏定员25人。右舷15个,左舷12个。

气胀式救生滑梯2具,设置于右舷驾驶甲板处。

手提式抛绳器4具。

救生圈共12个。

救生衣：成人型共666个，儿童型共30个。

（四）船舶积载及绑扎系固、固定压载情况

1. 车辆甲板载车情况

该航次共载汽车79辆，分别装载于该船车辆舱的C、D两层甲板。C层车辆甲板：共38辆。D层车辆甲板：共41辆。

2. 车辆绑扎系固情况

半挂车（12~16 t以下货车）、半挂双桥车（5~12 t货车）用4根固定链条八字形紧固和木楔制动，单车（5 t以下货车）以2根链条八字形紧固和木楔制动，轿车四轮用木楔制动。事后现场未发现该船本事故航次的车辆因绑扎系固原因而发生倾斜、移位或倒塌等现象。

3. 压载、存水、存油情况

该船存有压载水约80 t，淡水约80 t，重油75 t，轻油15 t。

二 船舶公司概况

（一）公司概况

大连××总公司系交通部批准从事大连至烟台航线客货滚装运输的企业，经营6艘客货滚装船舶。

该公司于2004年10月16日经交通部批准换发“水路运输许可证”之前，于2000年2月25日取得海事局颁发的“（国际普通货运）符合证明”，2002年12月24日取得海事局颁发的“（国内客滚船舶）符合证明”。

“××”轮是×××有限责任公司从事客滚运输的船舶，2004年11月1日由交通部水运司换发“船舶营业运输证”。公司及船舶的安全资质和经营资质均符合有关规定。

（二）公司安全管理体系运行情况

1. 事故发生前体系运行情况

公司安全管理体系文件始建于1998年，并于2002年12月24日和2003年4月15日进行修改和完善。辽宁海事局对其颁发符合证明（DOC证书），第二版文件自2003年5月1日开始执行。

公司保留了对其安全体系内人员的安全教育、相关知识培训及应急演练等记录，截至2004年11月，公司按照体系要求已经完成3次7个项目的安全应急演练，所有会议记录和演练记录都翔实完备。

2. 事故发生后体系运行情况

11月16日1339时，公司调度值班员接到“××”轮报告船舶失火，调度员立即上报到公司董事长和总经理。公司立即启动应急反应程序，应急反应小组成员及时到调度室集中。1407时公司与“××”轮通信联系中断（此时，船员正疏导组织旅客离船，火势凶猛，驾驶台已无法值守），公司董事长、总经理和安全总监立即赶往辽宁省海上搜救中心，通过电视监控系统（CCTV）和甚高频电话（VHF）了解船舶情况。事故发生后，公司基本按照体系文件程序工作，但是事故船舶当时没有按要求立即直接向海事部门或搜救部门报告。

（三）本事故本航次开航时船舶配员和所载车/货安全检查情况

“××”轮本航次的出发（装货）港为烟台打捞局码头，该港客运站在进港门口设立了“三品”、“三超”车辆检查站，并设有地磅秤，每天由1名处长和客运站站长值班，每班有4名人

员负责24 h轮流职守，对进港车辆进行登记、检查。其中2人负责货物申报登记、检查，1人负责对车辆称重，另1人负责对车辆所载货物、油箱是否有漏、货物绑扎是否牢固等进行检查。每辆车只有持“三品检查单”和“衡重单”方可购买登船车票。

客运码头按半挂车、单车、小车等分类停放，并设有消防通道，场地按要求安装了11个电子监控摄像头，24 h有专人值班。

上船关口，每班均有港口公安分局码头派出所和客运值班调度负责最后的登船车辆检查。

“××”轮共有船员49人，其中船长、轮机长、大副、二副、三副、大管轮、二管轮、三管轮各1名，船舶按照最低配员要求配备了合格的船员。

该船的各种船舶证书均齐备有效，配员达到规定标准，积载情况符合要求，经烟台海事局办理出港签证后驶往目的港大连港。

（四）事故经过及事故发生时的天气及海况

2004年11月16日约0805时，“××”轮（滚装客货船）载客291人，载车79辆，离烟台港驶往大连港，船载车辆均系固绑扎，船员49人。

驾驶台由二副和一名水手、机舱由二管轮和一名机工值航行班。巡舱人员间歇地实施全船巡查。

约1227时，“××”轮过12 n mile报告线，并向大连交管中心（VTS中心）报告，航速为15.8 kn。

约1315时，该船驶入大连港大三山水道通航分道，北向航行。

约1325时，该船左舷平HO号浮，并向VTS中心报告，同时通知机舱换油备车，航速约15.4 kn。

约1330时，在甲板散步的部分旅客发现C层汽车舱的左舷有烟冒出，并及时通知值班乘警。此时，客舱部值班乘警也发现车辆舱C层甲板的左前部有大量浓烟冒出，立即报告驾驶台，并按下手动火警报警按钮。驾驶台获知火警后，船长立即令二副拉响全船火警警报，同时启动驾驶台消防泵和喷淋泵，但没有成功。与此同时，船长令减速，由双进四逐挡减至双进一，左满舵，驶离航道，进入锚地。令三副立即去水雾喷淋控制间开启喷淋开关，令大副下车辆舱组织灭火，同时令抛左锚二节，停车。

1333时，二副称，用VHF向VTS中心和其公司呼叫，但未能建立联系。

火警警报之后，轮机长立即赶到机舱，值班二管轮先后开启水雾喷淋泵的进水阀及甲板出水阀，并启动另一副机。当时可见集控室指示灯显示泵工作，但即瞬间停止。

三副接到命令后，立即赶至处于右舷的水雾喷淋系统控制间，打开所有的喷淋开关，喷淋系统刚开始工作，即瞬间停止。三副又和其他船员赶到车辆舱左舷入口门，打开门发现车辆舱内有大量浓烟，无法进入，随即用手提式灭火器灭火，但毫无作用。

大副接到船长命令后，立即组织船员打开艏甲板的车辆舱入口门，发现舱内有大量浓烟，无法进入，立即用皮龙灭火，但皮龙不出水。

1335时，“辽渔拖2”轮向VTS中心报告：“××”轮失火。随后VTS中心值班员连续3次呼叫“××”轮，但没有回答。

1338时，VTS中心叫通了“××”轮，并得到火灾确认。“××”轮的高频电话恢复正常后，又立即将火灾情况报告公司。

1340时，二副报告驾驶台断电，除VHF应急电源尚可使用外，雷达等助航仪及各控制设备全部停止工作，与机舱亦失去联系。报务员用VHF与VTS中心保持通信联系，接受或转接指令。

船员根据船长命令将右舷所有救生筏(共15个)及两部气胀式降滑梯释放入水。

此时，火势迅速蔓延，几乎遍及全船，无法控制。船员无法到达应急消防泵控制间(尾部舵机间)，旅客无法到达逃生梯处。大副等组织、疏导所有旅客到艏甲板，紧急撤离至前来营救的救助船和渔船上，并安全送抵上岸。在所有旅客离船后，船员最后离船，部分船员随即参与灭火救助行动。

1540时，机舱内的最后2名船员(二管轮和机匠)被救助船救起，2名船员表示机舱情况正常，副机仍在工作。

事故发生时渤海、渤海海峡西风偏北，风力约4~5级，海面轻浪，视程良好，气温约11℃。

(五)事故救助过程

11月16日1335时，辽宁省海上搜救中心值班室接到报告，三山岛附近的滚装客货船“××”轮有失火迹象。值班员立即通过中央电视监控系统进行观察，并通过VHF与“××”轮联系，1338时，确认该船起火。

险情确认后，海上搜救中心立即启动水上险情应急反应程序，立即分别向中国海上搜救中心和辽宁省、大连市政府报告险情，并调动现场附近船舶立即赶往现场进行救助，同时协调各有关部门和有船单位派船前往救助，并命令辽宁海事局所有7艘巡逻船立即赶赴现场，对进出大连港的船舶实施紧急交通管制。

当时，现场救助船只达50余艘，北海救助局的专业救助船舶及救助直升机也抵达现场。在搜救中心指定的现场指挥船的统一协调指挥下，救助船舶分工明确，接救遇险人员下难船，接送遇险人员上岸，现场外围搜寻、监护，消防船舶进行灭火作业，整个救助行动有条不紊，迅速有效。

1500时，难船右倾10余度，当时海面西南风4~5级。

1510时始，获救人员被陆续相继安全地运送到码头，并得以妥善安置。

1720时，确认获救人员340人，其中旅客291人(包括16名伤病人员，均无生命危险)、船员49人，未发现人员死亡或失踪，海上人命搜救行动结束。

(六)事故造成的损失情况

此次火灾事故致使“××”轮C层甲板以上结构及配置全部焚毁，该甲板所承载的全部车辆及货物完全焚毁，D层甲板的部分车辆及货物亦遭受不同程度的损毁。与C层甲板相邻的船舶处所局部焚毁。

此次火灾事故总损失共计：4 500.73万元人民币，其中，船舶修理费2 549万元，车辆损失价值567.5万元，货物损失价值1 295.8万元，旅客损失赔偿30万元，船员损失赔偿5万元，事故救助费用60万元。

(七)事故原因及分析

1. 火灾事故原因鉴定

大连港公安局消防监督科根据《中华人民共和国消防法》第三十九条，经与大连市消防局和市刑警支队共同对事故调查和现场勘查，并根据勘验结果对火灾事故成因、起火部位及相关情况进行了分析认定，此次火灾起火部位位于C舱内左舷前数第二辆车（鲁Q-80908）及第一辆车头范围内。排除了车辆碰撞、携带易燃易爆物品发生自燃和电气原因引起火灾的可能，但无法排除外来飞火引燃舱内可燃物及人为因素引发火灾的可能，所以，认定此起火灾原因为原因不明。

2. 火灾事故可能原因分析

由于火灾原因不明，并且排除了车辆碰撞、携带易燃易爆物品发生自燃和电气原因引起火灾的可能，所以只能对事故可能原因进行分析。

(1)"××"轮设有两层汽车甲板，C甲板为上层汽车甲板，其两舷侧为开敞结构；D甲板为下层汽车甲板，全封闭结构。C甲板上是B甲板，即旅客处所，设有舱室外游廊。事故发生前约1 h，船舶航行中遇有5~6级的西北风，船有些摇摆。之后，海面风力减小，并即将到港，有旅客在室外活动。因此，无法排除游客吸烟，将烟头投入海时，左舷受风，而致烟头火种落入C层汽车舱，引发火灾的可能。

(2)调查尚无法排除人为的故意行为而引发此次火灾的可能。

3. 火灾事故间接原因分析

(1)经调查，"××"轮航行中，按规定应由2名船员(1名水手和1名乘警)不间断地共同实施巡舱，但在本事故航次中仅1名船员单人执行巡舱任务(2人交替巡舱)。着火初始和发现火警之时，没有巡舱人员在车辆舱现场进行巡回检查，火警未能及时发现(C层甲板汽车舱系开敞处所，按船检技术法规，可不设置火灾探测报警系统)，致使丧失了发现火警并及时扑灭的时机，是造成火势迅速扩大蔓延的一个主要原因。

(2)在火灾发生过程中，为避免可能发生沉船阻航而造成更大的损害，该船曾满舵左转驶离航道，致使船舶受风舷发生变化，C层汽车甲板的开敞结构，形成了良好通风条件，风助火势，也是造成火情迅速蔓延的客观原因。

(3) 调查证实，C层甲板左舷前部第5辆货车所载货物中夹带有部分货物为小容量(500 mL和750 mL两种，共4 500罐)压力金属罐包装，内有聚氨酯预聚体(建筑原料)，属易燃危险品。该车距起火点较近，在火情发展的过程中，势必起到爆裂扩散、助燃扩大火势的作用，这也是火情在短时间内得以迅速发展的一个原因。

(4)该船船员虽然在发现火警后，立即启动消防泵和水雾喷淋泵，但刚开始工作，即瞬间停止。经调查分析，此时，C层甲板汽车舱内的消防泵/水雾喷淋泵的控制电缆和遥控电气回路已被烈火燃烧损坏，致使消防泵和水雾喷淋泵无法正常运转工作，失去了船舶自身主要灭火能力，成为无法控制火情迅速发展的又一原因。

(八)事故责任认定

由于火灾原因不明，调查中也没有发现因船舶操纵、操作方面的失误而导致火灾的事实，所以无法确定事故的直接责任。

但调查表明，"××"轮未能及时发现火情，失去了及时控制或可能扑灭火势的时机；在灭火指挥、组织过程中措施不力，没能有效阻止火势扩大蔓延，对此次火灾事故损失扩大负有责任。

公司在安全管理体系的运行中存在缺陷，公司没能有效监督、检查其体系内所属船舶的应急演练和操作，对船舶在此次火灾事故中应急反应不力，组织、指挥灭火措施不当负有相应的责任。

(九)事故教训及救助经验

1. 事故教训

“××”轮火灾事故的事实和调查结果表明：

(1)该船C层汽车甲板的开敞式结构，不但无法密封车辆舱，从船舶构造上保证汽车舱的安全防护，而且在火灾发展过程中，客观地起到了通风助燃，使火势迅速蔓延的作用。

(2)“××”轮消防/水雾喷淋系统的控制电缆布置均经由汽车舱内，一旦车辆舱发生火灾则可能会烧毁电缆，最终导致严重后果（以往多起客滚船舶火灾事故调查都证明这一点）。对此，应予以足够的重视并采取措施，从根本上解决过舱电缆的防火问题。

(3)该船在发生火警后，没有按规定迅速用最有效的通信手段向海事主管机关报告，致使主管机关不能在第一时间与该船建立通信联系，影响了对此次船舶火灾事故的救助指挥和协调。

(4)火警后，船员立即进入水雾喷淋系统控制间打开了所有阀门，实施灭火，虽因控制电缆烧毁而致系统无法运转，但按操作规程，须分区开阀才能确保建立足够水压，使水雾喷淋起作用。在发生火灾的紧急时刻，水雾喷淋系统控制阀的错误操作，暴露出该船船员应变心理素质低下，慌乱失措，应急反应能力明显不足。弃船应急组织混乱，多人受伤。

(5)按现行的有关法规和装车港例行的对车辆和货物的安全检查程序及手段，还无法完全杜绝易燃易爆等危险品上船，确保滚装运输的安全。

2. 救助经验

“××”轮船舶火灾事故救助取得了圆满的成功，340名旅客和船员全部安全获救，成功地控制了火势，确保了难船不爆不沉，未造成海洋污染，并迅速恢复了大连港的通航畅通。此起事故的救助成功有以下几点值得借鉴。

(1)各级领导高度重视。交通部、中国海上搜救中心领导亲自指挥，立即启动海上救助应急预案，对搜救行动作出了一系列的重要指示；辽宁省、大连市政府领导亲自到场指挥救助，通过信息网络，各级指挥机关和领导实时准确掌握现场情况，政令畅通，决策迅速，保证了本次搜救行动的顺利开展和有效实施。

(2)辽宁省海上搜救中心反应迅速，决策科学，指挥有力，措施得当。接到险情后的12 min，中心指令的第一艘救助船即驶抵现场，众多的船舶快速抵达，参与救助，为人命救助赢得了时间。整个救助行动在搜救中心的统一协调指挥下，以人命救助为首，救助船分工明确，救助行动有条不紊，迅速有效。难船被及时拖离主航道，避免沉船阻航的危险。中心根据现场灭火情势，适时果断下令停止向难船喷水灭火，防止船舶因倾斜加大，恢复力矩减小，而造成翻沉。

(3)先进的搜救指挥设备在本次搜救中发挥了重要的作用，使得“××”轮火灾事故的整体搜救行动取得了理想的成效。辽宁省海上搜救中心配置的VTS系统及CCTV系统、可视电话系统、AIS系统等设备，在这次搜救行动中，全面覆盖事故水域，实时准确地掌握现场情况，快速及时地传递信息，为搜救行动的正确决策提供了可靠的技术支持。

(十)安全管理建议

(1)公司应认真吸取“××”轮重大火灾事故的深刻教训，全面梳理、查找本公司安全管理体系文件内容及运行环节中(尤其是应对各种紧急情况的应急反应程序)存在的问题或缺陷，切实采取有效措施监督、检查所属船舶的安全管理工作。公司应完善船岸通信联系设备和应急预案，配置符合规范要求的船岸、船内通信设备，确保在各种紧急情况下应急反应行动得以有效进行。

(2)严格遵守滚装客货船汽车舱的不间断巡回检查制度，确保有足够船员执行巡查职责，建立巡舱监督、联系制度。

(3)对“××”轮这种设有开敞式汽车滚装处所类型的客滚船舶及类似结构和船型，应进行可行的封闭性改造，以保证滚装处所完整有效的消防设置，彻底消除火灾隐患，提高滚装客货船的消防要求和此类船舶船体构造安全的法规技术标准。

(4)本次事故中，大火烧毁了舱内消防泵控制电缆而致消防设备无法工作，应针对滚装客货船的特点和构造，深入研究论证各种重要船舶电缆的防火性能、合理布置(如更换电缆提高防火性能，或设置电缆专用通路等)，确保船舶在发生局部火灾情况下的航行操纵性能和消防灭火能力。

(5)在滚装处所合理位置安装摄像监视设备，使值驾人员随时了解汽车舱内的情况或动态。

(6)该公司及其所属船舶应在条件许可下，择时进行船员与旅客互动性消防灭火和救生弃船演习，以加强船员消防应急能力的训练和应对紧急局面的心理素质的培养，做到在任何紧急局面下准确、熟练地掌握、操作船舶各种应急设备。

(7)进一步完善滚装客货船的车辆、货物安全检查的法规和制度，运用高科技监控设备(如车辆伽玛/电子射线扫描检查仪)加强检查监控手段，力争从源头上彻底堵截“三品”、“三超”车辆上船。

(8)基于此次事故调查无法排除人为的故意行为而造成火灾的因素，各航运单位，尤其是从事旅客运输、滚装客货船运输的单位，应充分认识船舶安全的重要性和必要性，严格遵守有关规定，切实履行船舶安全的各项防范措施，确保海上人命财产安全。

第二篇

实操训练部分

Dierpian Shicao Xunlian Bufen

科目一 空气呼吸器的使用与佩戴

训练目的和要求

1. 掌握空气呼吸器的构造、用途、佩戴。
2. 掌握训练使用注意事项。

教学重点

正压式空气呼吸器的使用及注意事项。

训练组织

以组为单位，在教师指导下进行。

训练知识和技能

一 正压式空气呼吸器的用途与性能

呼吸器能利用自身携带的压缩空气，不依赖环境气体，使人体正常呼吸。使用时，面罩内的压力始终稍高于环境大气压力。该呼吸器具有性能可靠、安全程度高、佩戴舒适、呼吸舒畅、人体适应性强、全面罩视野广阔、气密性好、体积小、操作简单、维护方便等优点，特别适用于消防中侦察火情、灭火及抢险救灾等工作。

二 呼吸器的使用方法

（一）使用前的检查、准备工作

（1）打开空气瓶开关，气瓶内的储存压力一般应为28~30 MPa。

（2）关闭气瓶阀，观察压力表的读数变化，在5 min时间内，压力表读数下降应不超过2 MPa，表明供气管系高压气密性良好；否则，应检查各接头部位的气密性。

(3)通过供给阀的杠杆,轻轻按动供给阀膜片组,使管路中的空气缓慢地排出,当压力下降至6~4 MPa时,余压报警器应发出警报音,并且连续响到压力表示值接近零。

(4)压力表有无损坏,它的连接是否牢固。

(5)中压导管是否老化,有无裂痕,有无漏气处,它和供给阀、快速接头、减压器的连接是否牢固,有无损坏。

(6)供给阀的动作是否灵活,是否缺件,它和中压导管的连接是否牢固,是否损坏;供给阀与呼气阀是否匹配。戴上呼吸器,打开气瓶开关,按压供给阀杠杆使其处于工作状态。在吸气时,供给阀应供气,有明显的“咝咝”响声。在呼气或屏气时,供给阀停止供气,没有“咝咝”响声,说明匹配良好。如果在呼气或屏气时,供给阀仍然供气,可以听到“咝咝”声,说明不匹配。应校验正压型呼气阀的通气阻力,或调换全面罩,使其达到匹配要求。

(7)检查全面罩的镜片、系带、环状密封、呼气阀、吸气阀是否完好,有无缺件。供给阀的连接位置是否正确,连接是否牢固。全面罩的镜片及其他部分要清洁、明亮,保证无污物。检查全面罩与面部贴合是否良好并气密,方法是:关闭空气瓶开关,深呼吸数次,将空气呼吸器管路系统的余留气体吸尽。全面罩内保持负压,在大气压作用下全面罩应向人体面部移动,感觉呼吸困难,证明全面罩和呼气阀有良好的气密性。

(8)检查空气瓶的固定是否牢固,它与减压器连接是否牢固、气密。背带、腰带是否完好,有无断裂处等。

(二)呼吸器佩戴和卸装

呼吸器的佩戴方法以迅速、安全、有效为原则。

佩戴(参见图1):

图1 呼吸器的佩戴方法

(1)呼吸器的摆放:背托朝上,气瓶朝下,旋转气阀手轮朝前,面罩放在背托旁,面镜朝上,快速接头断开。

(2)关闭空气供给阀开关,插好快速接头,按逆时针方向旋转手轮,打开气瓶开关,查看压力表,然后关闭气瓶阀。开启空气供给阀,放出管内空气,拔下快速插头放回原位。

(3)关闭空气供给阀,打开气瓶开关。整理好肩带、腰带和面罩系带至合适长度。两手握住背托,举起钢瓶,过头顶,伸直双臂,钢瓶下落。

(4)收紧肩带,扣紧腰带。

(5)连接好快速接头。

(6)由上而下戴好面罩,并收紧。

卸装备:

(1)松开面罩收紧带。

(2)由下而上摘下全面罩。

(3)按顺时针方向关闭气瓶阀。

(4)打开全面罩的供给阀开关,放出管内空气。

(5)拔掉快速接头。

(6)摘下面罩带将其放置原位。

(7)解开腰带,松开肩带,从身体上卸下呼吸器放置原位并整理好。

(三)使用后的处理

(1)一般情况下,严禁拆卸供给阀。需要对其检查和维修时,从装具中卸下供给阀,放松压环,取下上盖,打开壳体,小心拆下膜片组等零件进行清理和检查。检查应注意压环是否松动,膜片是否老化有裂纹,阀杆组是否完整好用。组合时,必须按原样复位,接上供气软管,开启气瓶阀,揿压转换开关2~3次,检查空气流量是否合适。

(2)使用中性或弱碱性消毒液洗涤全面罩的口鼻罩及人体面部、额头接触的部位,擦洗呼气阀片,最后用清水擦洗。洗净的部位应自然干燥。

(3)卸下背托上的空气瓶,擦净装具上的油污、灰尘,并检查有无损坏的部位。

(4)对空气瓶重新充气。

训练知识和技能

1. 使用呼吸器时,应严格按操作规程进行,以免发生窒息。
2. 呼吸器在使用前,必须检查其气量及安全性。
3. 操作呼吸器,应避免误操作,以免对其造成损坏。
4. 上课时,严肃认真,不打闹嬉戏。
5. 上课学员应听从老师的指挥,并遵守纪律。
6. 要爱护设备或器材。若发现有设备损坏,应立即报告,查明损坏的原因和经过。
7. 训练完毕后,按教师的要求把训练设备与器材搬回原位放好。

科目二 防火控制图与应变部署表的识别与使用

训练目的和要求

1. 能够掌握船舶应变部署的编制、格式要求。

2. 学员熟悉船舶防火控制图的有关内容,在船舶不同部位发生火灾,能结合控制图制定灭火方法。

教学重点

1.编制消防应变部署方法。

2.船舶防火控制图的消防符号与标志的识别,能结合控制图制定灭火方法。

训练组织

以组为单位,在教师指导下进行。

训练知识和技能

一 应变部署的编制

给定空白应变部署表格和船员名单(学员名单),分两组。

(1)编制消防应变部署。

(2)根据消防应变部署,分别抄录给现场指挥、各个队(组)所领导的人员。

(3)向部分人员发放个人消防应变卡。

要求:

(1)符合船上实际情况,学员编制内容不应有雷同。

(2)确定不同集合地点。

(3)抽查学员对各项应急任务的了解和编制格式是否符合要求。

二 熟悉船舶防火控制图

(1)各种船舶消防符号与标志的识别。

(2)假想船舶不同部位(机舱、货舱、居住区)发生火灾,设置火情,结合前面编制应变部署人员分工,以文字形式表达整个应急程序,其中要点如下:①确定人员可使用消防系统、设备。②需关闭哪几处通风控制装置。③需使用的船内通信设备。④选择灭火进攻和退出路线。⑤使用的紧急脱险通道。⑥灭火人员与设备的位置部署。

三 IMO船舶消防标志符号

船舶防火控制图标志符号(表1)由国际海事组织A.952(23)号决议于2003年12月5日通过。决议要求船上应有固定展示的防火控制图(图2)作为对船上高级船员的指导;应有一套防火控制图或具有该图小册子的复制品，永久性地置于甲板室外面有醒目标志的风雨密盒子里,以有助于岸上的消防人员使用。上述标志和图须在2004年1月1日或之后建造的船舶上应用,而2004年1月1日之前建造的船舶可继续配备应用A.654(16)决议中所列标志符号的防火控制图。

表1 IMO船舶消防符号与标志

符号	名称	说明
	A级分隔	
	B级分隔	
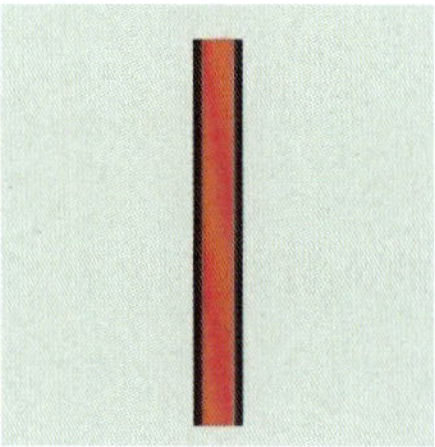	主竖区	

（续表）

符号	名称	说明
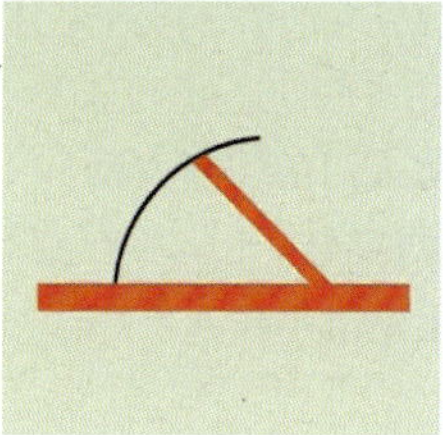	A级防火门	
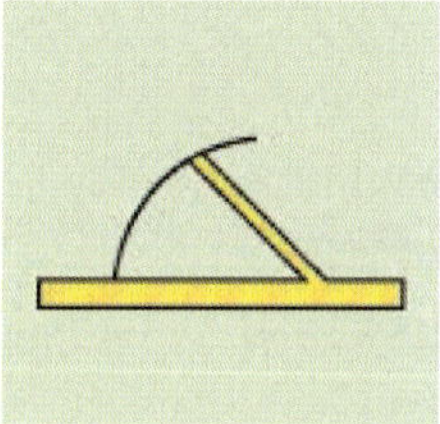	B级防火门	
	A级自闭式防火门	符号应标在门的位置上，且显示防火门的实际方位 若是水密门，则在符号右侧加上WT字样 若是半水密门，则在符号右侧加上SWT字样
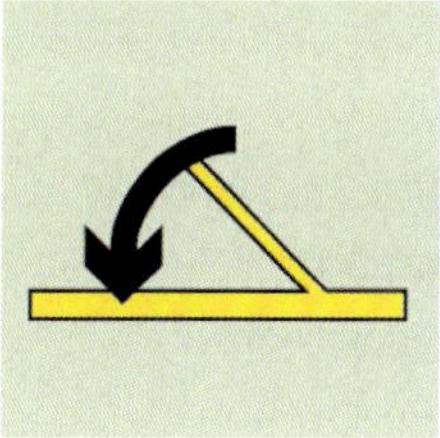	B级自闭式防火门	符号应标在门的位置上，且显示防火门的实际方位 若是水密门，则在符号右侧加上WT字样 若是半水密门，则在符号右侧加上SWT字样
	A级滑动式防火门	符号应标在门的位置上，且显示防火门的实际方位 若是水密门，则在符号右侧加上WT字样 若是半水密门，则在符号右侧加上SWT字样
	B级滑动式防火门	符号应标在门的位置上，且显示防火门的实际方位 若是水密门，则在符号右侧加上WT字样 若是半水密门，则在符号右侧加上SWT字样

（续表）

符号	名称	说明
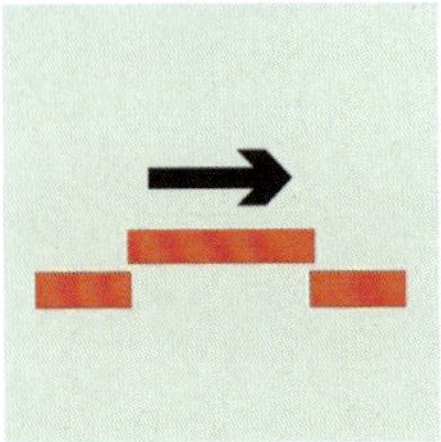	A级滑动式自闭防火门	符号应标在门的位置上，且显示防火门的实际方位 若是水密门，则在符号右侧加上WT字样 若是半水密门，则在符号右侧加上SWT字样
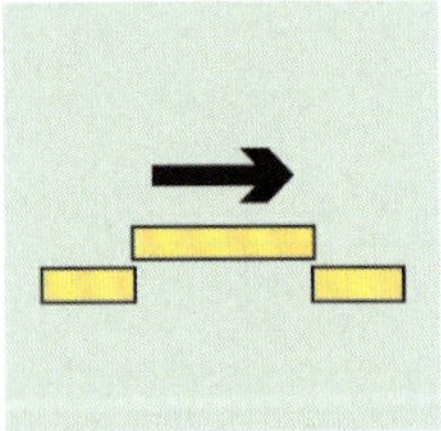	B级滑动式自闭防火门	符号应标在门的位置上，且显示防火门的实际方位 若是水密门，则在符号右侧加上WT字样 若是半水密门，则在符号右侧加上SWT字样
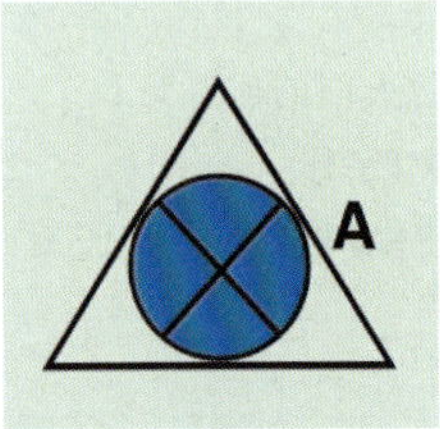	通风遥控装置	符号应标在门的位置上，且显示防火门的实际方位 若是水密门，则在符号右侧加上WT字样 若是半水密门，则在符号右侧加上SWT字样
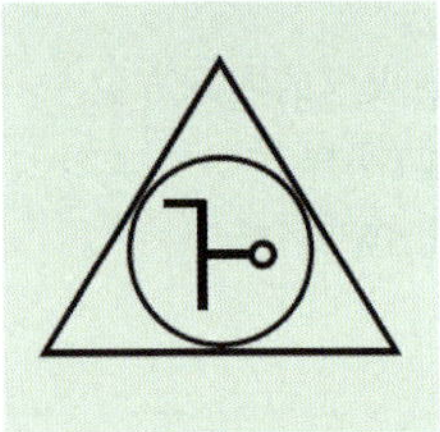	天窗遥控装置	符号应标在门的位置上，且显示防火门的实际方位 若是水密门，则在符号右侧加上WT字样 若是半水密门，则在符号右侧加上SWT字样
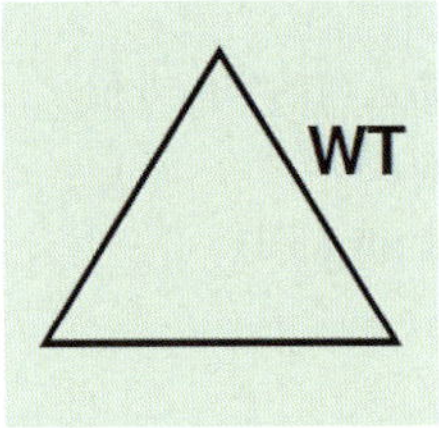	水密门或防火门遥控装置	在符号右侧加上WT字样表示遥控水密门，加上FD字样表示遥控防火门
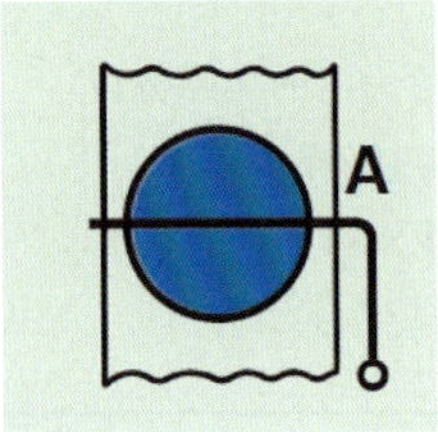	防火挡板	

(续表)

符号	名称	说明
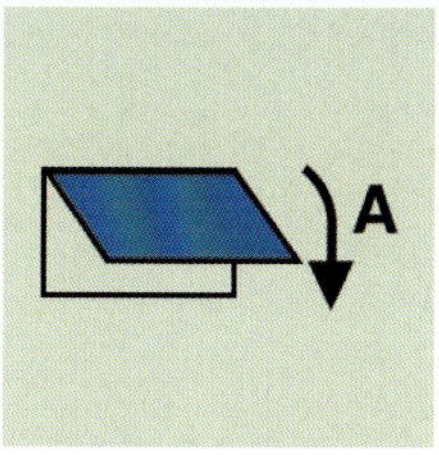	通风关闭遥控装置	
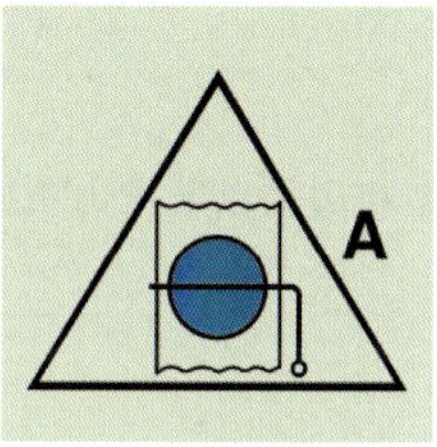	防火挡板遥控装置	
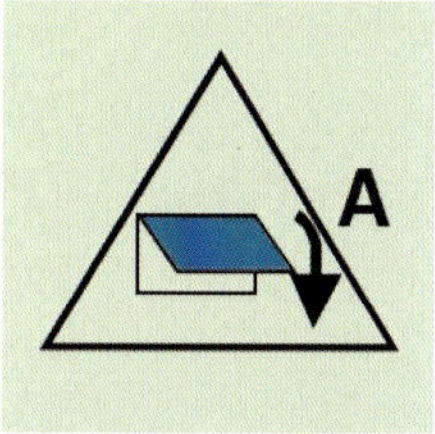	通风关闭遥控装置	圆圈和符号右侧字母的颜色表示： A：起居处所和服务处所为蓝色 M：机器处所为绿色 C：装货处所为黄色 关闭装置的识别号可在符号底部标明
	防火控制计划	
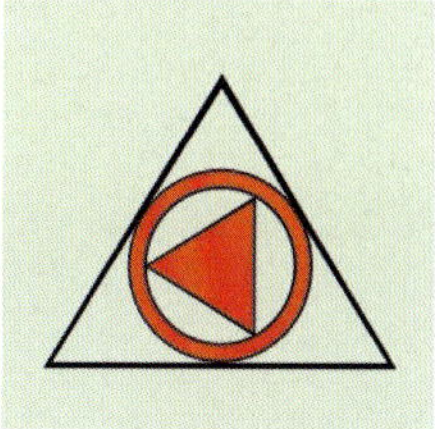	消防泵遥控装置	
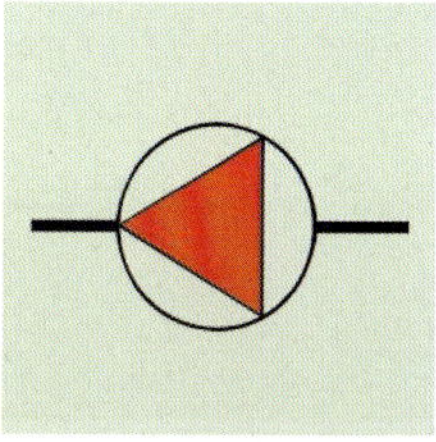	消防泵	每单位时间排放的消防用水类型和用量以及压力头应在符号右侧或图注中标明

（续表）

符号	名称	说明
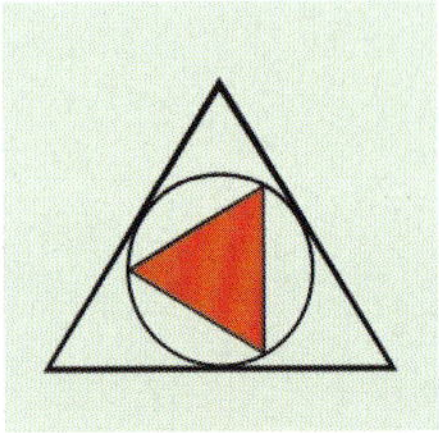	应急消防泵遥控装置	
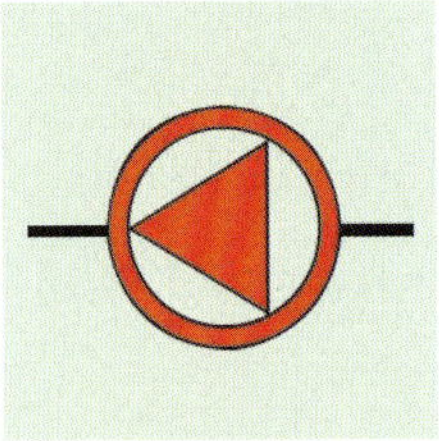	应急消防泵	每单位时间排放的消防用水类型和用量以及压力头应在符号右侧或图注中标明
	燃油泵遥控阀	
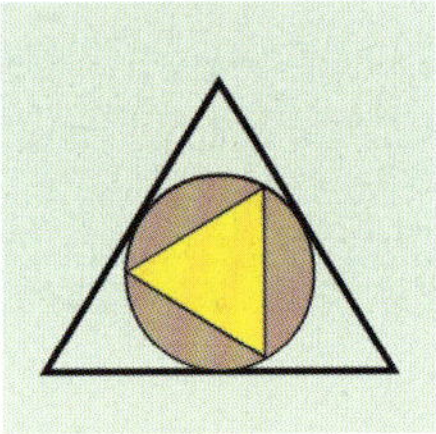	滑油泵遥控阀	
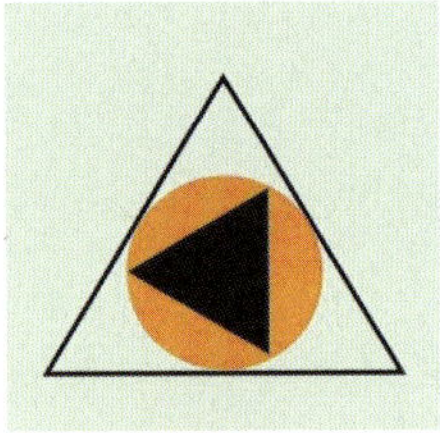	污水泵遥控阀	
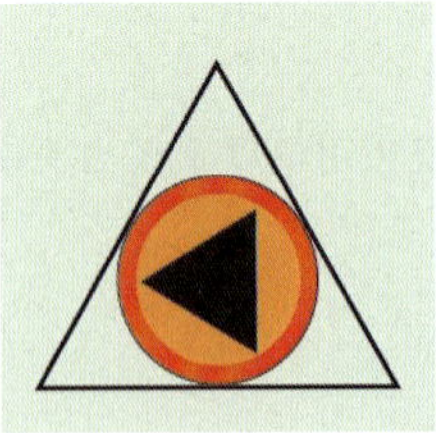	应急污水遥控泵	

（续表）

符号	名称	说明
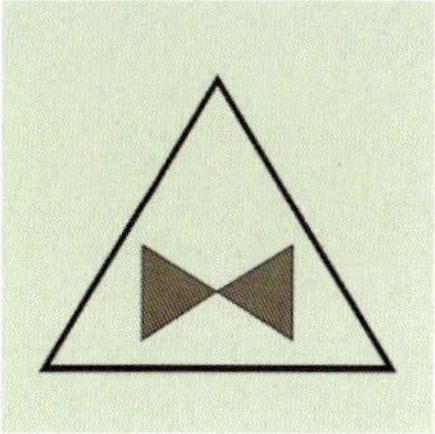	燃油遥控阀	
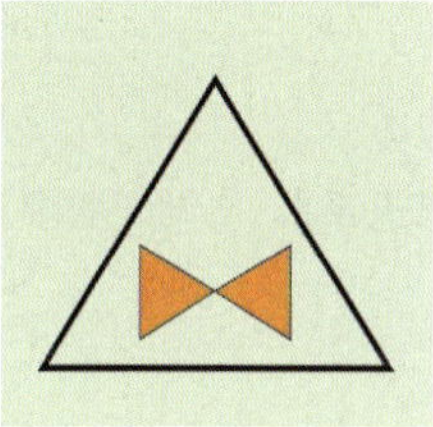	滑油遥控阀	
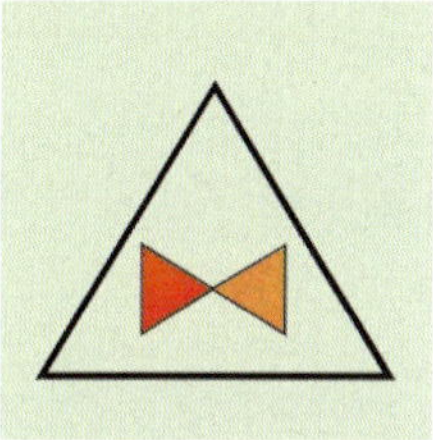	消防泵遥控阀	
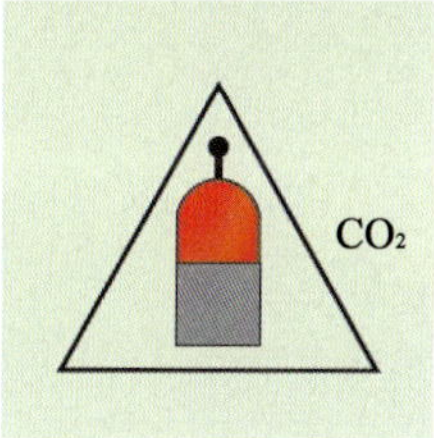	灭火系统控制站	在符号底部标明所保护的处所。灭火剂种类应在符号下端用颜色指示，并在符号右侧用一个字母标明：灰色—CO_2代表二氧化碳或N代表氮气，棕色—H代表除CO_2或N以外的气体(标明气体种类)，白色—P代表干粉，绿色—W代表水
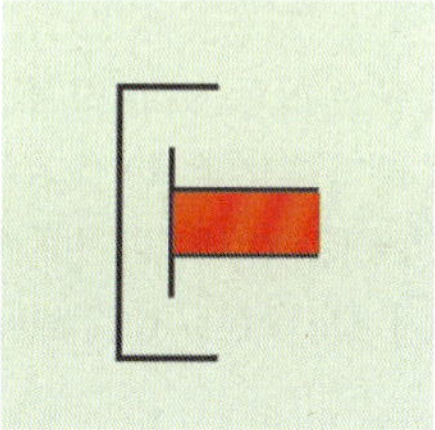	国际通岸接头	
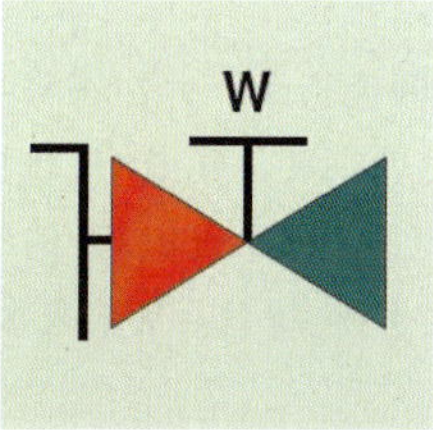	消火栓	

（续表）

符号	名称	说明
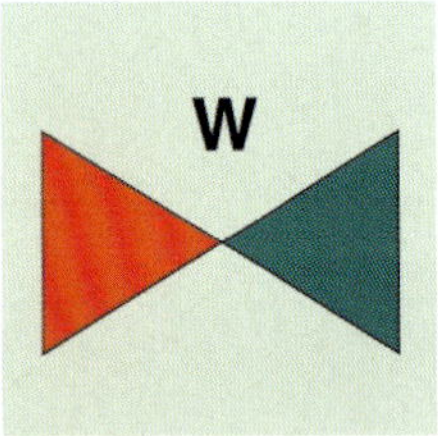	消防总管分区阀	在符号右侧标明阀组的参考号
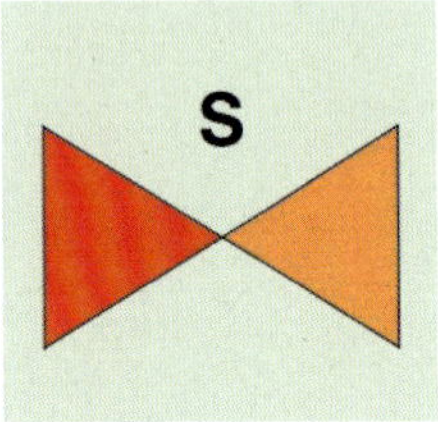	喷淋系统分区阀	在符号右侧标明阀组的参考号 本符号还适用于同类水型灭火系统，自动干管喷淋器系统的阀组应在图注中标明
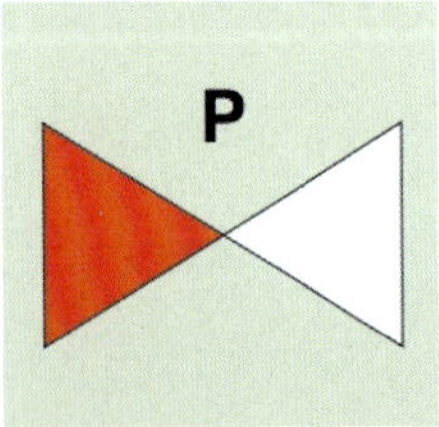	干粉系统分区阀	在符号右侧标明阀组的参考号
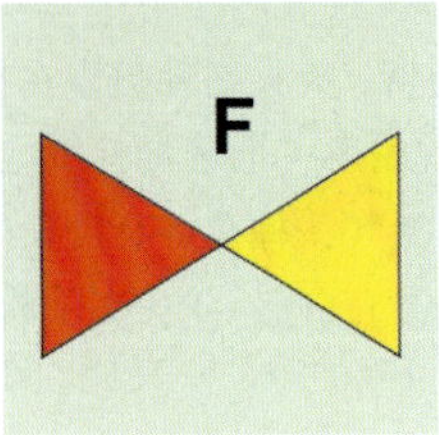	泡沫系统分区阀	在符号右侧标明阀组的参考号
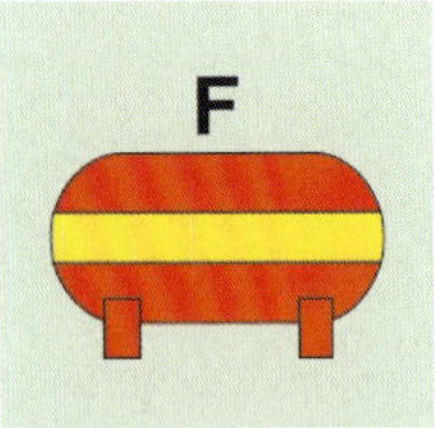	固定灭火装置	灭火剂种类应在符号中部用颜色指示，并在符号上方用一个字母标明：灰色—CO_2代表二氧化碳或N代表氮气，黄色—F代表泡沫，棕色—H代表除CO_2或N以外的气体（标明气体种类），白色—P代表干粉，绿色—W代表水
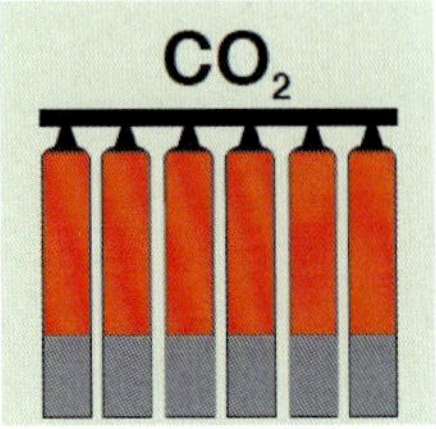	固定灭火装置（气瓶组）	灭火剂种类应在符号下端用颜色指示，并在符号上方用一个字母标明：灰色—CO_2代表二氧化碳或N代表氮气，黄色—F代表泡沫，棕色—H代表除CO_2或N以外的气体（标明气体种类），白色—P代表干粉，绿色—W代表水

（续表）

符号	名称	说明
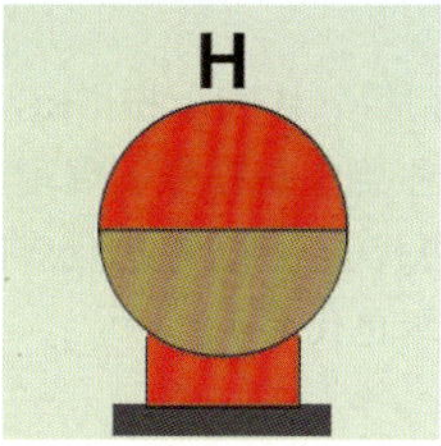	固定灭火装置（置于被保护处所）	灭火剂种类应在符号下端用颜色指示，并在符号上方用一个字母标明：灰色—CO_2代表二氧化碳或N代表氮气，黄色—F代表泡沫，棕色—H代表除CO_2或N以外的气体（标明气体种类），白色—P代表干粉，绿色—W代表水
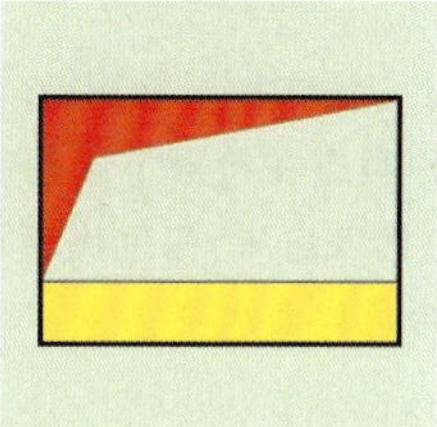	高倍泡沫发生器	若有必要，在符号底部标明所保护的处所
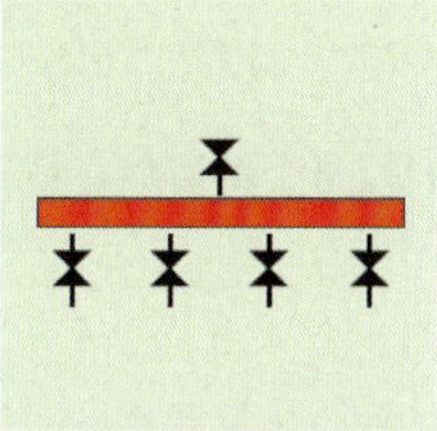	喷水系统阀	若有必要，在符号底部标明所保护的处所
	惰气系统装置	
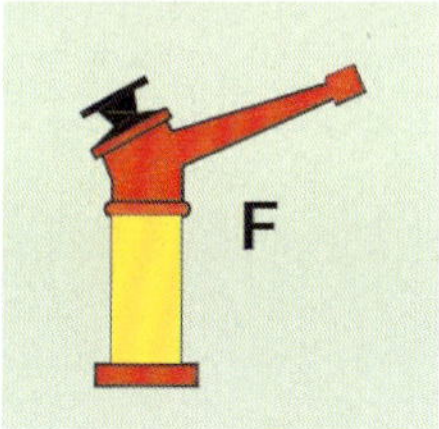	机械泡沫发生器	灭火剂种类应在符号中部用颜色指示，并在符号上方用一个字母标明：黄色—F代表泡沫，白色—P代表干粉，绿色—W代表水
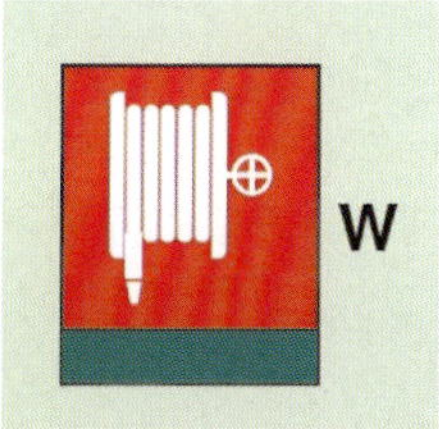	消防水枪与水带	在符号右侧标明水带的长度；如果只使用一种水带，可在图注中标出；灭火剂种类应在符号下部用颜色指示，并在符号上方用一个字母标明：黄色—F代表泡沫，白色—P代表干粉，绿色—W代表水

（续表）

符号	名称	说明
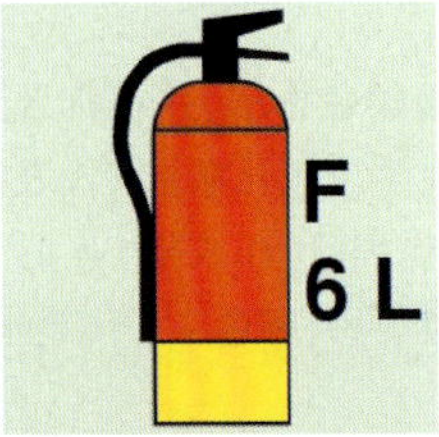	手提式灭火器	在符号右侧标明灭火剂和容量(气体和干粉用KG表示，水和泡沫用L表示)；灭火剂种类应在符号下端用颜色指示，灰色代表二氧化碳，黄色代表泡沫，棕色代表除CO_2以外的气体，白色代表干粉，绿色代表水
	推车式灭火器	符号右侧标明灭火剂和容量（气体和干粉用KG表示，水和泡沫用L表示)；灭火剂种类应在符号下端用颜色指示，灰色代表二氧化碳，黄色代表泡沫，棕色代表除CO_2以外的气体，白色代表干粉，绿色代表水
	消防设备储存处	在符号右侧标明消防储存箱号，每个消防储存箱里的主要储存物应在图注中标明
	固定灭火系统保护场所	在符号上方标明灭火剂和容量（气体和干粉用KG表示，水和泡沫用L表示)；添加后缀L表示固定式局部应用消防系统；灭火剂种类应在符号下端用颜色指示，灰色代表二氧化碳，黄色代表泡沫，棕色代表除CO_2以外的气体，白色代表干粉，绿色代表水，橘黄色代表喷淋器或高压水型灭火系统
	便携式泡沫液桶	
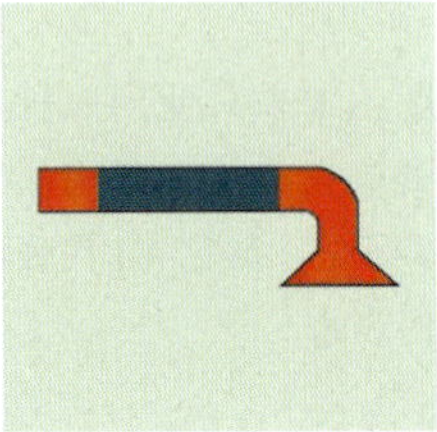	水雾发生器	

（续表）

符号	名称	说明
	应急发电机	
	应急电源（电池）	
	应急开关箱	
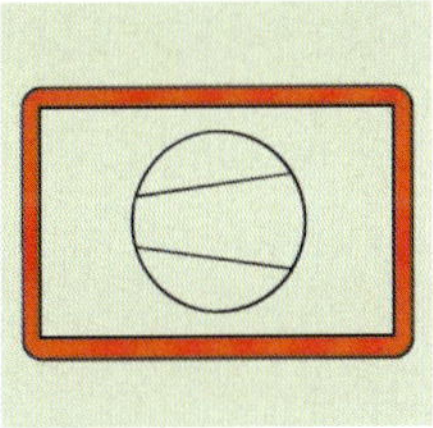	呼吸气瓶充气机	
	失火报警显示屏	
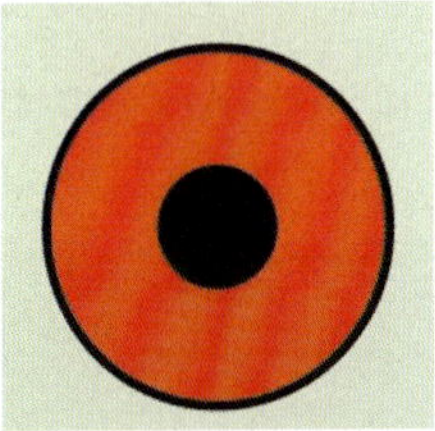	火警按钮开关	

（续表）

符号	名称	说明
	手动呼叫按钮	由主管机关自行决定是否使用本符号
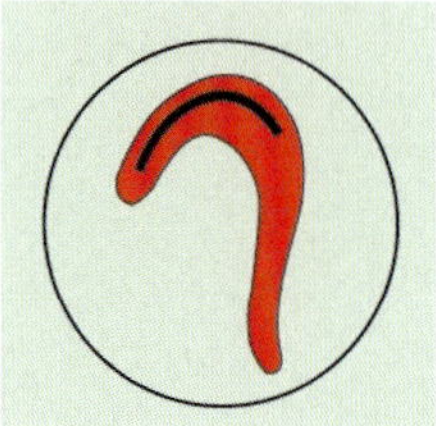	感烟探测器	应标明受监控的处所
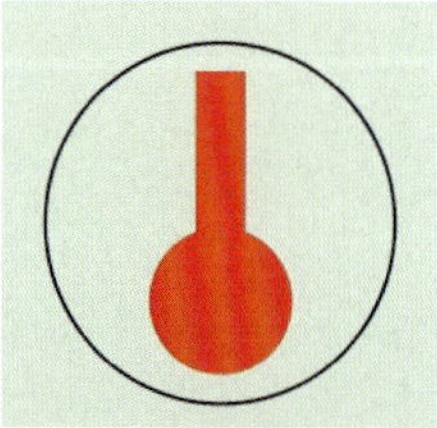	感温探测器	应标明受监控的处所
	火焰探测器	应标明受监控的处所
	气体探测器	
	主脱险通道	

（续表）

符号	名称	说明
	副脱险通道	
	应急呼吸器	在符号右侧标明所装载的EEBD数量

船舶防火控制图实例如图2所示。

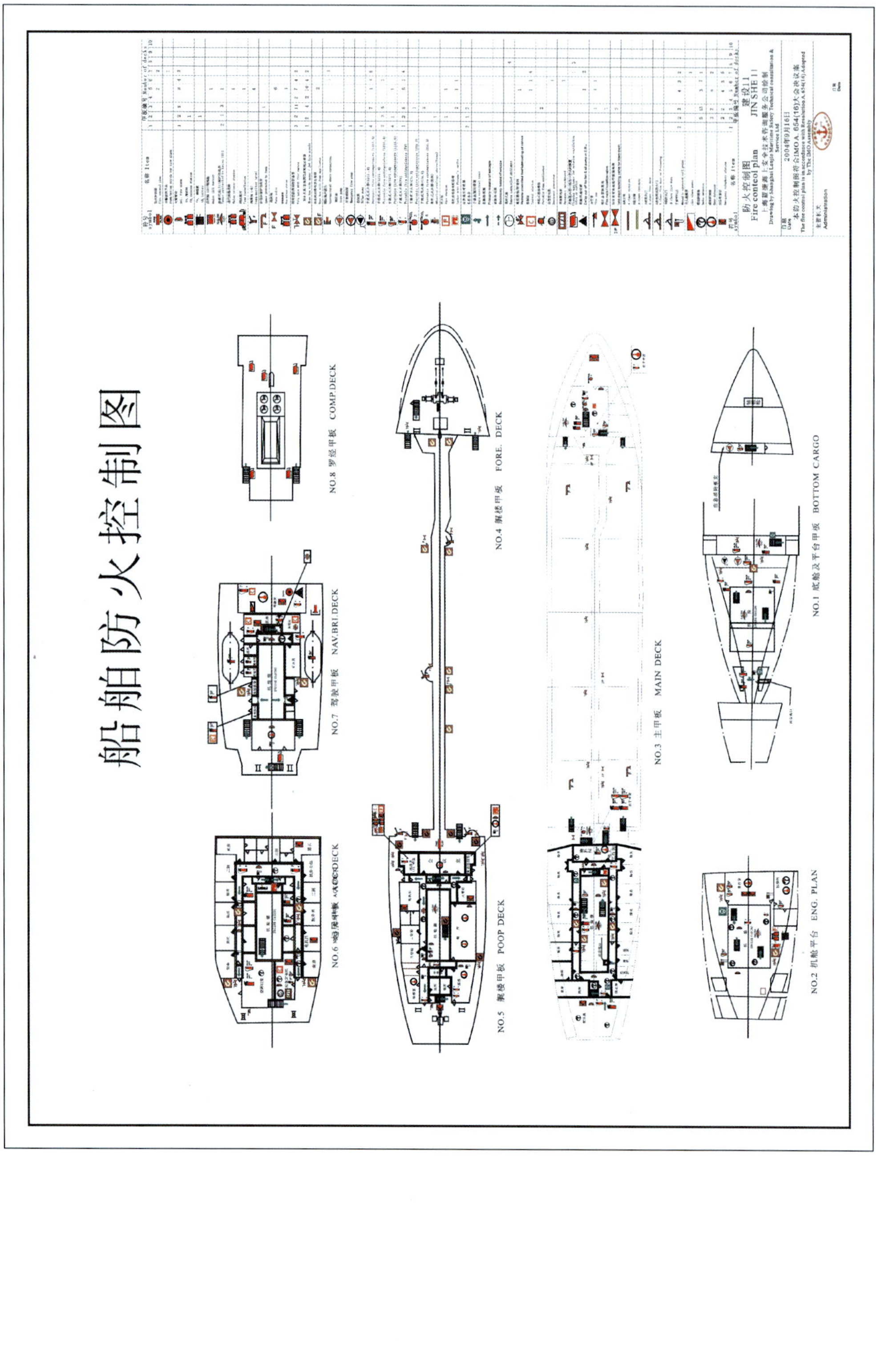
船舶防火控制图
NO.8 罗经甲板 COMP.DECK
NO.7 驾驶甲板 NAV.BRI.DECK
NO.5 艉楼甲板 POOP DECK
NO.4 艏楼甲板 FORE. DECK
NO.3 主甲板 MAIN DECK
NO.2 机舱平台 ENG. PLAN
NO.1 底舱及平台甲板 BOTTOM CARGO
防火控制图
Fire control plan

图2 船舶防火控制图

科目三

船舶火灾事故报告格式

训练目的和要求

训练学员能够编制船舶火灾事故报告,符合交通运输部有关要求。

教学重点

火灾调查报告各部分内容和格式。

训练组织

以组为单位,在教师指导下进行。

训练知识和技能

一 火灾调查

发现火灾的过程。

发出火灾警报的时间。

警报的启动。

向船长报告的时间。

火灾的位置和性质。

到达现场的第一人。

灭火的初始措施。

使用的消防员装备。

使用的消防器材。

使用的人力。

熄灭的时间与人员伤亡情况。

造成的全部损失。

由灭火剂造成的损失。

火灾后的防火值班。

船舶损失的程度。

火灾分析。

二 火灾原因调查报告

火灾过程时间表。

采取措施的时间。

有关火灾的事实。

要求的灭火器材。

参加灭火的人员。

使用的消防员装备和压缩空气呼吸装置。

火灾损失。

灭火剂造成的损失。

船舶损失的程度。

三 报告的结论

对事实的分析和讨论。

结论。

避免重复发生的建议。

改善程序的建议。

船舶火灾事故报告实例

关于“××”轮机舱火警事故的调查报告

××公司安全管理部

一 船舶概况

“××”轮船舶概况如表2所示：

表2 “××”轮船舶概况

船名	××	呼号	××××	IMO No.	×××
船旗国	中国	船籍港	××	船舶登记号	×××
船舶种类	散装自卸船	船型	艉机型	船级社	CCS
建造厂	××	安放龙骨	1994年11月30日	建造完工	1995年6月9日
船舶所有人	××	船舶经营人	××公司	船员属地	××
接管日期	××××××	管理公司	××××		

（一）主尺度

“××”轮主尺度如表3所示：

表3 “××”轮主尺度

总长	186.58 m	两柱间长	178.80 m
型宽	29.00 m	型深	15.20 m

(二)吨位

“××”轮吨位如表4所示。

表4 “××”轮吨位(t)

总吨	24 964	净吨	10 568	空船重量	9 382
空载排水量	9 382	满载排水量	46 914		

(三)主副机

“××”轮主副机如表5所示。

表5 “××”轮主副机

主机型号	MAN B&W 6L-50MC	主机台数	1
主机缸径	500 mm	主机冲程	1 620 mm
主机出厂年月	1995	主机制造厂	Diesel Motor Enwerk Vulkan Werk Bremen
副机	型号:瓦锡兰VASA 6R22/26	台数	3
副机功率(kW)	1 065		
发电机型号	ALPC500D6	台数	3
功率:1 263 kVA		频率:50 Hz	
电压:400 V		相制:3	
电制:三相绝缘系统		制造厂/出厂编号:ABB/106179/106180/106181	

(四)应急发电机/应急电源

“××”轮应急发电机/应急电源如表6所示:

表6 “××”轮应急发电机/应急电源

柴油机型号:3306B/161 kW		
发电机型号:MWOX 200-4	发电机功率:	发电机频率:50 Hz
制造厂:CATERPILLAR	启动方式:电动	
应急电源(蓄电池)	24 V	119 AH

二 事故经过

“××”轮2011年第35航次,××航线,11月2日1800时抵达秦皇岛锚地等泊受载。3日2206时左右,机控室值班机工发现2号副机燃油漏油报警,随即告知正在2号副机现场监控的值班机工(由于2号副机刚完成自修,尚在磨合试车过程中,轮机长安排双岗值班)。两人合力揭开并移除2号发电机高压油泵顶部保护罩板,检查发现3缸高压油泵的进油管法兰处泄漏燃油,漏出的燃油喷洒到缸头气阀机构的外壳上。在未盖妥高压油泵顶部保护罩的情况下,一名机工回到集控室电话告知二管轮和电机员,另一名机工立即在机旁启动3号发电机。

2212时左右，电机员下机舱集控室并电，解列2号电机，并遥控停止2号发电机组。

二管轮奔到2号副机机旁停电动燃油增压泵（此泵仅能在机旁起停，油泵压力0.7 MPa），就在二管轮已关闭燃油阀进口阀，正在关闭燃油回油阀的同时，在旁的机工发现在2号副机3、4缸缸头与排烟管之间的部位突然起火（大约在2212时），机工迅速用干粉灭火器进行扑救。喷射干粉后，明火被扑灭。少顷，该部位再次复燃，该机工和二管轮再次用灭火器进行灭火，但此时火势猛烈并迅速扩散，蔓延至2号副机顶部天花板油漆和电缆线排。二管轮到集控室用电话向全船广播报警，火警探头也触发警报，全船响起火警警报。

船长和政委首先到达现场，用灭火器进行施救。其他船员也纷纷赶到机舱用灭火器扑救火灾，火势得到控制，但由于副机舱室空间狭小，烟雾浓重呛人，周围临近油舱和分油机房，管线纵横，近距离施救困难。

船长果断下达使用消防水灭火的指令，三根皮龙对着火源和油舱舱壁和分油机房分隔舱壁板，前后夹击，进行灭火降温。

电机员迅速拉动风油切断装置，停止3号副机；5~10 s后，应急发电机自动启动供电；三管轮立即启动应急消防泵，水泵蓄压备用。

2235时左右，火势被彻底扑灭。船长于2240时通过电话告知公司总值班室，即刻，公司启动应急程序，组织成立事故应急处理和事故调查小组。

三 损失情况

（1）无人员伤亡，船舶锚泊安全。

（2）3台副机经过副机间的控制和照明电缆及灯具部分被烧损。

（3）1号、2号副机增压器表面过火，调速器调速马达烧损，1号、2号副机仪表盘部分烧损，1号、2号副机滑油预润滑泵和燃油增压泵部分马达损坏，1号、2号副机安全系统部分烧损，各种报警装置部分烧损。

（4）1号、2号副机增压器消音器烧损，转速探头烧损。

（5）2号、3号发电机在施救过程中不同程度被消防水喷到，内部进水。经过绝缘测量，3号机为零，2号机小于2兆欧。

（6）“××”轮于11月5日进修船厂，11月23日2315时修妥，24日1330时出厂。

四 事故原因分析

（一）主要原因

是由于高压油泵进油管法兰固定螺栓松动，造成高压轻柴油泄漏、喷射。火灾现场调查照片如图3所示。

（二）直接原因

是在揭开并移除高压油泵顶部的保护罩板后，未能及时盖妥保护罩，或者未能对泄漏源进行堵漏应急处理。

2号副机3缸高压油泵喷出的轻柴油被直接喷到缸头排气机构外壳（轻柴油流至排烟管护罩缝隙再至排烟管），或直接喷到排温表表杆空隙所裸露的排烟弯管处，轻柴油被高温点燃。

着火后，火源迅速引燃漏泄在高压油泵和缸体平面附近的轻柴油，助长火势，火焰又上窜引燃敷设在2副机上方的电缆和天花板表面油漆等助燃物，在风筒吹出的风力助推下，过火到1号副机顶部，造成1号副机表面着火。

（三）间接原因

（1）船员日常检查保养不到位。查二管轮检修记录，2011年8月13日，2号副机3、4、5三个高压油泵被拆检，至事发时，已运行526 h。一般而言，进油管接头螺栓松动漏油不可能瞬间发生，必然有一个过程，在发生轻微漏泄时，值班人员未能及时发现，错过了避免事故的最佳机会，给事故的发生埋下了隐患。

（2）发现漏油后续处置失当。值班人员发现高压油泵进油泄漏处置失当。在揭开并移除高压油泵罩壳进行检查，发现高压油泵法兰漏油的情况后，应该及时将保护罩板盖回原处，或采取一定的堵漏应急措施，这样可以有效防止燃油的喷溅，避免引发火灾。

（3）风险意识不强。在发现漏油报警时，船员对相关的设备进行检查是必然的，在检查过程中，已经发现了故障情况，由于对防范火灾风险意识不强，未采取先盖回护罩，再去启动备用副机等最有效的方法。若采取此方法，就可以避免发生火灾。

（4）公司管理不到位。在布置船舶做好副机磨合的过程中更多考虑的是技术方面的要求，忽视了使用轻柴油存在更高火灾风险的提示和要求，公司管理人员的风险意识和对船舶的管理标准和要求都有待提高。

高压油泵组带保护罩状态

高压油泵组移除保护罩状态

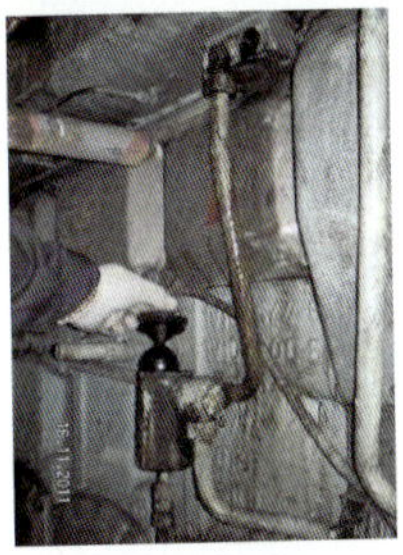

漏油报警装置

高压油泵进口漏油法兰

排烟温度表位置

拆除缸头排烟弯管

图3 火灾现场调查照片

五 经验教训和措施

(1)规范操作流程。进一步以推进船舶设备操作风险评估工作为契机,修改、完善单船设备操作流程。在发生漏油警报后,不可盲目揭开保护罩板,更不可移除。及时转换电机,泄放漏油槽内的积油,再作进一步处理。

(2)发电机使用轻柴油时,在换油前,认真检查发动机高压油泵与进回油管状况,对于状况不良的应及时检修,更换密封件,消除漏泄;运行中重点监控燃油系统,加强对其巡检的频率和质量。

(3)加强日常维修保养工作的检查和落实,提高管理标准,保持缸头平台清洁,油槽通畅,漏油报警功能完好。特别是主副机的缸头、油泵,各种燃油、滑油滤器周围,油柜底部的集油槽和舱底等重要部位,要消除漏泄,不留残油,保持洁净。

(4)加强船员和公司管理人员的风险意识培训和教育,职能部室做好风险源评估,编入体系,并将此事故通报所管船舶,举一反三,进一步开展排查隐患、进行安全风险教育,提高岸基管理人员和船员的风险意识。

六 事故责任认定和处理

责任认定:这是一起由于船员对设备日常检查保养不到位、发现漏油后处置失当引发的责任性小事故。

事故处理:按公司员工和船舶考核规定处理。

建议:当发生火灾时,全体船员在扑救过程中表现出了英勇顽强、奋不顾身的职业操守和组织有序、训练有素的精神面貌。有鉴于此,在对本事故及责任人的处理中,将给予充分考虑。

××公司

2011年12月11日

科目四

模拟火场探火和救助

训练目的和要求

1.掌握穿着防火衣并佩戴空气呼吸器。
2.掌握模拟火场探火的姿势和要求。
3.正确进行火场救助。

教学重点

1.火场探火的姿势和要求。
2.火场救助。

训练组织

以组为单位,在教师指导下进行。

训练知识和技能

一 铝箔衣的折叠方法

铝箔衣的折叠方法如图4所示。

衣服平整摊开

前部对折

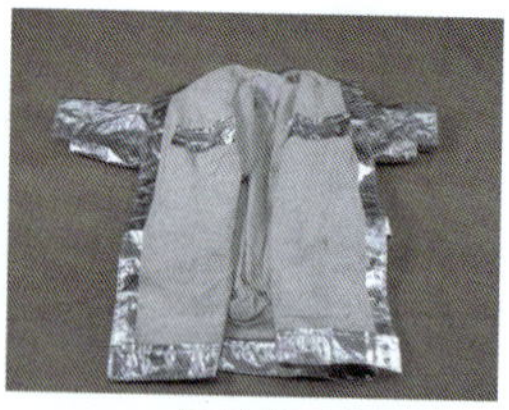

把袖管对折

将衣服上下对折

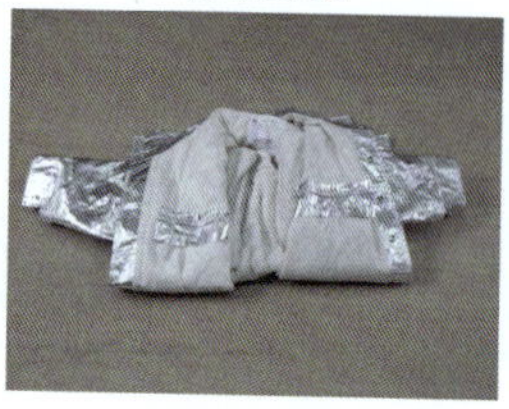

对折后放平

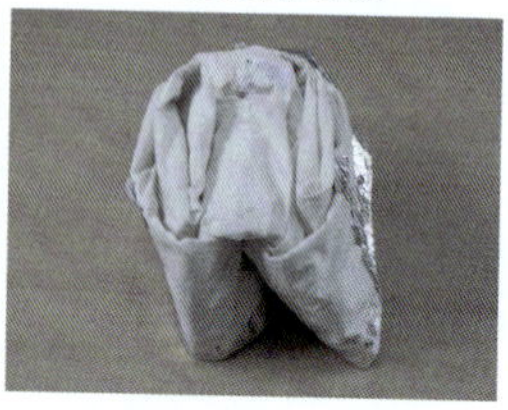

将衣服左右对折

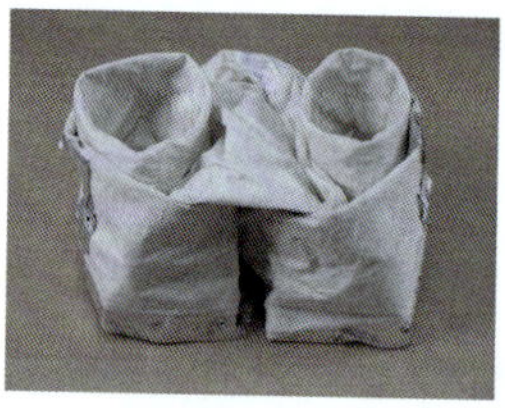

整理袖管

鞋套套在鞋子外部

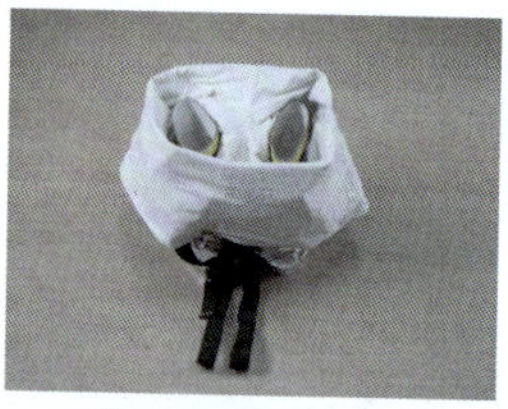

裤子套在鞋子外面

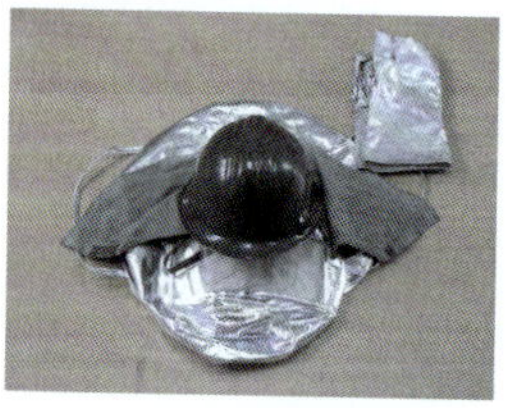

头盔、手套和帽套整理

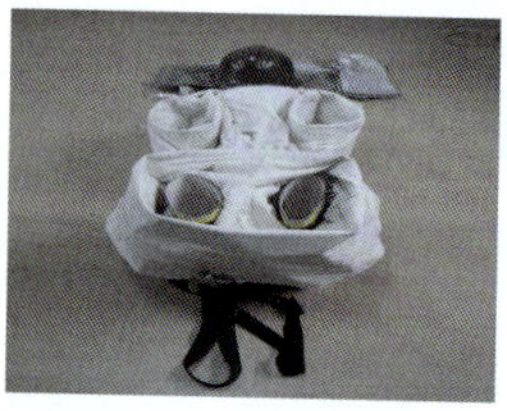

鞋裤、衣服和帽子、手套按后中前位置放好

图4 铝箔衣的折叠方法

二 穿着铝箔衣并佩戴呼吸器的方法

穿着铝箔衣并佩戴呼吸器的方法如图5所示。

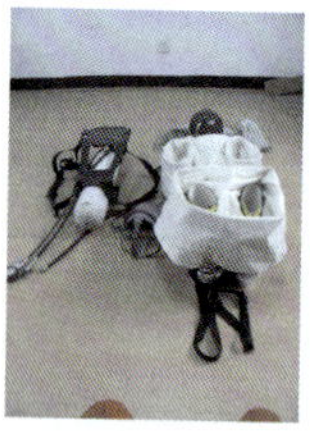

摆放位置

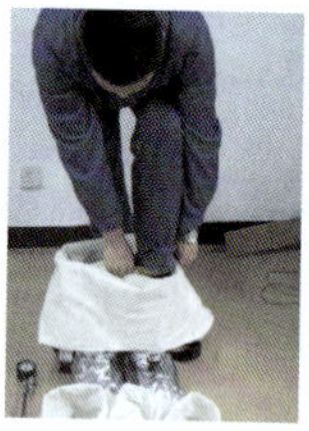

双手扶住鞋帮穿鞋子

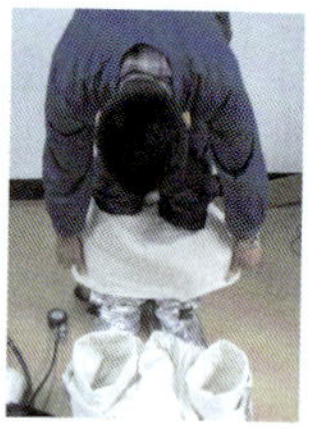

双手提裤腰

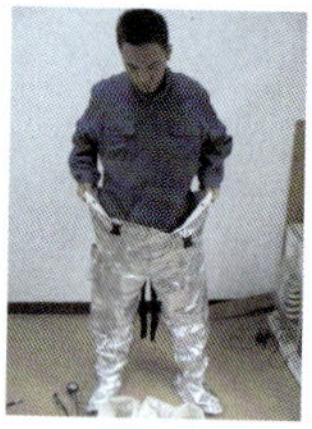

起跳提裤

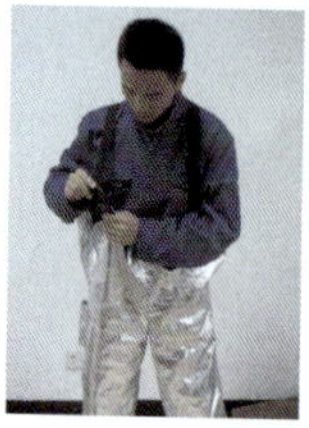

整理肩带

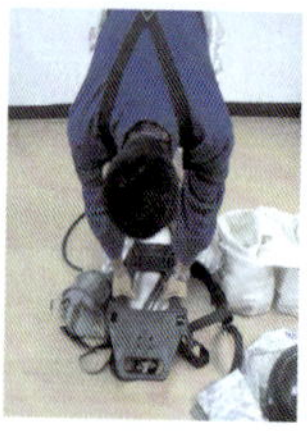

双手提起背托

高举过头

伸直双手呼吸器下落

套上面罩带

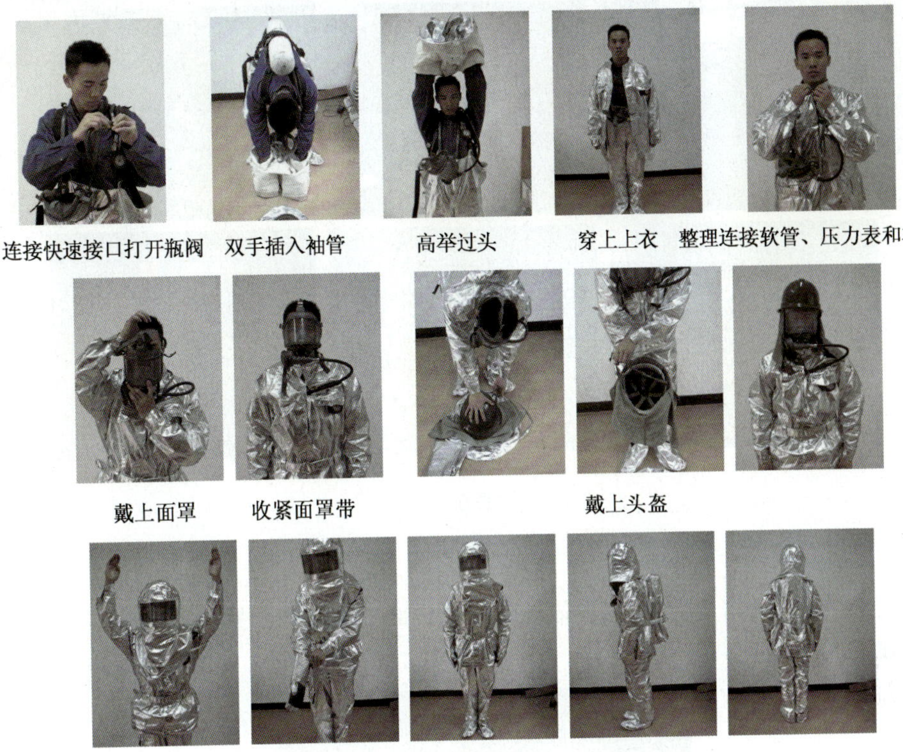

连接快速接口打开瓶阀　双手插入袖管　高举过头　穿上上衣　整理连接软管、压力表和衣扣

戴上面罩　收紧面罩带　戴上头盔

套上面罩　戴上手套　穿戴后的形象

图5 穿着铝箔衣并佩戴呼吸器的方法

三 探火方法

(1)使用安全绳,它可以在烟雾中,指导探火队员撤离的路线。拉安全绳联络信号:“拉一下”前进;“拉两下”停止;“拉三下”后退;“拉四下”紧急撤离。

(2)在火场中前行:曳步前行就是将身体重心放在后脚,前脚掌沿地面(不要离开地面)试探向前,确认安全后再将后脚移到前脚位置(不要超过前脚),总是前脚前移。探火队员的空手应保持在他的面部前30~40 cm,手背朝前,微微弯向自身,上下慢速移动确保头部和面部不能碰到障碍物。在烟雾中,靠近地面的空气温度低,尽量低姿前行,手脚动作同前。下台阶时,应后退前行,防止面部受热烘烤,手紧紧地抓住固定物。参见图6。

(3)确认通过舱门后,门不能突然关闭,使自己的退路断绝。

(4)保持与同行者在一起,与外界保持联络。

(5)侦查的顺序。①先搜索门后。②沿舱壁搜索舱室的四周,遇家具或障碍物应搜索其顶部和背后。③舱室中间采用交叉式的搜索方法,间距的大小视烟雾的浓度和能见距离而定。④搜索中若被困在舱内,不要惊慌,坐下或躺下休息以节省空气瓶中的空气,等候救援。当救助人员到达时,可敲打舱壁、器物或拍掌以指示自己的位置。⑤进舱抢救被困人员,要注意出入口和易于隐蔽藏身处以及门窗附近。抢救人员的工作通常与灭火工作同时进行,但如果力量不足时,应首先抢救人命。⑥撤离火场或搬运伤员应小心从事,做好保护工作。

图6

四 火场救助

探火组中一人抬伤员腋下，用身体护住伤员头部，倒退出舱，另一人抬伤员双脚或膝盖处，紧随其后出舱(参见图7)。

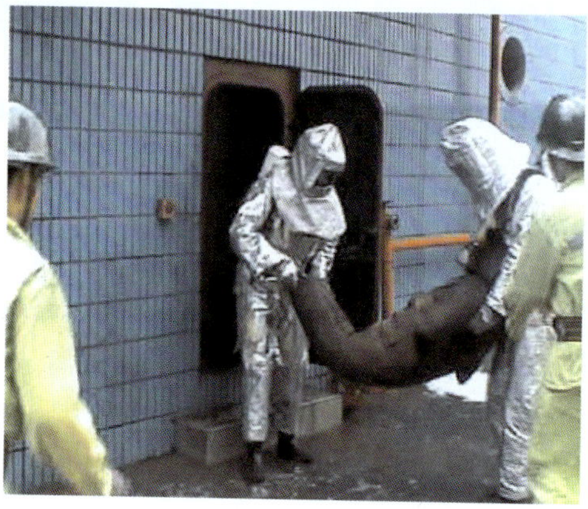

图7

训练注意事项

1. 使用空气呼吸器时，应按操作要求进行，不得佩戴玩耍。
2. 搜索与救助时，应特别仔细、小心，严格按要求进行，出现异常情况立即报告。
3. 上课时，严肃认真，不准打闹嬉戏，听从老师的指挥，并遵守纪律。
4. 要爱护设备或器材。若发现有设备损坏，应立即报告，查明损坏的原因和经过。

下面介绍两种徒手救助方法：

(1)徒手背式救人

徒手背式救人方法如图8所示。

匍匐前进中遇伤员

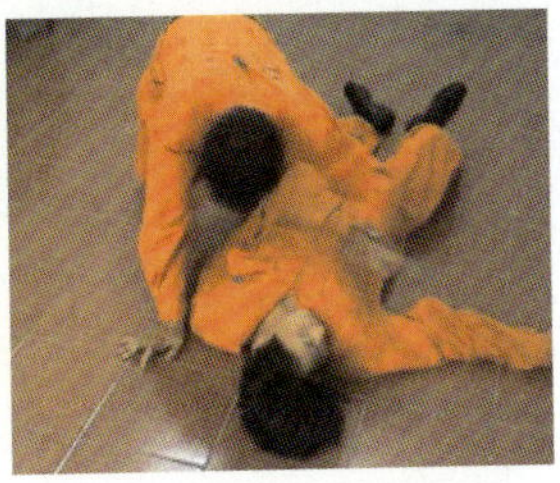

将伤员平躺，左手臂放
体侧，右手臂与身体垂直

救助者躺于伤员左侧
伤员左脚放于救助者左脚上

救助者右手拉伤员右手向左翻身

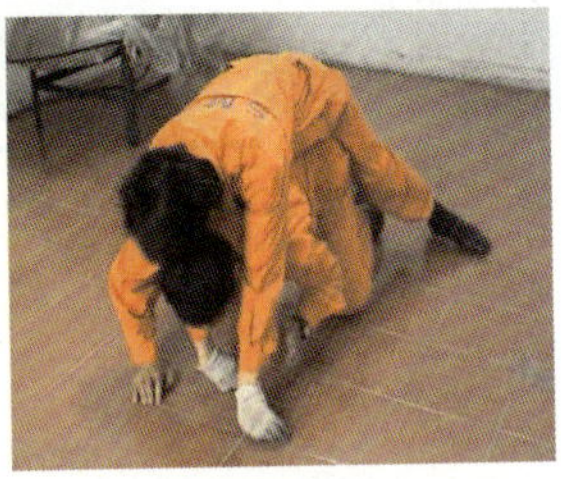

背负伤员匍匐前进出舱

图 8 徒手背式救人方法

(2)徒手吊带救人

徒手吊带救人方法如图9所示。

匍匐前进中遇伤员双
腿分开跨于伤员上方

使伤员平躺

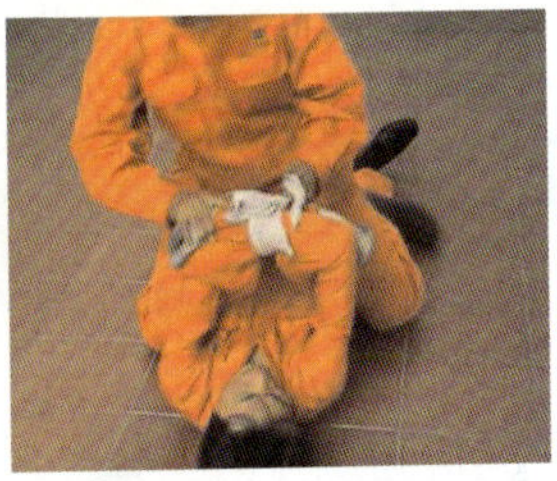

救助者将伤员双臂用布条
或皮带、毛巾等扎牢

救助者将伤员双臂套于
自己的后颈

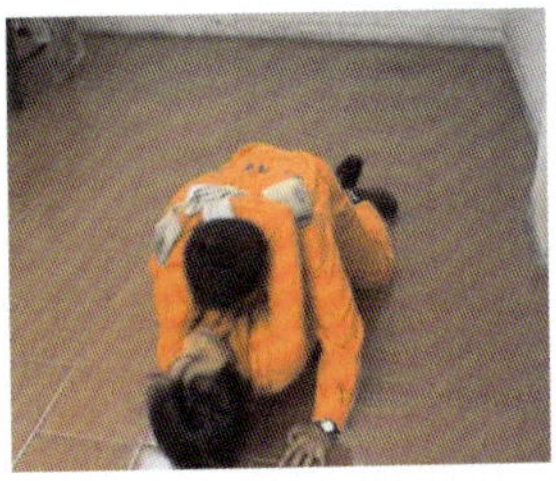

救助者上身上抬，使伤员头部
离开地面，匍匐前进出舱

图9 徒手吊带救人方法

科目五 测爆仪、测氧仪的使用

训练目的和要求

能够掌握测爆仪、测氧仪的使用。

教学重点

测爆仪、测氧仪的使用方法。

训练组织

以组为单位，在教师指导下进行。

训练知识和技能

一 测爆仪

(一)作用

为了防止发生火灾和爆炸，油船在经过洗舱和通风后，判断其是否达到安全标准，要进行测爆。而对其他船舶，有时也需要测爆，以确保人员和船舶安全。

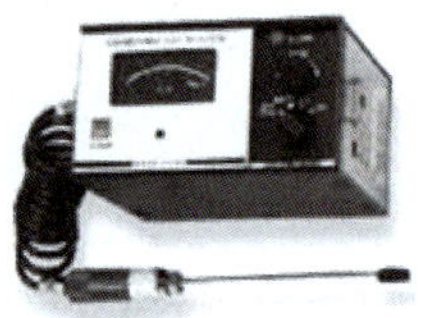

图10 测爆仪

(二)读数

测爆仪刻度的读数是从0~100%，该读数是表示被测试气体中所含可燃气体爆炸下限的百分比(参见图10)。

(三)原理

船上通常使用的是电热化学式测爆仪。测爆前，电桥电路处于平衡状态，指示器指针指在零。打开电源开关，气泵开始吸气，从含有石油气的空间把油气吸入后，反应元件的铂丝会把油气点燃，使铂丝温度升高，电阻增大。此时，电桥失去平衡，电路中有电流通过，指针便会指出读数。吸入的气体中所含的油气越多，电路中的电流越大，指针指示的读数越大。

（四）使用方法

(1)先对电池进行充电后，将取样管接到仪器入口处。

(2)在新鲜空气里打开电源开关，气泵开始吸气，用新鲜空气清洗内部。然后转动“零位调节”旋钮，使仪器指针指零。

(3)将吸气管放在被测部位。

(4)观察吸进被测气样，一直到仪器指针不再上升为止。

(5)观察指针所指刻度数，并读取指针读数。

(6)测试完毕，应将仪器拿到新鲜空气中吸气，让仪器指针回“零位”，而后关机。

（五）使用时应注意的问题

(1)使用前，应检查铂丝是否有效。其方法是把蘸过汽油的棉纱放在吸气管口处，启动仪器，看指针有无移动，即可查明铂丝是否有效。

(2)测试前，应使用标准气样检查其准确性，检查电压是否足够，并在新鲜空气中调“零位”，如果不能调到“零位”，表示电压不足，应充电。

(3)测爆仪在每次使用前、后或使用中，若有疑问应进行检验，以确保测爆数值准确无误。

(4)在测试过程中，若指针转到满刻度后，随即回到“零”位，这表示该气体的浓度高于爆炸下限值，切莫误认为爆炸气体已经清除。通风后应进行复测。

(5)长期使用测爆仪后，铂丝上会凝结一些物质，特别是含硫多的气体，影响测试的准确性。

(6)平时不使用时，应定期用标准气样予以校核，以确保测爆仪的准确性。

(7)实际测爆时，应做好时间、地点、人员、舱位和气温等记录。

(8)需要进行热工作业的舱室内，至少应在3个深度上(即上、中、下三层)测试，每个深度的水平测试点至少为2个。

(9)测量时，不能用舱外检测代替舱内检测。

(10)不同点的测量数据，应选最大值为该舱的测量结果。

(11)测量中应有人监护，留心死角，以防意外。

(12)不可盲目下舱测量。必要时，下舱人员应戴防毒面具及安全带，在舱内工作的时间不宜太长。穿戴工作服最好为全棉，鞋子应耐油防滑。

(13)为避免意外爆炸事故，舱内严禁拆装仪器。

(14)长期密封的舱室在测爆前应有足够的通风，防止因缺氧而发生意外。

二 测氧仪

测氧仪是一种测量舱室内的空气中氧含量的仪器，显示气样中氧的百分比(参见图11)。

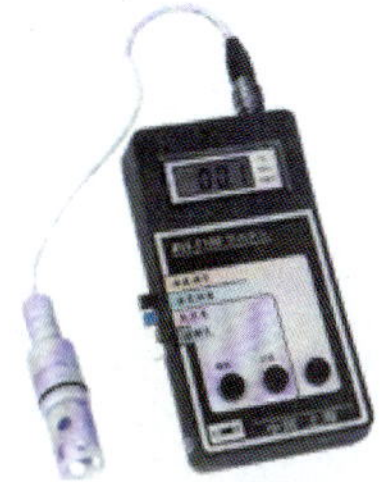
图11 测氧仪

最常用的测氧仪有以下几种类型：顺磁传感元件型、电解传感元件型、选择性化学吸收液型。

（一）检查

检查的内容有检查电池是否有电、外围部件是否完好无损。

（二）校验

校验测氧仪“零位”指示，通常用二氧化碳气体为“零位”。校验含氧量21%的指示，通常采用新鲜大气为气样。在进行“零位”和21%的指示校验中，均由校验旋钮来调整，使指针达到“零位”指示和21%的指示。

（三）测量方法

1. 取样测量法

（1）从待测油舱中用测氧取样袋取两袋气样。

（2）将测氧仪的取样探头插入取样袋，挤压吸气球数次，使其指针摆动达到稳定，记下读数。

（3）将测氧仪气样排净，指针回“零”，用（2）的方法对另一袋气样进行测量和记录。

2. 直接测量法

直接测量法就是在被测舱室或空间实地测量。其测氧仪的操作是同样的，只是要考虑探头胶管在舱室内的上、中、下层各处检测，特别要注意死角和人员需要长时间工作的场所。

（四）维护

（1）电池检查。测氧仪大多采用的是充电电池，因此应经常检验电压值，还须检查外观有无漏泄，以防腐蚀仪表。

（2）仪器存放。测氧仪不用时应将电池取出，存放前应将仪器中的气样排净，放置在无烃气体或其他各种有害气体的凉爽处。

（3）修理与更换。仪器中某些容易损坏的部件在进行修理或更换后，应对其进行校验后才可再用。在船上自我进行校验均采用21%含氧量作为新鲜空气的标准。

科目六 机舱火灾模拟演习

训练目的和要求

培养学员在消防中的组织战术和指挥方面的能力。要求学员快速组织决策，正确果断指挥，积极配合协调，不断提高整体灭火能力。

教学重点

消防演练的组织和指挥。

训练组织

以组为单位，在教师指导下进行。

训练知识和技能

一 船舶救火的应变部署要求

(1)各船对火灾的扑救，应按照火灾的发生部位和火灾的性质，根据船舶应变部署表的要求来进行。

(2)发现火情时，应立即大声呼喊某处失火，并用附近灭火工具扑救，以便驾驶台值班人员及早发出警报，全体船员参加施救。停泊中，值班者发现火情，应主动鸣放警报，并立即报告值班驾驶员。切不可认为火小就单人救火，推迟报警时间，因而延误了迅速扑灭的时机。

(3)救火警报发出后，所有船员应按部署表的规定，于2 min内迅速携带规定的救火工具，分别赶赴现场及指定地点，听候指挥。水龙带应在警报发出后5 min内出水。

(4)船长在火灾发生后，应首先考虑风向和着火部位，根据情况迅速改变航向，使着火部位处于下风，以防火势蔓延。

(5)应变中，如果部分人员受伤或被困，部分区间不能进入扑救时，指挥人员应根据情况下令改变原定部署。

(6)救火应变中，全体船员要同时在思想上做好可能紧急救生或弃船的准备。尤其是油船，救火时应做好弃船救生准备。当救火转入救生或弃船时，船员应立即到达救生或弃船的应变岗位。

(7)船舶失火，当殃及机舱，焚毁救火动力、灭火管系且火势蔓延整个舱面建筑时，若严重危及人员生命安全，船长可下达弃船命令。

(8)弃船命令发出后，部署表内指定的人员应分别携带所分管的如下各项物件，并负责保存：①船舶航行日志、航行日表、轮机日志及车钟记录簿等；②船具目录；③各项船舶证书及机密文件；④现款及账册；⑤精密仪器等贵重物品。

(9)弃船时，船长、政委必须在全船旅客、船员离船后，最后离船。

二 综合演练

可根据船舶的情况编制机舱火灾的各种应变部署，以下机舱火灾应变部署之一仅供参考。对船舶其他部位的训练也可参照机舱综合演练步骤，制定应变部署，进行实战演练。

(一)人员分工

人员分工如表7所示：

表7 人员分工

编号	队	职务	职责	地点	器材
1		总指挥(船长)	全面负责、指挥机舱灭火	驾驶台	对讲机
2		值班驾驶员	鸣警报；向就近港口当局报告内容(时间、地点、事故性质、损失大小、周围环境状况和已采取的紧急处理措施等)；记录灭火全过程	驾驶台	记录簿
3		现场指挥(大副)	隔离队、救护队、技术队指挥	机舱现场	对讲机
4		现场指挥(轮机长)	消防队指挥	机舱现场	对讲机
5	消防队	队长	现场指挥；传达信息；管理防火绳	机舱现场	防火绳
6		探火队员1	机舱探火、机舱灭火情况、测氧测爆	机舱现场	消防员装备
7		探火队员2			
8		灭火队员1	利用水带，机舱灭火	机舱现场	消防员装备 水枪 水带
9		灭火队员2			
10		队员	协助灭火队员；开关消火栓	机舱现场	
11	隔离队	队长	协助现场指挥和队员	机舱现场	
12		队员1	关闭机舱通风；冷却机舱	机舱现场	水枪 水带
13		队员2	关闭机舱通风；冷却机舱		
14		队员3	协助队员；开关消火栓	机舱现场	

（续表）

编号	队	职务	职责	地点	器材
15	技术队	队长	发现着火，关舱门，向驾驶台报警；协助现场指挥，检查烧损	机舱现场	
16		队员1（三副）	释放二氧化碳灭火系统	二氧化碳站	
17		队员2	启动消防水泵，检查烧损	泵间	
18	救护队	队长	指挥队员救助伤员，传递伤员信息	机舱现场	药箱
19		队员1	救助伤员	机舱现场	担架
20		队员2	救助伤员	机舱现场	

（1）队员穿统一消防服。

（2）每人发给船员应变任务表和演练程序各一份，让其熟悉自己的消防职责、岗位及应携带的器材。

（3）各人根据自己的职责准备好器材，检查后放于指定位置。

（4）为了实战训练效果，应先按应变部署进行走位训练，达到预想效果后，才可进行实战训练。训练中应注意人身安全。

（5）演练中注意通信联系，做到及时、准确、明了。

（二）综合演练程序

（1）报警：发现火灾、报警、值班人员行动、全船示警。

（2）集合：到达现场集合，清点人数。

（3）防护：火场周围消防水冷却。

（4）调查：探火调查并救出一名窒息伤员，手提灭火器扑救无效。

（5）扑救：水带组进机舱灭火，火势太大，无法扑灭，准备释放固定式二氧化碳灭火系统。

（6）集合：撤离人员并清点人数。

（7）释放：注入二氧化碳。

（8）检查：检查机舱是否有二氧化碳泄漏，不断测量舱壁温度。

（9）重新进入：进入火场探火，检查火灾是否被扑灭。

（10）通风：大火已经扑灭，没有复燃可能，对机舱进行通风。

（11）检测：对机舱进行测氧、测爆，检测舱内气体是否符合进入要求。

（12）检查：对机舱进行烧损检查。

（13）讲评：演练结束，船长和现场指挥讲评。

（14）整理：清理火场，设备归位。

（三）模拟机舱演练

1. 设置火情

在海上航行时，机舱日用油柜溢油引起一号副机起火。

2. 演练内容

演练内容如表8所示。

表8 a ★报警

编号	应急行动	沟通信息
15	发现着火后，关闭副机上方通风，关闭油泵。大声呼叫“机舱着火啦！”并使用直接电话向驾驶台报告	“报告驾驶台，机舱一号副机起火。”
2		“驾驶台收到，机舱发生火灾，立即备车，启动消防泵。”
15		“是，立即备车，启动消防泵。”
2	驾驶台值班驾驶员发出火灾警报，连续短声1 min后再四长声(两次) 利用高频向就近港口当局报告船舶火灾应急等有关内容	
全体	当听到第二次警报第四长声时，大家齐叫“机舱着火啦！”在2 min内，戴消防头盔，穿戴消防服。携带各自负责的消防器材，到指定的地点集合	
1	上驾驶台(戴安全帽)了解情况后下令	“通知机舱，前进二。”
2	摇车钟	“前进二。”

表8 b ★集合

编号	应急行动	沟通信息
全体	各队报数	
5	向现场指挥轮机长报告	“消防队人员到齐。”
11	向现场指挥轮机长报告	“隔离队除一名值班人员在机舱值班以外，其余人员到齐。”
15	向现场指挥轮机长报告	“技术队人员到齐。”
18	向现场指挥大副报告	“救护队人员到齐。”
4	向船长报告	“报告船长，消防队、隔离队、技术队全部到齐，有一名值班人员在机舱，器材到位，请指示。”
3	向船长报告	“报告船长，救护队全部到齐，器材到位，请指示。”
1	向现场指挥轮机长、大副	“各队立即投入灭火战斗准备。”
3、4	向各队下令	“现场指挥明白。” “立即投入灭火战斗，奔赴火灾现场。”

表8 c ★防护

编号	应急行动	沟通信息
	隔离队到达现场后，按部署要求，关闭机舱所有的通风孔	
1	命令现场指挥轮机长	“现场指挥轮机长，命隔离队立即对机舱外围进行冷却。”

(续表)

编号	应急行动	沟通信息
4		"隔离队立即对机舱外围进行冷却。明白。"
4	向隔离队队长下令	"隔离队立即对机舱外围进行冷却。"
11	隔离队队员利用消防水对机舱外围冷却	"隔离队,明白。"
4	向船长报告	"报告船长,隔离队现正在冷却机舱外围。"

表8 d ★调查

编号	应急行动	沟通信息
1	命令现场指挥轮机长	"现场指挥轮机长,命消防队立即对机舱进行探火,救助机舱值班人员,查明火因。"
4		"消防队立即对机舱进行探火,救助机舱值班人员,查明火因。明白。"
4	向5号下令	"消防队立即对机舱进行探火,救助机舱值班人员,查明火因。"
5		"消防队,明白。"
	探火组进机舱探火,用手提灭火器扑救无效并救出一名窒息伤员,伤员交于救护队救治	
6	向5号队长报告	"报告队长,经探火,1号副机日用油柜溢油至排烟管着火,手提灭火器扑救无效,救出一名伤员。"
5	向现场指挥轮机长报告	"报告现场指挥,经探火,1号副机日用油柜溢油至排烟管着火,手提灭火器扑救无效,救出一名伤员。"
4	向船长报告	"报告船长,经探火,1号副机日用油柜溢油至排烟管着火,手提灭火器扑救无效,救出一名伤员,伤员已交于救护队救治。"

表8 e ★扑救

编号	应急行动	沟通信息
1	命令现场指挥轮机长	"现场指挥轮机长,命消防队立即冷却日用柜,用水雾灭火。"
4		"命消防队立即冷却日用柜,用水雾灭火。明白。"
4	向消防队队长下令	"命消防队立即冷却日用柜,用水雾灭火。"
5		"命消防队立即冷却日用柜,用水雾灭火。明白。"
	消防队进机舱灭火	
18	向现场指挥大副报告	"报告现场指挥,伤员经过心脏按压及人工呼吸,现已恢复过来,正在护理。"
3	向船长报告	"报告船长,伤员经过心脏按压及人工呼吸,现已恢复过来,正在护理。"

(续表)

编号	应急行动	沟通信息
8	向5号队长报告	“报告队长，火势向上蔓延，消防队无法扑灭大火。”
5	向现场指挥轮机长报告	“报告现场指挥，火势向上蔓延，消防队无法扑灭大火。”
4	向船长报告	“报告船长，火势向上蔓延，消防队无法扑灭大火。”

表8 f ★集合

编号	应急行动	沟通信息
1	命令现场指挥轮机长、大副	“所有队员撤离机舱，清点人员，准备释放CO_2系统，隔离队继续冷却机舱。”
4		“所有队员撤离机舱，清点人员，准备释放CO_2系统，隔离队继续冷却机舱。明白。”
3		“现场指挥，明白。”
4	向11号下令	“隔离队严密封舱，继续冷却机舱。”
11		“隔离队严密封舱，继续冷却机舱。明白。”
	现场指挥轮机长、大副集合队员，点名；隔离队继续冷却机舱外围	
1	向16号下令	“三副，请做好释放二氧化碳灭火系统准备工作。”
16		“做好释放二氧化碳灭火系统准备工作。明白。”
	释放二氧化碳前的警报响起	
4	向船长报告	“报告船长，所有队员已经撤离机舱，隔离队继续冷却机舱外围。”

表8 g ★释放

编号	应急行动	沟通信息
1	向16号下令	“三副，一次向机舱释放5组二氧化碳。”
16		“三副，一次向机舱释放5组二氧化碳。明白。”
	向机舱释放5组二氧化碳	
16	向船长报告	“报告船长，一次向机舱释放5组二氧化碳完毕。”

表8 h ★检查

编号	应急行动	沟通信息
1	命令现场指挥轮机长	“现场指挥，一次向机舱释放5组二氧化碳完毕，检查是否有泄漏情况。”
4		“一次向机舱释放5组二氧化碳完毕，检查是否有泄漏情况。明白。”
4	向11号下令	“一次向机舱释放5组二氧化碳完毕，检查是否有泄漏情况。”
11		“一次向机舱释放5组二氧化碳完毕，检查是否有泄漏情况。明白。”
	隔离队检查机舱是否有泄漏	
11	向现场指挥轮机长报告	“报告现场指挥，封舱完好，无泄漏。”
4	向船长报告	“报告船长，封舱完好，无泄漏”
1	命令现场指挥轮机长	“现场指挥，不断测量舱壁温度。”
4		“不断测量舱壁温度。明白。”
4	向11号下令	“隔离队，不断测量舱壁温度。”
11		“隔离队，不断测量舱壁温度。明白。”

表8 i ★重新进入

编号	应急行动	沟通信息
	隔离队不断测量舱壁温度，12 h后	
11	向现场指挥轮机长报告	“报告现场指挥，机舱外围温度明显降低。”
4	向船长报告	“报告船长，机舱外围温度明显降低。”
1	命令现场指挥轮机长	“现场指挥，派消防队进入机舱探火，火灾是否被扑灭？注意掩护。”
4		“派消防队进机舱探火，火灾是否被扑灭？注意掩护。明白。”
4	向5号下令	“消防队立即对机舱进行探火，火灾是否被扑灭？注意掩护。”
5		“消防队立即对机舱进行探火，火灾是否被扑灭？注意掩护。明白。”
	探火组进机舱探火，水带组掩护	
6	向5号报告	“报告队长，经探火，火灾已扑灭，没有复燃可能。”
5	向现场指挥轮机长报告	“报告现场指挥，经探火，火灾已扑灭，没有复燃可能。”
4	向船长报告	“报告船长，经探火，火灾已扑灭，没有复燃可能。”

表8 j ★通风

编号	应急行动	沟通信息
1	命令现场指挥轮机长	“现场指挥，打开机舱所有通风。”
4		“打开机舱所有通风。明白。”
4	向11号下令	“隔离队，打开机舱所有通风。”
11		“打开机舱所有通风。明白。”
	隔离队打开机舱所有通风	

表8 k ★检测

编号	应急行动	沟通信息
	通风2 h后	
1	命令现场指挥轮机长	“现场指挥，检测舱内可燃气体及氧气浓度。”
4		“现场指挥，检测舱内可燃气体及氧气浓度。明白。”
4	向5号下令	“消防队，进机舱检测舱内可燃气体及氧气浓度。”
5		“进机舱检测舱内可燃气体及氧气浓度。明白。”
	探火组进机舱测氧、测爆	
6	向5号报告	“报告队长，机舱无可燃气体，氧气浓度正常。”
5	向现场指挥轮机长报告	“报告现场指挥，机舱无可燃气体，氧气浓度正常。”
4	向船长报告	“报告船长，经检测，机舱无可燃气体，氧气浓度正常。”

表8 l ★检查

编号	应急行动	沟通信息
1	命令现场指挥轮机长	“现场指挥，派人进机舱，检查烧损情况。”
4		“现场指挥，派人进机舱，检查烧损情况。明白。”
4	向15号下令	“技术队进机舱，检查烧损情况。”
15		“技术队进机舱，检查烧损情况。明白。”
	技术队进机舱检查烧损情况	
15	向4号报告	“现场指挥，经机舱检查，1号副机部分烧损，2号副机完好。”
4	向船长报告	“报告船长，经机舱检查，1号副机部分烧损，2号副机完好。”

表 8 m ★讲评

编号	应急行动	沟通信息
1	命令现场指挥轮机长	“现场指挥,集合所有队员,集体讲评。”
4		“集合所有队员,集体讲评。明白。”
1	向2号下令	“解除警报,向港口当局报告火灾情况。”
2		“明白。”
2	解除警报(一长声),向港口当局报告火灾情况	
	全体整队	
4、3	讲评	
1	讲评	

表8 n ★整理

编号	应急行动	沟通信息
	整理现场,设备归位	

参考文献

[1] IMO. SOLAS(2009综合文本). 北京:人民交通出版社,2009.
[2] IMO. STCW公约马尼拉修正案. 北京:人民交通出版社,2011.
[3] Great Britain Ministry of Defence. Guide to Ship Firefighting (Fourth Edition). London: Stationery Office Books,1994.
[4] DNV. DNV船级社大中华区培训资料.2011.
[5] ABS. LNG Ship/Shore Seminar.2008.